EL RECURSO DE QUEJA

EDICIONES UNIVERSIDAD CATÓLICA DE CHILE
Vicerrectoría de Comunicaciones
Av. Libertador Bernardo O'Higgins 390, Santiago, Chile

editorialedicionesuc@uc.cl
www.ediciones.uc.cl

EL RECURSO DE QUEJA

José A. Allende Pérez de Arce

Noviembre 2019
ISBN 978-956-14-2473-9

Diseño:
Salvador E. Verdejo Vicencio
versión productora gráfica SpA

CIP - Pontificia Universidad Católica de Chile

Allende Pérez de Arce, José Alberto, autor.
El recurso de queja / José Alberto Allende Pérez de Arce.
Incluye bibliografía.

1. Recurso de queja – Chile.
2. Arbitraje (Derecho) – Chile.
3. Derecho procesal – Chile.
I. t.

2019 347 + DCC23 RDA

EL RECURSO DE QUEJA

JOSÉ ALBERTO ALLENDE PÉREZ DE ARCE

EDICIONES UC

ÍNDICE GENERAL

CAPÍTULO III

Cuatro características corresponden al juez: escuchar cortésmente, responder sabiamente, ponderar prudentemente y decidir imparcialmente.

Sócrates (470 a. C. – 399 a. C.)

Dedicado a María Magdalena y nuestros hijos, en agradecimiento por todo su apoyo.

PRÓLOGO

Con el máximo agrado he aceptado prologar el libro escrito por José Alberto Allende Pérez de Arce, titulado *El recurso de queja.*

El autor es un abogado joven, lleno de entusiasmo por el estudio del derecho procesal. Esto último lo pude apreciar al contribuir en su formación en la Facultad de Derecho de la Universidad de los Andes, donde egresó el 2014, obteniendo el grado de licenciado en derecho con distinción máxima. Su vitalidad lo llevó luego a cursar un LL.M., en la University College London, que concluyó exitosamente el 2018, con un estudio sobre solución de controversias. Dicha estadía contó con el patrocinio del Programa Becas Chile, a través de su Programa de Formación de Capital Humano Avanzado (PFCHA).

Su interés por la investigación se había manifestado antes, en el artículo "Procedencia del recurso de queja en contra de ministros de Corte de Apelaciones que se pronunciaron respecto de otro recurso de queja: la 'queja de queja'", publicado en la *Revista Jurídica Digital Uandes*. También en su trabajo titulado: "Fortalecimiento del trámite de la conciliación como mecanismo para descongestionar los tribunales civiles de justicia", que fue publicado en la prestigiosa *Revista de Derecho*, de la Facultad de Derecho de la Universidad Austral, de Valdivia.

El interés por examinar el recurso de queja se explica por su trabajo profesional como abogado, que ha desempeñado en el estudio internacional, con sede en Chile, Baker & McKenzie, entre los años 2014 y 2017. Y desde el 2018, como asociado a Allende Bascuñán, en el área de litigios.

La presente investigación es eminentemente práctica. Comienza con la exposición de las doctrinas clásicas sobre el recurso de queja, para continuar –en varios capítulos– con las tendencias jurisprudenciales que en una variedad de tópicos han sentado nuestros Tribunales Superiores de Justicia. La información reunida es valiosa para jueces, abogados y los estudiantes de derecho.

La relevancia de este trabajo, a mi entender, es múltiple.

En primer lugar, llena un vacío que se hacía sentir en este tema.

En segundo lugar, la jurisprudencia sistematizada demuestra que el recurso de queja es la gran asignatura pendiente en nuestro sistema de impugnación. Aunque han existido varios intentos por limitar su actuación, las quejas acogidas revelan que esta impugnación continúa siendo un instrumento de control de la actividad judicial que le imprime un sello único a nuestro sistema recursivo.

En efecto, la investigación permite comprender el acierto parcial que significó la reforma de la Ley 19.374, de 18 de febrero de 1995, mediante la cual se intentó poner término a uno de los períodos más nefastos que ha tenido el tratamiento de la jurisprudencia en nuestro sistema (iniciado en 1937), en la que a través del recurso de queja se lograba cambiar sentencias de fondo prácticamente sin respetar la garantía del debido proceso, y de manera especial la fundamentación de las sentencias. La reforma referida refundó nuestro sistema recursivo, al limitar los excesos que se cometían a través del recurso de queja.

La inadmisibilidad de este recurso, como regla dominante, ha permitido dejar en el recuerdo una peculiar forma *de hacer justicia* que se había instalado en nuestro sistema, donde el recurso de queja actuaba como un verdadero instrumento de desintegración del rol de la judicatura en el sistema judicial. Su amplitud permitía que en muchas ocasiones la respuesta estuviera determinada más por destrezas forenses, que por la aplicación de reglas objetivas.

La limitación del recurso de queja, como lo demuestra este trabajo empírico, ha significado un avance. Para justificar esta afirmación hagamos un poco de historia. Las apreciaciones críticas sobre el funcionamiento de la Corte Suprema, antes de 1995, se debían en gran parte al desbordamiento del recurso de queja. En ese contexto se acometió la reforma al funcionamiento de la Corte Suprema, iniciado en el Mensaje enviado por el Presidente de la República, don Patricio Aylwin Azócar y su Ministro de Justicia, don Francisco Cumplido Cereceda, el 20 de octubre de 1992. Dicha iniciativa se convirtió en la Ley 19.374, publicada el 18 de febrero de 1995. Para cuantificar el valor de este estudio jurisprudencial sobre el actual comportamiento del recurso de queja, recordemos lo señalado por el asesor del Ministerio de Justicia, Jorge Correa Sutil, ante la Comisión de Constitución, Legislación y Justicia del Senado. Según el tenor de las actas, para el tema que aquí interesa, señaló: "que entre los abogados es común la apreciación crítica de que la Corte Suprema se ha apartado de este rol, perdiendo así parte de la fuente de su autoridad, para constituirse en una tercera instancia que, por la vía del recurso de queja, resuelve sin necesidad de mayor fundamentación, en una justicia de equidad, que suele recibir críticas por su excesivo carácter discrecional" (Boletín N° 858-07, Informe de la Comisión de

Constitución, Legislación, Justicia y Reglamento, recaído en el proyecto de ley, en primer trámite constitucional, sobre composición, organización y atribuciones de la Corte Suprema de Justicia y modificaciones a los recursos de queja y de casación, pp. 19-20).

Aunque se debe apuntar como un avance la restricción del recurso de queja, se debe reconocer que el problema que presenta esta impugnación todavía subsiste, aunque en menor grado. La admisión de esta impugnación en algunos casos, como lo refleja este estudio, da cuenta de un problema profundo, que paso a sintetizar.

Como se sabe, el recurso de queja es un medio de impugnación con una larga historia en nuestro ordenamiento jurídico. Su regulación consta en los artículos 530 al 553 del Título XVI del Código Orgánico de Tribunales, titulado "De la jurisdicción disciplinaria y de la inspección y vigilancia de los servicios judiciales". En un principio su tramitación se estableció en Autos Acordados de la Corte Suprema dictados en 1916 y 1917. Con la Ley 3.390, se introducen las primeras normas legales sobre este medio de impugnación que en la práctica forense se denomina pacíficamente como recurso de queja. El último cambio fue la Ley 19.374, de 18 de febrero de 1995, que modificó el Código Orgánico de Tribunales, y de manera directa varios aspectos de este recurso, por las razones antes apuntadas.

El recurso de queja se ajusta a la tipología que en la teoría de la impugnación se asigna a los recursos, atendido que es un medio idóneo para denunciar, corregir y sancionar infracciones cometidas en el pronunciamiento de resoluciones judiciales. La Ley 19.374 de 1995, ratificó el carácter referido, al regular la procedencia, sus requisitos de admisibilidad y efectos (arts. 545 al 549 COT). Lo anterior no se ve alterado por el hecho que se trate de una impugnación en la que se controla, a partir de la conducta de los jueces, el contenido de la resolución impugnada. Tales rasgos le dan a este recurso una fisonomía diversa, atendido que la regla general y la evolución del sistema recursivo ha sido centrar el control en el contenido de la resolución, con prescindencia de la conducta de los jueces. La explicación a este carácter dual del recurso de queja proviene de su utilización como instrumento corrector de la conducta disciplinaria de los jueces. La ley ha previsto que, para el evento de acogerse el mismo, se apliquen medidas disciplinarias por el Pleno de la Corte respectiva (art. 66 COT), pero ese rasgo sancionador no le resta su naturaleza de recurso a este medio de impugnación. En cuanto al juez competente, el art. 63 N° 1 letra c) del COT dispone que las Cortes de Apelaciones conocerán de los recursos de queja que se deduzcan en contra de jueces de letras, jueces de policía local, jueces árbitros y órganos que ejerzan jurisdicción dentro de su territorio jurisdiccional. Naturalmente que el precepto anterior parte de la base que los jueces recurridos han actuado como jueces *a quo*. Si el tribunal *ad quem* es un tribunal de segunda instancia, no tienen competencia las Cortes de Apelaciones, al ser el juez natural de esta impugnación la Corte Suprema. En efecto, la Constitución Política de la República, reconoce en el art. 82 la superintendencia directiva, correccional y económica de la Corte Suprema, asignando de esa forma competencia para conocer del recurso de queja al referido tribunal. Asimismo, el inc. 2° de la misma norma reafirma el carácter de recurso de la queja al disponer que los Tribunales Superiores (Cortes de Apelaciones y Corte Suprema) pueden "invalidar resoluciones jurisdiccionales" en uso de sus facultades disciplinarias, a condición de que procedan "en los casos y en la forma que establezca la ley orgánica constitucional respectiva".

Como se puede apreciar en este trabajo, aunque el recurso de queja haya evolucionado para ser considerado un mecanismo excepcional, es todavía un medio que permite controlar la conducta de los jueces, al mismo tiempo que el contenido de las resoluciones que ellos dictan. Esta naturaleza impugnadora ha sido admitida por la propia Corte Suprema, en sentencia de 9 de agosto de 2005, al señalar "... la disciplina dice relación con el orden, pero éste resulta subordinado a la ley, en términos que el análisis de la existencia de los presupuestos fácticos para la procedencia del ejercicio de las facultades disciplinarias importa o conduce a analizar en el caso concreto si los sentenciadores obraron o no dentro del marco de acción que la ley les permite, o dicho de otro modo, si el legislador impuso para el caso concreto una forma de conducta obligada, puesto que sólo en el caso de exceder dichos márgenes cabe hacer uso de las referidas facultades..." (CS, 9 de agosto de 2005. Rol 3.478-05).

Tal como lo revela este estudio, los Tribunales Superiores de justicia conocen y fallan los recursos de queja, separando en muchos casos su decisión del aspecto disciplinario que está incluido en este medio de impugnación. A partir de ello han podido cambiar el contenido del acto judicial recurrido, y al mismo tiempo, dejar de aplicar la sanción disciplinaria que este instrumento regula de manera conjunta. Lo anterior, determina que, aunque en la letra de la ley el agravio sea genéricamente "la falta o abusos graves cometidos en la dictación de resoluciones de carácter jurisdiccional", los planos de control han permitido enmendar sólo el contenido de la resolución, sin acudir necesariamente a la responsabilidad disciplinaria. El resultado anterior, como se anticipaba, es y seguirá siendo una de las asignaturas pendientes en nuestro sistema recursivo.

En suma, tenemos que felicitar al autor. Su investigación es una de aquellas obras que sólo pueden ser gestadas después de muchas horas de trabajo. La selección y sistematización que presenta hará que esta primera monografía de José Alberto Allende Pérez de Arce sea considerada como un aporte serio al encomiable y silencioso fenómeno de renovación que se advierte en nuestra literatura procesal.

Alejandro Romero Seguel
Profesor de Derecho Procesal
Universidad de los Andes

INTRODUCCIÓN

Hasta antes del año 1995, prácticamente toda resolución que dictaban los tribunales de justicia, era susceptible de ser revisada por la Corte Suprema por medio del recurso de queja. Con el paso del tiempo, dicha situación (entre otras) llevó al Máximo Tribunal al borde del colapso, y gatilló la dictación de la Ley 19.374 de 1995, cuyo propósito fue reorganizar el sistema recursivo de nuestro país, y limitar los asuntos de los que debía conocer la Corte Suprema. Fue en ese contexto que el recurso de casación pasó a ocupar el lugar que hasta entonces había ocupado el de queja, eso sí, de una forma mucho más restringida que la que éste había tenido.

Debido a lo anterior, gradualmente el recurso de queja fue cayendo en desuso, y se alejó del sitial de preferencia del que había gozado durante largos años. Por eso no es de extrañar que para gran parte de las generaciones de abogados que comenzaron a ejercer la profesión con posterioridad al año 1995, el recurso de queja no tuviera una importancia substancial, como sí la tuvo para los litigantes más antiguos. El mismo fenómeno se extendió también a los estudiosos del derecho, quienes perdieron el interés académico en este recurso. Lo anterior se ve reflejado en que desde esa fecha hasta ahora, existe un solo libro destinado íntegramente al recurso de queja (el de Barahona Avendaño, del año 1998), y uno que otro capítulo inserto en libros dedicados al estudio de los recursos procesales en general.

Esa falta de interés de abogados y autores llevó a que se generara un vacío normativo y dogmático respecto del recurso en comento, al punto que aún a esta fecha, y a pesar del tiempo transcurrido, no existe acuerdo respecto del sentido y alcance de la expresión "falta o abuso grave" que usa la ley, como causal de interposición de este arbitrio disciplinario.

Si bien en un principio tales indefiniciones no tuvieron mayor importancia, debido a la baja en la utilización de este recurso, ello ha ido cambiando en las últimas décadas, con la aparición de normas, procedimientos y tribunales especiales, que han dado un nuevo impulso al recurso de queja. Ejemplos de lo anterior encontramos en materia arbitral, de acceso a la información pública, derecho del consumo, contratación pública, entre otras materias, muchos de cuyos conflictos terminan siendo llevados a los tribunales superiores por medio del recurso de queja.

Lamentablemente este nuevo auge del recurso llega en un momento de evidente falta de desarrollo normativo y dogmático, lo que se refleja, entre otras cosas, en la gran cantidad de recursos que cada día se interponen ante la Corte Suprema, y en el hecho de que la gran mayoría de ellos son rechazados o declarados inadmisibles. Otro reflejo de la carencia en comento son los criterios contradictorios que muchas veces emplean los tribunales superiores para resolver temas que son similares. Así, no es raro encontrar recursos que son rechazados de plano, y unos días después, otros con los que se reclaman situaciones similares que sí son acogidos.

Por lo anterior, no son pocos los abogados que, con no poca razón, se refieren a este recurso como a una lotería. Frente a un recurso de queja cualquier cosa puede pasar. Por ello, hoy son muchos los abogados que, sabiendo que pueden hacer un último esfuerzo para ganar el caso, y que no pierden nada con intentarlo, interponen recursos de queja que en realidad constituyen impugnaciones jurisdiccionales normales, revestidas con un carácter disciplinario que en realidad no tienen. Al final del día cualquier cosa puede pasar. Este estado de indefinición y ambigüedad fue graficado por Tavolari hace varios años, señalando que "*[J]ueces y abogados buscamos la solución más simple, que evite, a unos y otros, los razonamientos jurídicos afinados y refinados. En el ámbito judicial, jueces y abogados nacionales trabajamos pues, en general, con la brocha gorda del obrero pintor antes que con el fino pincel del artista. En estas circunstancias no puede sorprender la simpatía que, a uno y otro lado de los estrados, se dispensa al recurso de queja*".[i]

En medio de toda esta situación, hay que destacar el rol que ha tomado la Corte Suprema en la materia, debiendo asumir la ardua tarea de recibir, conocer y fallar la gran mayoría de los recursos de queja que se interponen en el país, sin que exista un estatuto claro que lo regule, en particular respecto de sus causales de procedencia. Basta con una mirada superficial a las estadísticas que rodean este medio de impugnación, para darse cuenta del enorme esfuerzo que hace el Máximo Tribunal para mantener a raya la utilización del recurso de queja, e

---

i TAVOLARI OLIVEROS (1996), pp. 6 y 7.

intentar limitarlo a su carácter disciplinario, sin impedir con ello el adecuado acceso a la justicia de parte de los litigantes.

Precisamente ese rol jugado por la Corte Suprema demuestra la importancia de revisar su jurisprudencia. Hoy esa es la única forma de entender no sólo el espíritu del recurso de queja, sino que también su utilidad práctica. La debilidad normativa se ha visto mitigada con el trabajo del Máximo Tribunal, y eso es lo que se ha pretendido estudiar y sintetizar en este estudio.

Con ese propósito en mente, se incluyó un primer capítulo que aborda el recurso de queja en general, partiendo con una reseña histórica sobre el mismo, tanto legislativa como jurisprudencial, que incluye los distintos cambios que ha ido experimentando a lo largo del tiempo. Luego se explica brevemente el marco normativo del recurso, contenido principalmente en el Código Orgánico de Tribunales, para posteriormente abordar su naturaleza jurídica, cuestión esta última que ha sido fuente de importantes discusiones, precisamente porque una de las particularidades del recurso de queja es que en él conviven elementos disciplinarios y jurisdiccionales. Más tarde el lector se encontrará con un análisis de las principales características del recurso, que lo hacen tan distinguible de todos los demás que contiene el ordenamiento jurídico.

En un segundo capítulo se abordan las tendencias actuales del recurso, partiendo por la delimitación de su causal de interposición. Posteriormente se repasan las materias jurídicas en las que más frecuentemente se interpone el recurso de queja, las que incluyen tanto procedimientos especiales como ordinarios. Luego se analiza el tratamiento que en la práctica ha recibido el recurso de queja de parte de la Corte Suprema, y el control que ésta hace del mismo por vía de admisibilidad. Más adelante se analizan los medios de impugnación con los que cuentan las partes respecto de la sentencia que se pronuncia respecto de un recurso de queja, para terminar refiriéndonos a un tema distinto pero estrechamente relacionado, que consiste en el uso de las facultades para obrar de oficio que tiene la Corte Suprema, como compensación al estricto control de admisibilidad que realiza.

Por último, en el tercer y más importante capítulo, se revisa en detalle la jurisprudencia de la Corte Suprema, a fin de dilucidar lo que en la práctica se ha entendido como una falta o abuso grave. El objetivo final es sintetizar, de una forma amigable para el lector, cuáles son las causales específicas que a juicio del Máximo Tribunal constituyen una falta o abuso grave, y que por lo tanto son susceptibles de ser denunciadas y eventualmente corregidas por medio del recurso de queja. Dicha exposición se complementa con opiniones del autor, que buscan explicar los criterios empleados.

Con todo lo anterior pretendo contribuir a llenar un vacío que lleva años siendo denunciado. Ya el año 1994, y ad portas de que entrara en vigor la nueva ley, dos autores declararon que esperaban que parte importante de las dudas e incertidumbres que generaba el "nuevo" recurso de queja, fueran salvadas por la jurisprudencia de los tribunales, especialmente en lo referido a lo que se entiende por falta o abuso grave.[ii] En el mismo sentido, pero ya varios años después de la entrada en vigencia de la ley, otros dos autores reiteraron la idea anterior, pero ahora como un lamento, afirmando que en un recurso disciplinario como éste, entender lo que constituye una falta o abuso grave es *"probablemente lo más importante en una atribución disciplinaria como el recurso de queja, y sin embargo lo que menos se ha tratado de forma seria por la doctrina"*.[iii] Espero que este trabajo contribuya con dicho objetivo, y que sirva para aclarar en qué consiste el recurso de queja, y cuándo se configura su causal de interposición. Al menos ese fue el propósito que se persiguió durante casi dos años de trabajo.

Aprovecho de agradecer los acertados comentarios y consejos de mi profesor y amigo, Alejandro Romero Seguel.

---

ii SEPÚLVEDA RIVAS y OBERG YÁÑEZ (1994), p. 11.

iii PÉREZ RAGONE y NÚÑEZ OJEDA (2015), pp. 501 y 502.

ABREVIATURAS

CC	:	Código Civil
CCo.	:	Código de Comercio
CDE	:	Consejo de Defensa del Estado
Cfr.	:	Confróntese
CNTV	:	Consejo Nacional de Televisión
COT	:	Código Orgánico de Tribunales
CONAF	:	Corporación Nacional Forestal
CPC	:	Código de Procedimiento Civil
CPR	:	Constitución Política de la República
CPT	:	Consejo Para la Transparencia
CT	:	Código del Trabajo
DGA	:	Dirección General de Aguas
DT	:	Dirección del Trabajo
LAIP	:	Ley de Acceso a la Información Pública
LGUC	:	Ley General de Urbanismo y Construcciones
LPC	:	Ley de Protección al Consumidor
RAE	:	Real Academia Española de la Lengua
SAG	:	Servicio Agrícola y Ganadero
SBIF	:	Superintendencia de Bancos e Instituciones Financieras
SII	:	Servicio de Impuestos Internos
SERNAC	:	Servicio Nacional del Consumidor
TCP	:	Tribunal de Contratación Pública

CAPÍTULO I
EL RECURSO DE QUEJA COMO MEDIO DE IMPUGNACIÓN

1. HISTORIA DEL RECURSO DE QUEJA

No existe claridad respecto del origen del recurso de queja. Para algunos sería una creación netamente chilena, que tendría su origen en el "recurso de injusticia notoria y vejaciones" que contenía el Reglamento Constitucional Provisorio del año 1811.[1] Otros afirman que sería una herencia de la legislación española, concretamente, del "recurso de injusticia y nulidad notoria".[2] Finalmente están aquellos que sostienen que el recurso de queja es una creación jurisprudencial de nuestros tribunales de justicia.[3]

Sea cual sea el origen, existen ciertos hitos en la historia del recurso que nos parece relevante destacar para el desarrollo de este trabajo. El primero tuvo lugar con la CPR de Mariano Egaña del año 1823, en la que no sólo se mantuvo en nuestro ordenamiento el recurso español de injusticia notoria y vejaciones, sino que además, se consagró la superintendencia correccional de la Corte Suprema respecto de los demás tribunales del país. En su artículo 148, establecía que "*tiene la Suprema Corte, la superintendencia directiva, correccional, económica i moral ministerial, sobre los tribunales i juzgados de la Nación. Tiene también la de política criminal, conforme al reglamento que se formará sobre estas atribuciones*". Luego el artículo 149 agregaba que "*[E]n consecuencia del artículo anterior, conoce en única instancia: 1°... de las vejaciones, dilaciones i otros crímenes i perjuicios causados por los jueces de apelaciones en la secuela de los juicios, procediendo sumariamente, sin alterar lo juzgado i para el solo efecto de declarar la responsabilidad personal del juez i después de concluido el proceso...*".

1 Cfr. BARAHONA AVENDAÑO (1998), p. 5.
2 Cfr. MUNITA HERRERA (1968), p. 54.
3 Cfr. MARÍN GONZÁLEZ (2011), p. 269.

Un segundo hito vino con la entrada en vigencia de la CPR de 1833. Aunque curiosamente dicha Carta no hizo mención alguna de la Corte Suprema, sí estableció que existiría una magistratura que tendría a cargo la *"superintendencia directiva, correccional i económica sobre todos los tribunales i juzgados de la nación"*, declaración que como podrá apreciar el lector, se ha mantenido vigente hasta el día de hoy respecto del Máximo Tribunal (artículo 82 de la CPR).

Otro hito a destacar fue la dictación el año 1875 de la ley sobre "Organización i Atribuciones de los Tribunales", antecesora de nuestro actual COT, que en su artículo 69 introdujo el vocablo "quejas" para referirse a los reclamos que las partes pudieran dirigir a las Cortes de Apelaciones por las faltas o abusos que los jueces inferiores cometieran en el ejercicio de sus funciones, y en su artículo 70 estableció una serie de sanciones a las que se exponían los jueces por las faltas o abusos que cometieran en el ejercicio de sus labores.[4] La misma ley, en su artículo 108, volvió a repetir la idea de que correspondía a la Corte Suprema la *"jurisdicción correccional, disciplinaria y económica sobre todos los tribunales de la Nación"*.

Pues bien, fue dando aplicación a la norma anterior que el recurso de queja, como lo conocemos hoy, nació a la vida jurídica. Y lo hizo de la mano de la jurisprudencia de los tribunales superiores de justicia. Tal como lo explica la Corte Suprema en sentencia de fecha 8 de diciembre de 1966, *"este medio legal nació mediante una interpretación jurisprudencial que hicieron los tribunales superiores de los preceptos de la Ley de Organización y Atribuciones de los Tribunales de 1875, que instituyeron la queja como medio de corregir y sancionar las faltas o abusos en que hubieren podido incurrir los jueces en el ejercicio de su ministerio y si bien, con posterioridad, el concepto de recurso de queja ha tenido acogida en la ley, no por ello ha perdido su carácter de recurso del que conoce el superior en ejercicio de sus facultades disciplinarias para modificar aquellas resoluciones en que los falladores, con errado concepto, se apartan del mérito del proceso y hacen mal uso de sus facultades en términos de producir al litigante un perjuicio que solamente puede ser reparado por este medio"*.[5]

Más tarde, el año 1943, se aprobó el actual COT. En él por primera vez se incorporó formalmente el recurso de queja en nuestro ordenamiento jurídico, formalizando el trabajo que habían venido realizando los tribunales de justicia. Este recurso, en conjunto con la queja propiamente tal, tuvo por finalidad velar por la disciplina de los tribunales de justicia.

---

4 Cfr. MATURANA MIQUEL, Cristián (2016), p. 1057.

5 Corte Suprema, sentencia de 8 de diciembre de 1966, en *Revista de Derecho y Jurisprudencia*, T. 63, sec. 3', p. 117.

Originalmente dentro de las características del recurso destacaba la facilidad para interponerlo en comparación con el de casación.[6] Asimismo, podía deducirse en contra del juez por la dictación de cualquier tipo de resolución, incluyendo sentencias, autos y decretos. Además, el recurso de queja podía ser interpuesto aun cuando la resolución en la que se había cometido la falta o abuso pudiera impugnarse por medio de otro recurso, fuera ordinario o extraordinario.[7]

Estas características produjeron dos efectos negativos con el paso del tiempo. El primero, que con el tiempo el recurso de queja comenzó a ser utilizado en la práctica como una tercera instancia, en virtud de la cual la Corte Suprema volvía a revisar los hechos y el derecho de un asunto que ya había sido zanjado en dos oportunidades anteriores. Tal como señala Maturana, "*[e]l recurso de queja se convirtió en una tercera instancia de facto, degenerando el rol de la Corte Suprema, puesto que se convirtió en otra instancia de apelación, olvidando su papel como tribunal de casación, puesto que este tribunal podía conocer y modificar tanto los hechos como el derecho de la Litis*".[8] El segundo efecto negativo, que está relacionado con el anterior, consistió en la sobrecarga de trabajo de la que fue víctima la Corte Suprema, que debió destinar gran parte de su tiempo a conocer de los miles de recursos de queja que se interponían.[9]

Para remediar esta situación el año 1995 entró en vigor la Ley 19.374, que introdujo distintas reformas al Poder Judicial, y entre ellas al recurso de queja, buscando limitar su procedencia y reencausarlo a su origen disciplinario. Tal como se lee del Mensaje de la ley en cuestión, "*se amplía el ámbito para interponer el Recurso de Casación y se restringe el del Recurso de Queja, con modificaciones a los artículos 767 y siguientes del CPC, y a los artículos 545 y 549 del COT, respectivamente. Con esta reforma se pretende que el Recurso de Casación sea más fácil en su interposición, más expedito en su tramitación y menos formalista, para que de esta manera los Tribunales Superiores, mediante el conocimiento de este recurso puedan, en mejor forma, sentar jurisprudencia. El de queja se limita porque entendemos que, siendo éste un recurso disciplinario, ha distorsionado en la práctica el sistema procesal y la función jurisdiccional de los Tribunales Superiores de Justicia, toda vez que se interpone en vez de otros recursos procedentes, recargando el trabajo de las cortes, dándose el caso que*

6 Cfr. PÉREZ RAGONE y NÚÑEZ OJEDA, *ob. cit.*, p. 499.

7 Cfr. CALVO CASTRO (1977), p. 270.

8 MATURANA MIQUEL, *ob. cit.*, pp. 1061 y 1062. En igual sentido ANABALÓN SANDERSON (1966), p. 295.

9 Cfr. MATURANA MIQUEL, *ob. cit.*, pp. 1061 y 1062.

por esa vía la Corte Suprema puede llegar a conocer de cualquier causa que se tramita en primera instancia".[10]

Para lograr lo anterior se limitó la procedencia del recurso sólo a las sentencias definitivas e interlocutorias que pusieran término al juicio o hicieran imposible su continuación. También se prohibió su interposición cuando la resolución afectada por la falta o abuso pudiera ser impugnada por otro recurso, ordinario o extraordinario. Además, se incorporaron una serie de sanciones disciplinarias que debían ser aplicadas por el tribunal superior al inferior en caso de acogerse el recurso de queja. Finalmente se fortaleció el recurso de casación como el medio de impugnación del que por excelencia debe conocer la Corte Suprema.[11] Todo esto, reiteramos, con miras a potenciar el carácter disciplinario del recurso de queja, y limitar su interposición.

A partir de entonces la Corte Suprema ha llevado a cabo importantes esfuerzos para ajustar su actuar a la reforma. Así se refleja, por ejemplo, en la gran cantidad de recursos de queja que día a día declara inadmisibles o rechaza de plano; en los fundamentos de los numerosos fallos por los que rechaza los recursos de queja interpuestos en contra de los ministros de corte de apelaciones que se pronunciaron respecto de otro recurso de queja; en todos esos casos en los que decide rechazar los recursos de queja y acto seguido hacer uso de sus facultades de oficio para corregir las infracciones denunciadas; y en muchas otras circunstancias que iremos revisando a lo largo de este trabajo.

Si bien muchos de esos esfuerzos han producido sus frutos, y prueba de lo anterior es que hoy en día se interponen y acogen menos recursos de queja de los que se interponían y acogían antes de la reforma, según se verá los problemas que motivaron la reforma se han mantenido de cierta forma hasta hoy, y poco a poco se van acrecentando con la aparición de procedimientos que contemplan expresa o tácitamente este recurso. Asimismo, es cada vez más frecuente que las partes interpongan recursos de queja cuyo objetivo no es la denuncia y corrección de una falta o abuso grave, sino que la motivación de una nueva instancia jurisdiccional por haber quedado una de las partes disconforme con el resultado del litigio.[12]

---

10 Tal como lo explican Sepúlveda Rivas y Oberg Yáñez, *"Las motivaciones esenciales de la dictación de esta ley radicaron en la preocupación de los órganos legislativo, ejecutivo y judicial respecto al problema producido por el exceso en la utilización de este recurso, que debía tener un carácter esencialmente disciplinario, pero que en la práctica había devenido en transformarse en un recurso más, para obtener la modificación, enmienda o invalidación de resoluciones judiciales"*, SEPÚLVEDA RIVAS y OBERG YÁÑEZ, *ob. cit.*, p. 7.

11 Historia de la Ley 19.374.

12 En el año 1994, uno antes de la reforma, se interpusieron ante la Corte Suprema 3.365 recursos de queja y 764 recursos de casación. En el año 2009, quince años después de la

2. CONCEPTO

La doctrina le ha dado distintas definiciones al recurso de queja. Casarino lo define como *"el medio que la ley franquea a las partes agraviadas por una resolución judicial abusiva, en contra de la cual no procede ningún recurso, para que se la deje sin efecto y se la enmiende en conformidad a derecho"*.[13] Mosquera y Maturana, en tanto, como el *"acto jurídico procesal de parte que se ejerce directamente ante el Tribunal superior jerárquico y en contra del juez o jueces inferiores que dictaron en un proceso del cual conocen una resolución con falta o abuso grave, solicitándole que ponga pronto remedio al mal que motiva su interposición mediante la enmienda, revocación o invalidación de aquella, sin perjuicio de las sanciones disciplinarias que fueren procedentes por el pleno de ese Tribunal respecto del juez o jueces recurridos"*.[14] Finalmente Sepúlveda y Oberg lo definen como *"el medio extraordinario que la ley confiere a las partes para impedir de un tribunal superior el ejercicio de sus facultades disciplinarias, respecto de los jueces u órganos que ejerzan jurisdicción por las faltas o abusos graves cometidos en el pronunciamiento de ciertas resoluciones y, consecuencialmente, la adopción de medidas conducentes a remediar tales faltas o abusos"*.[15]

A partir de las definiciones anteriores, y de los elementos y características que revisaremos más adelante en este trabajo, definiremos el recurso de queja como aquél medio de impugnación que reconoce la ley a la parte que, en el marco de un procedimiento jurisdiccional, se ve afectada por una falta o abuso grave cometida por el juez o los jueces que conocen del mismo, en la dictación de la sentencia definitiva, o de una sentencia interlocutoria que le pone término o hace imposible su continuación, para que lo interponga ante el superior jerárquico de dicho juez o jueces, a fin de que adopte las medidas necesarias para corregir la falta o abuso denunciada, las que podrán incluir no sólo acciones disciplinarias respecto de los magistrados, sino que también la modificación de la resolución en la que se produjo la falta o abuso.

---

reforma, se interpusieron ante el Máximo Tribunal 599 recursos de queja y 5.476 de casación. Fuente: Cuenta Pública del Presidente de la Corte Suprema en la inauguración del año judicial 2010. En los últimos años sin embargo la brecha entre ambos recursos se ha ido acortando. El año 2016 se interpusieron 1.213 recursos de queja versus 4.611 recursos de casación. Fuente: Instituto Nacional de Estadísticas (INE).

13 CASARINO VITERBO (1983), p. 912.

14 MOSQUERA RUIZ y MATURANA MIQUEL (2010), p. 383.

15 SEPÚLVEDA RIVAS y OBERG YÁÑEZ, *ob. cit.*, pp. 7 y 8.

3. MARCO NORMATIVO

El recurso de queja se encuentra regulado en el Título XVI del COT, denominado "De la jurisdicción disciplinaria y de la inspección y vigilancia de los servicios judiciales".

El artículo 545 dispone que el recurso de queja tiene por única finalidad corregir las faltas o abusos graves cometidos por los tribunales en la dictación de resoluciones de carácter jurisdiccional. La misma norma detalla las resoluciones que pueden motivar la interposición del recurso, que podrán ser sentencias definitivas o interlocutorias, éstas cuando pongan término al juicio o hagan imposible su continuación, siempre y cuando no sean susceptibles de ser impugnadas por medio de otro recurso. Como excepción a la regla anterior, el COT autoriza la interposición del recurso de queja en conjunto con el de casación en la forma, cuando se trate de sentencias definitivas dictadas por árbitros arbitradores.[16] Esta última idea es reiterada en el inciso segundo del artículo, que dispone que la sentencia que se dicte acogiendo un recurso de queja no podrá, salvo en los casos de sentencias dictadas por arbitradores, modificar, enmendar o invalidar resoluciones judiciales respecto de las cuales la ley contempla recursos jurisdiccionales ordinarios o extraordinarios. Con este requisito se reafirman la excepcionalidad del recurso de queja y su naturaleza.[17]

También en su inciso segundo, el artículo 545 dispone que la sentencia que acoja un recurso de queja deberá incluir las consideraciones precisas que demuestran la falta o abuso grave que motiva el acogimiento, así como los errores u omisiones manifiestos y graves que los constituyan, los que deberán haberse materializado en la sentencia que motivó la interposición del recurso. El fallo

16 Tal como enseña la doctrina, "*[c]onforme a la historia fidedigna de la Ley 19.374, en las discusiones surgidas en las Comisiones respectivas se acordó establecer que como respecto de los arbitradores no procede el recurso de casación en el fondo, el recurso de queja sería el único medio de que dispondrán las partes en caso que un árbitro arbitrador falle en forma aberrante, sin respetar los principios de equidad*"; ROMERO SEGUEL y DÍAZ VILLALOBOS (2017), p. 264.

17 Una situación particular tuvo lugar en la causa "Ferrada y otros con Contraloría", rol 7.427-2018, de 4 de octubre de 2018, en la que la Corte Suprema acogió a trámite un recurso de queja interpuesto en contra de los ministros del Tribunal de Cuentas de Segunda Instancia de la Contraloría General de la República, a pesar de que la resolución dictada por dichos jueces era susceptible de ser impugnada por el recurso especial de revisión establecido en el artículo 126 de la Ley 10.336. El fundamento de dicha admisibilidad fue que el recurso de revisión es un recurso extraordinario que procede sólo en algunas hipótesis, ninguna de las cuales se configuraba en la causa en cuestión.

del recurso, además, deberá indicar las medidas a adoptar para corregir la falta o abuso detectada.

La última parte del artículo dispone que en los casos en que un tribunal invalide una resolución jurisdiccional haciendo uso de sus facultades disciplinarias, deberá además adoptar todas las medidas disciplinarias que estime pertinentes.[18] Finalmente la norma exige al tribunal que acoge un recurso de queja que dé cuenta de dicha circunstancia al pleno, para que éste adopte medidas disciplinarias adicionales si es que ello fuera procedente, en atención a la naturaleza de las faltas o abusos cometidas. Culmina el artículo señalando que siempre que se acoja un recurso de queja, se deberá amonestar privadamente al juez o jueces que incurrieron en la falta o abuso, sin perjuicio de la procedencia de otras medidas disciplinarias.

Todo lo anterior es sin perjuicio de la facultad que tiene la Corte Suprema para actuar de oficio cada vez que lo considere pertinente, en ejercicio de sus facultades disciplinarias.[19]

Luego el artículo 548 del COT regula los aspectos procesales de la interposición del recurso de queja. Éste deberá ser interpuesto por el afectado dentro del plazo fatal de cinco días hábiles, contados desde la fecha en que se le notifica la resolución que lo afecta (que contiene la falta o abuso).[20] El recurso deberá ser patrocinado expresamente por un abogado habilitado para el ejercicio de la profesión.

Dentro de los requisitos de interposición del recurso de queja se cuentan la individualización de los jueces o funcionarios que cometieron la falta o abuso denunciada, y la especificación del proceso en el que ella se materializó. Se debe transcribir la sentencia dictada o acompañar copia de ella, y especificar su fecha de dictación y la de su notificación al recurrente, debiéndose señalar además si se trata de una sentencia definitiva o interlocutoria. Finalmente se deben exponer clara y específicamente las faltas o abusos que se denuncian. Junto a lo anterior el recurrente de queja deberá acompañar un certificado emitido por el secretario del tribunal que dictó la sentencia con falta o abuso, que deberá contener el número de rol del expediente y su carátula, el nombre de los jueces que dictaron la resolución

18 Si bien la norma no contiene una enumeración de dichas medidas, según veremos más adelante lo normal será que ellas se limiten en la práctica a modificar lo resuelto con falta o abuso grave por el tribunal inferior.

19 Según dispone la parte final del inciso primero del artículo 545 del COT.

20 El plazo se aumentará según tabla de emplazamiento cuando el tribunal que haya pronunciado la resolución tenga su asiento en una comuna o agrupación de comunas diversa de aquélla en que lo tenga el tribunal que deba conocer el recurso. No obstante nunca podrá exceder de los quince días hábiles.

que motiva el recurso, la fecha de su dictación y la de su notificación al recurrente, y el nombre del mandatario judicial y del abogado patrocinante de cada una de las partes. La norma señala que bastará para que el secretario emita el certificado la solicitud verbal o escrita del interesado, sin que sea necesaria una orden judicial.

El artículo termina autorizando al recurrente a solicitar una orden de no innovar en cualquier estado del recurso, tras lo cual el presidente del tribunal en cuestión deberá designar la sala que decidirá si la acoge o no, que será la misma que posteriormente conocerá sobre el fondo del recurso de queja.

Finalmente, el artículo 549 regula la tramitación que seguirá el recurso luego de su interposición. Lo primero será el control de admisibilidad que deberá llevar a cabo el tribunal ante el cual se interpuso el recurso –el superior jerárquico de aquél que dictó el fallo con falta o abuso– que comprobará que el mismo cumple con todos los requisitos previamente enumerados, especialmente si la resolución que motiva su interposición es o no susceptible de otro recurso. En caso de fallar en el control de admisibilidad, el recurso de queja será declarado inadmisible sin más trámite, frente a lo cual el recurrente sólo podrá interponer un recurso de reposición fundado en error de hecho. Excepcionalmente si el requisito de admisibilidad que se incumple es el de presentación del certificado, y siempre que haya existido causa justificada para no acompañarlo, el tribunal dará un nuevo plazo fatal e improrrogable para hacerlo, que no podrá exceder de seis días hábiles.

Sorteado exitosamente el control de admisibilidad, el tribunal pedirá informe al juez o jueces que incurrieron en las faltas o abusos denunciadas, el cual deberá limitarse únicamente a los hechos que configurarían dichas faltas o abusos. Dicho informe deberá ser evacuado dentro de los ocho días hábiles siguientes a la fecha en que el tribunal recurrido recibió el oficio respectivo. Vencido dicho plazo, y habiéndose recibido o no el informe, se procederá a la vista del recurso, trámite que tendrá una ubicación especial respecto de la vista de los otros recursos. En ese sentido el recurso de queja será agregado preferentemente a la tabla, respecto del mismo no procederá la suspensión de su vista, y las medidas para mejor resolver sólo podrán decretarse una vez terminada la vista del recurso. El artículo termina señalando que cualquiera de las partes que intervino en el proceso en el que se cometieron las supuestas faltas o abusos podrá comparecer en el recurso, lo que podrá hacer hasta antes de la vista de la causa.

Como vemos la tramitación de este recurso está estrictamente regulada en la ley, lo que es reflejo de los objetivos que se tuvieron en mente al reformarlo el año 1995. Dicho rigor se ve también reflejado en la jurisprudencia de la Corte Suprema, que constantemente declara inadmisibles recursos de queja. Respecto de la naturaleza de la resolución en la que se produjo la falta o abuso grave, conocemos casos en los que se han declarado inadmisibles recursos de queja interpuestos respecto de una resolución que decretó una medida para mejor resolver[21], de otra que declaró inadmisible un recurso de apelación incidental[22], de otra que rechazó un recurso de hecho[23], de otra que rechazó un recurso de reposición[24], de otra que rechazó un recurso de nulidad laboral[25], de otra que rechazó un incidente de recusación[26], de otra que rechazó la solicitud de citar a confesar deuda[27], de otra que rechazó un recurso de aclaración rectificación o enmienda[28], de otra que no hizo lugar al recurso de reposición interpuesto contra aquella resolución que declaró desistido un recurso de casación[29], de otra que declaró desierto un recurso de apelación[30], de otra que rechazó el incidente de nulidad de todo lo obrado[31], de otra que confirmó una resolución de primera instancia que acogió la excepción dilatoria de ineptitud del libelo[32], de otra que confirmó una resolución de primera instancia que concedió una medida precautoria[33], de otra que rechazó un incidente de abandono del procedimiento[34], entre otros casos.[35]

---

21 "Barki con Vera", rol 153-2018, de 10 de enero de 2018.

22 "Enel Distribución Chile S.A. con Gajardo", rol 443-2018, de 23 de enero de 2018.

23 "Carrasco con Primer Juzgado de Letras de Melipilla", rol 918-2018, de 17 de enero de 2018.

24 "Lara con Fisco de Chile", rol 1.046-2018, de 24 de enero de 2018.

25 "Matamala con Chilexpress S.A.", rol 12.294-2018, de 6 de junio de 2018. Nos llama la atención la inadmisibilidad decretada en estos autos, en atención al gran número de recursos de queja que son admitidos a trámite y posteriormente acogidos fundados en el rechazo de un recurso de nulidad laboral.

26 "Cuello con Llanos", rol 38.512-2017, de 12 de septiembre de 2017.

27 "Sociedad de Montajes Plásticos Ingeniería Ltda con Mopla Construcciones Limitada", rol 40.690-2017, de 17 de octubre de 2017.

28 "Polanco con Banco Security", rol 43.255-2017, de 4 de diciembre de 2017.

29 "OHL Concesiones Chile S.A. con SII", rol 12.505-2018, de 28 de junio de 2018.

30 "Llanos con Salcobrand S.A.", rol 14.831-2018, de 4 de julio de 2018.

31 "Carriel con Áridos y Servicios Segal", rol 15.012-2018, de 5 de julio de 2018. En igual sentido se resolvió en "Banco Internacional con Ferretería San Joaquín", rol 22.313-2014, de 18 de agosto de 2014; en "Ladrón de Guevara con Weng", rol 20.839-2018, de 4 de septiembre de 2018; y en "Kadis con Zepeda", rol 5.274- 2019, de 13 de marzo de 2019.

32 "QBE Chile Seguros con Concesionaria Costanera Norte", rol 16.809-2018, de 30 de julio de 2018.

33 "Ziller con Sociedad Agropecuaria, Forestal y Comercial Santa Carolina Limitada", rol 19.143-2018, de 14 de agosto de 2018. En igual sentido se resolvió en "Santander con Sociedad Escuela de Trastornos del Lenguaje", rol 20.842-2018, de 4 de septiembre de 2018.

34 "Compañía de Seguros Generales con Nolasco", rol 3.691-2009, de 11 de junio de 2009.

35 Así también se resolvió en "Torres con FLSMIDTH S.A.", rol 20.895-2018, de 6 de septiembre de 2018; en "GBV Capitales con Importadora Café Do Brasil", rol 20.894-2018,

También existen muchos recursos de queja que son declarados inadmisibles porque las resoluciones en las que se producen las supuestas faltas o abusos son susceptibles de ser impugnadas por medio de otros recursos. Una fórmula que frecuentemente se utiliza con ese propósito es la siguiente: "*Que de conformidad con el artículo 545 del COT, el recurso de queja sólo procede en contra de sentencias definitivas o interlocutorias que ponen término al juicio o hacen imposible su prosecución y siempre que no sean susceptibles de ningún otro recurso, sea ordinario o extraordinario. Segundo: Que la resolución que se impugna en estos antecedentes es aquella que revocó la que hizo lugar a una tercería de posesión, declarando que quedaba desestimada; que puede ser impugnada por medio de otros recursos, razón suficiente para declarar inadmisible el intentado en autos*".[36]

Respecto del plazo de interposición del recurso, la Corte Suprema también vela con rigor por su respeto, existiendo diversos casos en los que se declaran inadmisibles recursos de queja por no haber sido interpuestos dentro del plazo, aun cuando la parte recurrente se haya excedido en un solo día.[37] Otros recursos de queja son declarados inadmisibles porque no se adjuntó el certificado que exige la ley[38], o bien, porque no se cumplió con la obligación de reproducir la sentencia en la que se produjo la falta o abuso, o de acompañar una copia de la misma.[39]

Si bien la mayoría de los recursos de queja son declarados inadmisibles, o desechados de plano, ese rigor del Máximo Tribunal se compensa con el ejercicio de sus facultades para actuar de oficio, según veremos más adelante.

---

de 6 de septiembre de 2018; en "Ibarra con Ibarra", rol 20.837-2018, de 6 de septiembre de 2018; en "Obando con Sotomayor", rol 20.836-2018, de 4 de septiembre de 2018.

36 "Contreras con Administración y Servicios Forestales Ltda", rol 8.705-2018, de 24 de mayo de 2018. En igual sentido se resolvió en "Silva con Abarca", rol 3.644-2009, de 8 de junio de 2009; en "Apablaza con Embotelladoras Chilenas Unidas S.A.", rol 38.148-2017, de 7 de septiembre de 2017; en "Tecay con Sociedad Constructora E Inmobiliaria Trimetal Ltda", rol 39.736-2017, de 3 de octubre de 2017; "Maldonado con Isapre Colmena", rol 2.044-2018, de 29 de enero de 2019; entre otros.

37 "Lara con Fisco de Chile", rol 1.046-2018, de 24 de enero de 2018. En igual sentido se resolvió en "CAM Chile S.A. con Municipalidad de Talagante", rol 2.353-2018, de 12 de febrero de 2018, y en "Mancilla con Barros", rol 19.031-2018, de 13 de agosto de 2018.

38 "Herrera con HDI Seguros", rol 5.054-2019, de 4 de marzo de 2019.

39 "Seguel con CDE", rol 3.487-2018, de 6 de marzo de 2018. En igual sentido se resolvió en "Autopista Vespucio Sur S.A. con Muebles González y Cía", rol 8.992-2010, de 14 de diciembre de 2010; en "Sernac con Farmacias Salcobrand S.A.", rol 9.112-2010, de 16 de diciembre de 2010; y en "Roym Limitada con Inspección del Trabajo", rol 16.942-2018, de 31 de julio de 2018.

4. NATURALEZA JURÍDICA

Mucho se ha discutido respecto de la naturaleza jurídica del recurso de queja. La complejidad en la discusión viene dada por el hecho de que no obstante ser un mecanismo para controlar la disciplina de los jueces, el recurso de queja igual faculta al tribunal que conoce de él para modificar lo resuelto por el juez o jueces que cometieron la falta o abuso. Es decir, el recurso de queja junto con ser disciplinario, tiene a la vez una arista jurisdiccional.

Si bien nadie discute la doble composición del recurso en estudio, y de hecho es el propio legislador el que reconoce ambas características, el problema radica en definir su naturaleza jurídica, si es disciplinaria o jurisdiccional. La interrogante en cuestión dista mucho de ser un tema meramente dogmático o teórico, ya que tiene importantes repercusiones en la práctica. Por ejemplo, el artículo 545 del COT dispone que el recurso de queja *"tiene por exclusiva finalidad corregir las faltas o abusos graves cometidos en la dictación de resoluciones de carácter jurisdiccional"*, de lo que se sigue que el mismo no sería procedente cuando las faltas o abusos se produzcan en la dictación de una resolución que no es jurisdiccional. Por lo tanto, si se considera que el recurso de queja y la sentencia que lo resuelve son de naturaleza disciplinaria, las faltas o abusos graves cometidas por los ministros de una corte de apelaciones al pronunciarse respecto de otro recurso de queja quedarían al margen del control disciplinario de la Corte Suprema según el tenor de la norma en cuestión.

Pues bien, sobre este tema existen diversas posturas. Por un lado encontramos la opinión de la Corte Suprema, que constantemente considera el recurso de queja como un arbitrio de naturaleza disciplinaria, y que su exclusiva finalidad es corregir las faltas o abusos graves cometidos en la dictación de resoluciones de carácter jurisdiccional.[40]

En la doctrina, en tanto, las posiciones se encuentran divididas. Por una parte autores como Sepúlveda y Oberg señalan que el hecho de que la ley utilice la palabra "corregir" demuestra un cierto equilibrio entre ambos componentes del recurso. *"[A]l usar la ley el vocablo 'corregir', comprende, a la vez, el elemento sancionatorio y el elemento de enmienda de la decisión jurisdiccional en cuestión"*.[41]

---

40 A modo de ejemplo, "Carabineros con Muñoz", rol 43.645-2017, de 6 de diciembre de 2017; "CAR S.A. con Dirección del Trabajo de Santiago", rol 1.180-2018, de 7 de marzo de 2018; "Sernac con Corporación Universitaria Pedro de Valdivia", rol 12.144-2018, de 28 de junio de 2018; entre muchos otros.

41 SEPÚLVEDA RIVAS y OBERG YÁÑEZ, *ob. cit.*, p. 8.

Otros autores, como Pérez Ragone y Núñez Ojeda, se inclinan por dar mayor relevancia al componente disciplinario que al jurisdiccional (sin perjuicio de describir al de queja como un recurso cuasi jurisdiccional),[42] afirmando que *"nos encontramos ante un recurso prioritariamente disciplinario"*.[43] Finalmente encontramos a Tavolari, quien tomando la posición contraria, se inclina por ver al recurso de queja como un mecanismo esencialmente jurisdiccional, con un componente disciplinario.[44]

Nuestra posición es algo distinta de las anteriores, puesto que consideramos que el recurso de queja es de naturaleza disciplinaria, con un componente jurisdiccional que es limitado y excepcional.[45] Nos apoyamos para afirmar lo anterior, en primer lugar, en la historia del recurso. Según se explicó, desde que el recurso de queja fue incorporado en el COT, e incluso desde sus difusos orígenes, ha tenido por objeto velar por la disciplina de los tribunales de justicia, y precisamente ese ha sido el aspecto que lo ha distinguido del resto de los recursos. En segundo lugar, encontramos distintos argumentos de texto. El artículo 545 del COT dispone que el recurso de queja tiene por exclusiva finalidad corregir las faltas o abusos graves cometidos en la dictación de resoluciones de carácter jurisdiccional, mientras que el artículo 66 inciso tercero del mismo cuerpo legal, distingue expresamente al recurso de queja de los demás recursos jurisdiccionales[46],

42 PÉREZ RAGONE y NÚÑEZ OJEDA, *ob. cit.*, p. 496.

43 Ibid, p. 497.

44 Señala el autor que "[N]o es posible discutir, en consecuencia, que conviven en la regulación jurídica del recurso, dos naturalezas claramente diferenciables: a) De una parte, una disciplinaria; b) De otra, en cambio, la propiamente impugnadora de resoluciones judiciales o, en esencia jurisdiccional, que es, en definitiva, la que explica el nombre del instituto y el empleo que de él han efectuado (...) En consecuencia –con entera prescindencia de las nomenclaturas y recordando que, especialmente, en Derecho, las cosas son lo que son y no como se las denomina– existe una potestad jurisdiccional que se excita por el interesado, a través del recurso de queja y que puede concluir, también, en ejercicio de facultades disciplinarias". TAVOLARI OLIVEROS (2012), pp. 503 y 504.

45 Una posición similar mantiene Bordalí, al señalar que *"no parecen correctas aquellas concepciones unidimensionales del Recurso de Queja, que lo ven solo como instrumento disciplinario o solo como medio de impugnación de resoluciones jurisdiccionales. Tiene necesariamente esas dos facetas (...) Pero el orden de su consideración debería ser en primer lugar su dimensión disciplinaria y luego jurisdiccional. Un instrumento de control de la conducta de los jueces pero con implicaciones jurisdiccionales o procesales"*, en BORDALÍ SALAMANCA (2016), p. 364.

46 Señala la norma que *"[e]n caso que ante una misma Corte de Apelaciones se encuentren pendientes distintos recursos de carácter jurisdiccional que incidan en una misma causa, cualesquiera sea su naturaleza, éstos deberán acumularse y verse conjunta y simultáneamente en una misma sala. La acumulación deberá hacerse de oficio, sin perjuicio del derecho de las partes a requerir el*

a lo que debe agregarse el hecho de que el COT regula el recurso en comento en su Título XVI, denominado "De la jurisdicción disciplinaria y de la inspección y vigilancia de los servicios judiciales".

En tercer lugar, se debe señalar que, a diferencia del resto de los recursos jurisdiccionales, el recurso de queja se interpone directamente ante el superior jerárquico de aquél al que se acusa de haber incurrido en una falta o abuso grave, lo que constituye una garantía de que el reclamo llegará ante quien debe conocer del mismo. En cuarto lugar, y según se explicará más adelante, el recurso de queja se interpone en contra de una persona o grupo de personas, y no en contra de una resolución, algo bastante especial en nuestro ordenamiento jurídico, puesto que todos los recursos jurisdiccionales se interponen respecto de resoluciones, y no de personas. Finalmente tenemos los fundamentos de la reforma de la que fue objeto el recurso de queja el año 1995, uno de los cuales fue precisamente reencausar el recurso a su origen disciplinario, luego de su desnaturalización para convertirse en una tercera instancia.[47]

Lo anterior no se ve afectado por el hecho de que del acogimiento del recurso de queja se siga un acto jurisdiccional de parte del tribunal que lo acogió, modificando la resolución que motivó el recurso. Parece razonable que si el superior jerárquico ya hizo el esfuerzo de revisar si hubo o no falta o abuso del inferior, modifique lo resuelto por éste para poner pronto remedio al mal que se está ocasionando. La otra alternativa, que nos parece ineficiente, sería que dicho superior jerárquico se limitara a definir si hubo o no una falta o abuso grave y a aplicar la sanción respectiva, para luego devolver la causa al inferior para que éste emita un nuevo pronunciamiento (con jueces distintos). Lo mejor para el sistema en general, y para las partes en particular, es que si ya se activó la competencia del superior jerárquico, sea éste quien modifique lo resuelto con falta o abuso, en vez de añadir una nueva etapa procesal a un procedimiento que a esas alturas ya habrá tardado demasiado. Esta circunstancia, que es práctica, en ningún caso transforma al recurso de queja en un recurso jurisdiccional ni cuasi jurisdiccional. Sigue siendo un recurso disciplinario, con un componente jurisdiccional.

---

cumplimiento de esta norma. En caso que, además de haberse interpuesto recursos jurisdiccionales, se haya deducido recurso de queja, éste se acumulará a los recursos jurisdiccionales, y deberá resolverse conjuntamente con ellos".

47 Cfr. BARAHONA AVENDAÑO, *ob. cit.*, p. 40.

5. CARACTERÍSTICAS DEL RECURSO DE QUEJA

5.1. No es una tercera instancia

Como se señaló, una de las razones que motivaron la reforma al recurso de queja el año 1995 fue que el mismo se había convertido en la práctica en una tercera instancia, por medio de la cual la Corte Suprema volvía a revisar los hechos y el derecho en causas que ya habían recibido dos pronunciamientos previos. Uno de sus objetivos, por lo tanto, fue poner término a dicha práctica y reencausar el recurso a su sentido original.

Es por ello que hoy doctrina y jurisprudencia se encuentran contestes al afirmar que el recurso de queja no constituye una nueva instancia, una tercera instancia, en la que los hechos y el derecho de la causa puedan volver a ser discutidos. En ese sentido Mosquera y Maturana señalan que éste es *"un recurso que no constituye instancia para la revisión de todas las cuestiones de hecho y de derecho, sino que únicamente faculta al superior para examinar si se cometió la falta o abuso grave invocada por el recurrente"*.[48] La Corte Suprema, por su parte, constantemente está rechazando o declarando inadmisibles recursos de queja cuyo propósito es provocar una nueva revisión de la causa, bajo la siguiente fórmula u otra similar: *"Que, como ha sido repetidamente resuelto por este Tribunal, el ejercicio de este recurso disciplinario no tiene lugar en los casos en que se enfrenta una diferencia de opiniones entre las partes y los tribunales, en relación a la valoración de los elementos de convicción o a la interpretación jurídica de las normas sustantivas o procesales, actividades cuyo resultado, como en este caso, puede ser estimado válido y que ha sido suficientemente fundado, desde que el recurso de queja no ha sido instituido para corregir errores de ese carácter y provocar por este solo concepto un nuevo pronunciamiento sobre el asunto, pues en el caso sub lite, cualesquiera que hayan podido ser las equivocaciones atribuidas a los jueces con motivo de su decisión, no representan una falta a sus deberes funcionarios ni un abuso de facultades, sino que a lo más un criterio diverso sobre el asunto que les corresponde resolver"*.[49] Más claro aún fue lo resuelto en "Sociedad de Exploración y Desarrollo Minero con

---

48 MOSQUERA RUIZ y MATURANA MIQUEL, *ob. cit.*, p. 390.

49 "Conaf con Hidroeléctrica Ñuble SpA", rol 2.522-2018, de 29 de mayo de 2018. En igual sentido "Sociedad de Exploración y Desarrollo Minero con Sernageomin", rol 1.701-2013, de 23 de mayo de 2013; "Transportes Natai Ltda con Sernac", rol 8.319-2018, de 10 de marzo de 2018; entre otros.

Sernageomin"[50], donde el Máximo Tribunal señaló que *"el recurso de queja no ha sido instituido como una tercera instancia para revisar y corregir interpretaciones de normas que sustenten decisiones jurisdiccionales"*.

5.2. Es un medio de impugnación extraordinario

En línea con lo anterior, el recurso de queja no es un recurso ordinario. No tiene una finalidad jurisdiccional, aunque en la práctica produzca ese efecto, y su único propósito según lo dispuesto en el inciso primero del artículo 545 del COT, es corregir las faltas o abusos graves que cometan los jueces en la dictación de ciertas resoluciones jurisdiccionales, aunque de ello se siga posteriormente un cambio jurisdiccional. A diferencia de lo que sucede con otros recursos, para que proceda el de queja no es suficiente con que exista un agravio, sino que ese agravio debe haberlo producido una falta o abuso grave del juez o tribunal. Tiene que haber habido una indisciplina de su parte.

Tal como lo señalan Sepúlveda y Oberg, éste *"es un recurso extraordinario, porque no basta sólo el agravio del recurrente, sino que es necesario que se funde en la causal establecida en la ley, esto es, en el hecho de haber existido una falta o abuso grave en la dictación de una resolución"*.[51] Así también lo ha reiterado el Máximo Tribunal, al declarar *"[q]ue tras las reformas introducidas por medio de la Ley 19.374, publicada el 18 de febrero de 1995, el recurso de queja vio ajustados los requisitos necesarios para su interposición y mermada la órbita de la naturaleza de las resoluciones que lo admiten (...) A la luz de lo antedicho, se advierte que el arbitrio procesal en referencia quedó revestido de un carácter excepcional y circunscrito a un ámbito restringido del quehacer jurisdiccional; luego, la interpretación que ameriten sus particularidades ha de ser emprendida bajo una óptica restrictiva"*.[52]

Según veremos a lo largo de este trabajo, esta característica del recurso de queja se manifiesta al comparar el número de recursos que se interponen, con el número de ellos que son acogidos por los tribunales. La gran mayoría de los recursos de queja no prosperan en su tramitación, ya sea porque son declarados inadmisibles o bien, desechados en el fondo por improcedentes.

---

50 Corte Suprema, rol 1.701-2013, de 23 de mayo de 2013.

51 SEPÚLVEDA RIVAS y OBERG YÁÑEZ, *ob. cit.*, p. 9.

52 "Enap Refinerías S.A. con Constructora Comsa Dragados S.A.", rol 3.984-2013, de 5 de noviembre de 2013. En un sentido similar se pronunció en "Juan Castillo Boillet y Otros", rol 40.098-2017, de 28 de junio de 2018; en "Pérez con Velasco y otro", rol 41.349-2017, de 1 de febrero de 2018; entre otros casos.

5.3. Se interpone en contra de una persona, y no de un tribunal o de una resolución

Otra particularidad del recurso de queja es que a diferencia de los otros recursos de nuestro ordenamiento jurídico, se interpone en contra de una persona y no en contra de una resolución[53], lo que refuerza su carácter disciplinario. Si un determinado juez al dictar una sentencia comete una falta o abuso grave, el afectado con ella que decida interponer un recurso de queja lo deberá dirigir no en contra de la sentencia, sino que en contra de la persona del juez. Es por ello que el COT exige a la parte recurrente de queja, y al secretario del tribunal en el que se desempeña el juez que cometió la falta o abuso, que en el escrito de recurso y en el certificado de queja, respectivamente, individualicen a él o los jueces que cometieron la falta o abuso.

5.4. Se deduce ante el tribunal superior jerárquico

A lo anterior debe agregarse el hecho de que el recurso de queja se interpone ante el tribunal superior jerárquico de aquél que dictó la resolución con falta o abuso. Normalmente en nuestro ordenamiento procesal los recursos se interponen ante el tribunal que dictó la resolución, para que éste los eleve ante el tribunal que deberá resolverlo.[54] Ello implica que recursos como el de casación, el de nulidad laboral o el de apelación son objeto de un doble control de admisibilidad, uno ante el tribunal *a quo* y otro ante el tribunal *ad quem*. El recurso de queja no, puesto que se tramita únicamente ante el tribunal superior.

Esta circunstancia tiene una explicación lógica, que también refuerza la naturaleza disciplinaria del recurso de queja. El hecho de que un litigante tenga línea directa con el tribunal superior de aquél que cometió la falta o abuso, constituye una garantía a su favor, puesto que de mediar un control de admisibilidad previo ante el tribunal al que se pretende denunciar, es natural que éste se viera tentado de tumbar ese recurso de alguna u otra forma, para evitar que llegue a sus superiores. La circunstancia anterior implica que el recurso de queja será conocido únicamente por las cortes de apelaciones y por la Corte Suprema, según lo confirman las normas que se citan a continuación.

53 Cfr. MOSQUERA RUIZ y MATURANA MIQUEL, *ob. cit.*, p. 390.

54 Una excepción a la regla anterior, aparte del recurso de queja, es el recurso de hecho, regulado por los artículos 196, 203, 204 y 295 del CPC. Dicho recurso también se interpone directamente ante la corte de apelaciones respectiva.

Para las cortes de apelaciones, el artículo 63 del COT dispone que "*[L]as Cortes de Apelaciones conocerán: 1° En única instancia: (...) c) De los recursos de queja que se deduzcan en contra de jueces de letras, jueces de policía local, jueces árbitros y órganos que ejerzan jurisdicción, dentro de su territorio jurisdiccional*".

Respecto de la Corte Suprema, su competencia viene dada por los artículos 97 y 98 del COT. El primero de ellos dispone que "*[L]as sentencias que dicte la Corte Suprema al fallar los recursos de casación de fondo y forma, de nulidad en materia penal, de queja, de protección y de amparo, así como la revisión de sentencias firmes, no son susceptibles de recurso alguno, salvo el de aclaración, rectificación y enmienda que establece el artículo 182 del CPC*". El artículo 98 en tanto señala que "*[L]as salas de la Corte Suprema conocerán: (...) 7.- De los recursos de queja, pero la aplicación de medidas disciplinarias será de la competencia del tribunal pleno*". A ambas normas debe agregarse lo dispuesto en el artículo 82 de la CPR, que reconoce al Máximo Tribunal la superintendencia directiva, correccional y económica sobre todos los tribunales del país (con excepción del Tribunal Constitucional, el Tribunal Calificador de Elecciones y los tribunales electorales regionales), señalando que en uso de sus facultades disciplinarias, la Corte Suprema podrá invalidar resoluciones jurisdiccionales en los casos y forma que establezca la ley.

5.5. Es irrenunciable

La última característica a la que nos referiremos, consiste en que el recurso de queja es irrenunciable para las partes. Esto es especialmente relevante en materia arbitral, puesto que en dicha sede es normal que las partes acuerden renunciar a todos los recursos, a fin de que el conflicto sea resuelto de forma más expedita, en única instancia. Así, es frecuente en las cláusulas arbitrales que las partes declaren que renuncian a todos los recursos, y muchas veces incluyen expresamente que dicha renuncia se extenderá también al de queja. Sin embargo, y a pesar del silencio de la ley en la materia, hoy jurisprudencia y doctrina se encuentran de acuerdo respecto de que dicha estipulación no tiene ningún valor, y que el recurso de queja no puede ser renunciado. Lo anterior se explica en que este recurso no es un recurso cualquiera, y en que sus objetivos difieren de aquellos que tienen los recursos jurisdiccionales ordinarios (que sí pueden ser renunciados en sede arbitral, con excepción del recurso de casación en la forma bajo ciertas causales).

Según explicamos, éste es un medio de impugnación eminentemente disciplinario, y por lo tanto su objetivo principal es resguardar la conducta de los jueces en la dictación de los fallos, y al mismo tiempo impedir que las faltas o abusos graves que puedan cometer queden sin remedio. En torno al recurso de queja existe una cuestión que es de interés general, que va más allá de la autonomía de la voluntad de las partes. Tal como lo señala Munita, la "*renuncia no puede tener valor, y debe mirarse como no escrita, porque las disposiciones que establece este recurso son de orden público manifiesto, pues tienden, no al interés privado de las partes, sino a la correcta administración de justicia y al buen desempeño de las labores de los jueces. No se trata de un caso de libre renunciabilidad, como la renuncia de los recursos ordinarios que miran sólo al interés de las partes*".[55]

Haciendo eco de dicha tesis encontramos algunos pronunciamientos de la Corte Suprema. Por ejemplo en la causa "Comercial Proventa S.A. con Ministros"[56], el Máximo Tribunal concluyó que "*No puede dejar de consignarse que cada vez es más frecuente que las partes de un convenio renuncien a los recursos que la ley dispone en vista a obtener una resolución más expedita y rápida de los conflictos, empero, en ningún caso puede entenderse que, como consecuencia de esa motivación, se vean aquéllas privadas de la posibilidad de recurrir ante una falta o abuso grave cometido por el órgano jurisdiccional en el ejercicio de tales funciones*". Reafirmando el criterio anterior, en la causa "Constructora Novatec S.A. con Ministros"[57], la Corte Suprema resolvió que "*teniendo en especial consideración que la decisión de inadmisibilidad adoptada por el tribunal de alzada importaría privar a las partes de su derecho irrenunciable de recurrir ante los tribunales ordinarios para reclamar por faltas o abusos graves que pueden incidir en la correcta administración de justicia, esta Corte hará uso de la facultad oficiosa que confiere el artículo 545 del COT en los términos que se dirá en lo resolutivo*".

---

55 MUNITA HERRERA, *ob. cit.*, pp. 90 y 91. En la misma línea se pronuncia AYLWIN AZÓCAR (2014), pp. 470 y 471; y VÁSQUEZ PALMA (2011), p. 334.

56 "Comercial Proventa S.A. con Ministros", rol 2.601-2009, de 28 de julio de 2009.

57 "Constructora Novatec S.A. con Ministros", rol 18.987-2017, de 27 de septiembre de 2017.

CAPÍTULO II
TENDENCIAS ACTUALES DEL RECURSO DE QUEJA

1. LA COMISIÓN DE UNA FALTA O ABUSO GRAVE COMO CAUSAL DE INTERPOSICIÓN

Según el artículo 545 del COT, el recurso de queja tiene por exclusiva finalidad corregir las faltas o abusos graves cometidas por los tribunales en la dictación de resoluciones de carácter jurisdiccional. De ello se sigue que su causal de procedencia es la existencia de una falta o abuso grave por parte de un juez o jueces, en la dictación de una resolución jurisdiccional.

Lamentablemente el legislador no siguió adelante con el desarrollo de la causal, y se limitó a establecer la fórmula genérica que ya mencionamos. Por lo tanto, no existe claridad respecto de qué constituye una falta o abuso, de cuándo dicha falta o abuso es grave, ni mucho menos de qué conductas concretas pueden ser consideradas como tal. Hoy en día es difícil predecir si un determinado recurso de queja será o no admitido a tramitación, y mucho más, si será acogido por el tribunal.

Si bien algunos autores han intentado dar luces sobre el asunto, todos ellos advierten que no ha sido su intención abarcar de forma completa el concepto, de suyo ambiguo, puesto que su delimitación sólo se puede efectuar por los tribunales a través de la jurisprudencia. En ese sentido, se ha afirmado que la falta o abuso a la que se refiere el COT sería el incumplimiento grave de los deberes del juez al resolver el asunto.[58] Otros se han limitado a dar ejemplos de lo que se consideraría una falta o abuso grave, como que un juez atente contra la seriedad y el decoro que le impone el cargo[59], o que abuse de sus facultades discrecionales.[60] También se ha mencionado como ejemplo de falta o abuso grave la infracción, de manera relevante, de una ley u otras normas de derecho.[61]

---

58 Cfr. PEREZ RAGONE y NUÑEZ OJEDA, *ob. cit.*, p. 502.

59 Cfr. SEPÚLVEDA RIVAS y OBERG YÁÑEZ, *ob. cit.*, p. 11.

60 Cfr. Ibid.

61 Cfr. CALVO CASTRO, *ob. cit.*, p. 269.

Si revisamos el origen etimológico de las palabras, tenemos que para la RAE, una "falta" es el quebrantamiento de una obligación, o también como aquel error de cualquier naturaleza que se halla en una manifestación oral o escrita. El "abuso", por su parte, lo define como el exceso en el ejercicio de la autoridad. De ambas definiciones podemos concluir que, en el contexto del recurso de queja, un juez cometerá falta o abuso cuando quebrante una de sus obligaciones, cuando se exceda en el ejercicio de su autoridad, o incluso cuando cometa un error, todo ello en la dictación de resoluciones de carácter jurisdiccional.

El problema surge cuando intentamos definir en qué consiste el que dichas faltas o abusos sean graves, puesto que eso es lo que en definitiva determinará la procedencia del recurso de queja. Para la misma RAE, algo es grave cuando es de mucha entidad o importancia. Por lo tanto, para que el quebrantamiento de una obligación, el error, o el exceso en el uso de la autoridad por parte de un juez puedan ser considerados graves, dichas acciones u omisiones tienen que haber sido de gran entidad. Así, un error en la interpretación o aplicación de la norma, un exceso de autoridad al ordenar una determinada conducta, o el incumplimiento de alguna de sus obligaciones relacionadas con la dictación del fallo, si bien podrían ser consideradas como faltas o abusos, podrían no ser graves si no tienen la importancia o entidad suficiente. Lo anterior es especialmente claro cuando hablamos de los errores cometidos en el ejercicio de la labor jurisdiccional, puesto que el Máximo Tribunal está constantemente reiterando que no basta un simple error del tribunal inferior para que proceda el recurso de queja en su contra.[62] Tal como lo resolvió recientemente la Corte Suprema, *"el recurso de queja, en tanto persigue modificar, enmendar o invalidar resoluciones judiciales pronunciadas con falta o abuso grave, constituye un medio extraordinario destinado a corregir la arbitrariedad judicial, mediante la imposición de medidas disciplinarias a los recurridos ante la existencia de un perjuicio que afecte al recurrente, manifestado en un error grave y notorio de hecho o de derecho"*.[63]

Precisamente para delimitar el concepto de gravedad que exige la ley, a nivel jurisprudencial se ha ido desarrollando el denominado principio de la

---

62 En ese sentido se resolvió en "Ahumada con Compañía de Seguros Confuturo S.A.", rol 13.162-2018, de 13 de agosto de 2018: *"se puede concluir que no es un medio que permita refutar cualquier discrepancia jurídica o errores que un juez haya cometido en el ejercicio de la labor jurisdiccional"*. En igual sentido son los pronunciamientos en "Meza con CDE y otro", rol 10.243-2011, de 11 de enero de 2012; en "Sociedad de Exploración y Desarrollo Minero con Sernageomin", rol 1.701-2013, de 23 de mayo de 2013; entre muchos otros.

63 "Ravanal con Inmobiliaria Valcán Ltda.", rol 8.751´´{2018, de 22 de octubre de 2018.

trascendencia[64], que consiste en que la falta o abuso será grave, y por lo tanto susceptible de ser denunciada y corregida por medio del recurso de queja, en la medida que impacte la resolución de la controversia y tenga una influencia substancial en lo que en ella se decida, al punto que dicha decisión no hubiera sido la misma de no mediar la falta o abuso en cuestión. Tal como lo ha señalado la Corte Suprema, es necesario que la falta o abuso tenga una *"influencia sustancial, esencial, trascendente en la parte dispositiva de la sentencia"*.[65] En otro fallo reciente el Máximo Tribunal reiteró el principio anterior, al señalar que el recurso de queja sólo procede cuando los errores, omisiones o defectos cometidos por el tribunal, son *"manifiestos"* y *"flagrantes"*, y por su *"alcance y connotación no se compadecen con los contenidos inherentes a la función jurisdiccional"*.[66]

De todo lo dicho en este apartado concluimos que se está frente a una falta o abuso grave, y por lo tanto que el recurso de queja es procedente, cuando en la dictación de una sentencia definitiva o interlocutoria que pone término al juicio o hace imposible su continuación, el juez comete un error, abusa de su autoridad o quebranta alguna de sus obligaciones, de una forma tan relevante, que termina influyendo sustancialmente su decisión, y cometiendo con ello una injusticia.

2. PRINCIPALES MATERIAS EN LAS QUE SE INTERPONE EL RECURSO DE QUEJA

El hecho de que el recurso de queja se encuentre regulado en el COT, permite afirmar que todos los tribunales que se encuentran sometidos a dicho Código, pueden ser objeto de su interposición.

Sin embargo, de la revisión de la jurisprudencia encontramos que la gran mayoría de los recursos de queja que acoge la Corte Suprema, son interpuestos en el contexto de los procedimientos tramitados ante los juzgados de policía local, ante los tribunales del trabajo y en sede arbitral.[67] Ello tiene una explicación

64 Cfr. BARAHONA AVENDAÑO, *ob. cit.*, p. 40.

65 "Cares con Servicios Edelweis Limitada", rol 4.709-2017, de 17 de mayo de 2017. En igual sentido se resolvió en "Lara con Corporación Cultural de Lo Barnechea", rol 58.922-2016, de 29 de noviembre de 2016.

66 "Collao con Lam", rol 12.804-2018, de 17 de julio de 2018.

67 Lo que incluye los recursos de queja interpuestos en contra del Superintendente de Salud que, en calidad de árbitro arbitrador, conoce en segunda instancia de los conflictos entre las Isapres y sus afiliados. También incluye los recursos de queja que se interponen en contra

lógica, y es que en todos esos casos, las partes tienen limitados mecanismos de impugnación para intentar la revisión de lo resuelto por el tribunal, sin que sea necesario recurrir a este arbitrio disciplinario, que es extraordinario y de aplicación limitada.

Por ejemplo, en materia de policía local la ley señala expresamente que no procederá el recurso de casación (artículo 38), lo que en la práctica implica que las sentencias dictadas por las cortes de apelaciones, no pueden ser impugnadas por medio de ningún recurso jurisdiccional. Asimismo, en el ámbito laboral el único recurso que procede en contra de la sentencia definitiva es el de nulidad, y sus causales de interposición son bastante limitadas (artículo 477 del CT). La misma situación se produce en sede arbitral, puesto que es común que las partes renuncien a todos los recursos al momento de suscribir el acuerdo arbitral. La situación anterior se replica también en otros procedimientos especiales, en los que ante la ausencia de otros medios de impugnación más adecuados, el recurso de queja toma más importancia. Así sucede en los procedimientos tramitados ante el CPT, el CNTV, en los arbitrajes de concesión de obras públicas[68], entre muchos otros casos.

Al contrario, en otros procedimientos en los que sí existen distintos medios de impugnación a disposición de las partes, las posibilidades de éxito de un recurso de queja son bastante más limitadas. El caso más notorio es el del derecho de familia, ya que al menos en este estudio, no apareció ningún recurso de queja que fuera acogido. Algo similar, aunque con más casos de éxito, ocurre en materia civil. Esto no quiere decir que en estas ramas del derecho no se interpongan recursos de queja. Por el contrario, se interponen, y muchos. La diferencia está en que la mayoría de ellos o son desechados de plano por la Corte Suprema, o simplemente declarados inadmisibles.

Finalmente, también existen muchos recursos que son interpuestos en sede penal, algunos de los cuales son acogidos. Sin embargo, decidí no incluir el análisis de ellos en este trabajo, en atención a que la gran mayoría de ellos se referían a particularidades del ámbito procesal penal, y concretamente a las garantías fundamentales de las personas que intervienen en dichos procedimientos, las cuales difícilmente pueden ser extrapolables al resto de los procedimientos que aquí se abordan.

---

del panel arbitral en materia de obras públicas.

68 El artículo 36 bis de la ley de Concesiones de Obras Públicas señala expresamente en su inciso 14° que "[L]a sentencia definitiva no será susceptible de recurso alguno".

3. LA ETAPA DE ADMISIBILIDAD COMO MECANISMO DE CONTROL

El que el recurso de queja sea un medio de impugnación extraordinario implica, entre otras cosas, que su interposición se encuentra limitada a aquellos casos en los que un tribunal cometa una falta o abuso grave en la dictación de ciertas resoluciones de carácter jurisdiccional. O en otras palabras, que son muy pocos los casos en los que procede la interposición de este recurso.

Este carácter extraordinario fue uno de los sellos que se pretendió imprimir en el recurso de queja con la reforma del año 1995, y en ese contexto, ha influido notoriamente en la actitud adoptada por el Máximo Tribunal respecto del mismo, a tal punto que la gran mayoría de estos recursos que se interponen hoy en día son declarados inadmisibles o desechados de plano, por no cumplirse con sus requisitos de interposición.

Según cifras del INE, desde el año 2010 se han interpuesto ante la Corte Suprema más de cinco mil recursos de queja (sin contar aquellos relacionados con la justicia penal).[69] De ellos, según pudimos comprobar con nuestro estudio, alrededor de doscientos fueron acogidos, lo que implica que la "tasa de éxito" del recurso en estudio ronda el 4%.[70]

Hoy en día gran parte de los recursos de queja son declarados inadmisibles, ya sea porque se interpusieron respecto de resoluciones cuya naturaleza impedía su interposición[71], porque eran susceptibles de ser impugnadas a través de otros medios de impugnación[72], o bien, porque no se cumple con las formas de trami-

69 El año 2010 se interpusieron 504 recursos de queja, el año 2011 se interpusieron 597, 496 el año 2012, 581 el año 2013, 586 el año 2014, 808 el año 2015, 934 el año 2016 y 710 el año 2017.

70 Según expone Ried, una situación similar tendría lugar en el caso específico de los recursos de queja interpuestos en contra de arbitradores, de los cuales conocen las cortes de apelaciones. Según un estudio realizado por el autor, de 274 recursos de queja interpuestos en contra de arbitradores entre los años 2010 y 2017, sólo se acogieron 28 de ellos, es decir un poco más de un 10%. RIED UNDURRAGA (2018), p. 232.

71 Por ejemplo, en las causas "Dagoway Trade S.A. con Reyes", rol 3.624-2011, de 6 de mayo de 2011; "Márquez con Ilustre Municipalidad de Frutillar", rol 12.316-2018, de 7 de junio de 2018; en "OHL Concesiones Chile S.A. con SII", rol 12.505-2018, de 28 de junio de 2018; en "Euteneier con González", rol 14.703-2018, de 26 de junio de 2018; entre muchas otras.

72 En ese sentido se resolvió en "Poblete con Pavez", rol 8.766-2010, de 25 de noviembre de 2010; en "Muñoz con Cencosud Administradora de Tarjetas", rol 6.782-2013, de 17 de septiembre de 2013; en "Cabrera con Club Deportivo Unión La Calera", rol 15.135-2018,

tación establecidas en la ley.[73] Muchos otros recursos son rechazados de plano porque se apartan de su naturaleza disciplinaria[74], o luego de una revisión sobre el fondo, porque a juicio de la Corte Suprema no se produjo la falta o abuso grave denunciada.[75]

Así las cosas, y como hemos venido señalando, el Máximo Tribunal ha utilizado el control de admisibilidad como un filtro del recurso de queja, a fin de evitar la proliferación del mismo, y mantenerlo limitado en la función disciplinaria para la que fue concebido.

4. LA SUPERINTENDENCIA DE LA CORTE SUPREMA Y SU RELACIÓN CON EL RECURSO DE QUEJA

El hecho de que la gran mayoría de los recursos de queja no logre sortear el trámite de la admisibilidad, lleva a hacerse la pregunta respecto de qué sucede con aquellas faltas o abusos graves que se cometen en resoluciones que no pueden ser revisadas por medio de este recurso. No parece razonable que las mismas queden sin remedio, y que las partes no puedan hacer nada para intentar su corrección.

Es por ello que, como contrapartida al estricto control de admisibilidad, ha tomado fuerza la utilización por parte de la Corte Suprema de sus facultades para

de 10 de julio de 2018; "Compañía de Inversiones Transoceánica S.A. con SII", rol 16.496-2018, de 16 de agosto de 2018; en "Arriaza con AFP Provida S.A.", rol 20.388-2018, de 27 de agosto de 2018; entre muchas otras.

73 Por ejemplo, así se resolvió en "López con Vázquez", rol 3.656-2011, de 19 de mayo de 2011; en "CAM Chile S.A. con Municipalidad de Talagante", rol 2.353-2018, de 12 de febrero de 2018; en "Autopista Vespucio Sur S.A. con Muebles González y Cía", rol 8.992-2010, de 14 de diciembre de 2010; en "Roym Limitada con Inspección del Trabajo", rol 16.942-2018, de 31 de julio de 2018; entre muchas otras.

74 Por ejemplo en "Alarcón con Retamal", rol 12.336-2018, de 28 de junio de 2018; en "Tamm Plesh con Turismo Cocha S.A.", rol 12.667-2018, de 28 de junio de 2018; en "Rienzo con Berroeta", rol 14.829-2018, de 4 de julio de 2018; entre muchas otras.

75 En ese sentido se resolvió en "Falabella con Corte de Apelaciones de Santiago", rol 3.626-2011, de 15 de junio de 2011; "González con Bilbao", rol 22.268-2014, de 15 de septiembre de 2014; en "Ilustre Municipalidad de Maipú con Torres", rol 12.504-2018, de 17 de julio de 2018; en "Contreras con Centro de Salud Antares", rol 12.507-2018, de 10 de julio de 2018; en "Vera con Serproptemp Consultores", rol 12.570 -2018, de 25 de julio de 2018; en "Collao con Collao", rol 12.804-2018, de 17 de julio de 2018; en "Rojas y otro con Mena", rol 20.319-2018, de 3 de septiembre de 2018; en "AFP Cuprum S.A. con CPT", rol 8.452 -2018, de 10 de septiembre de 2018; entre muchas otras.

actuar de oficio, y por esa vía corregir las faltas o abusos graves cometidas en resoluciones que no admiten revisión por medio del recurso de queja.

Tal como explica Barahona, "*[N]o obstante que las modificaciones introducidas por la Ley 19.374, significaron enormes restricciones a la procedencia del recurso de queja y, para algunos, el fin de su utilidad para impugnar resoluciones jurisdiccionales, las faltas a la disciplina judicial cometidas o no en resoluciones jurisdiccionales continúan sujetas a la superintendencia correccional de los Tribunales Superiores de Justicia (...) nada impide que el tribunal también pueda, oficiosamente, para remediar con prontitud el mal causado, invalidar, modificar o enmendar un resolución judicial*".[76]

En ese sentido, el artículo 82 de la CPR entrega a la Corte Suprema la superintendencia directiva, correccional y económica respecto de (casi) todos los tribunales del país, lo que, entre otras cosas, le exige velar por la disciplina de esos tribunales. Dicha superintendencia, a nuestro juicio, impone al Máximo Tribunal el deber de conocer y corregir las faltas o abusos graves que detecte, aunque las mismas hayan sido denunciadas por medio de un recurso de queja que es inadmisible. Y el ordenamiento jurídico entrega tres normas que le permiten hacerlo.

La primera de ellas se refiere a las facultades disciplinarias que expresamente le reconoce el inciso primero del artículo 545 del COT, que dispone que "*[E]l recurso de queja tiene por exclusiva finalidad corregir las faltas o abusos graves cometidos en la dictación de resoluciones de carácter jurisdiccional. Sólo procederá cuando la falta o abuso se cometa en sentencia interlocutoria que ponga fin al juicio o haga imposible su continuación o definitiva, y que no sean susceptibles de recurso alguno, ordinario o extraordinario, sin perjuicio de la atribución de la Corte Suprema para actuar de oficio en ejercicio de sus facultades disciplinarias*". Así sucedió en la causa "**Sociedad Constructora con RSA Seguros**"[77], en la que la Corte Suprema si bien declaró inadmisible el recurso de queja interpuesto en contra de los ministros de una corte de apelaciones, acto seguido, actuando de oficio y en ejercicio de sus facultades disciplinarias, invalidó la sentencia dictada por esos ministros acogiendo un recurso de queja interpuesto en contra de un árbitro arbitrador, por haber interpretado incorrectamente una norma.

Otra alternativa la encontramos en las facultades de corrección del procedimiento que el CPC le reconoce a todos los tribunales, en sus artículos 83 inciso primero, y 84 inciso final. Así sucedió, por ejemplo, en la causa "**Readi con**

---

76 BARAHONA AVENDAÑO (1998), pp. 104 y 106.

77 Corte Suprema, rol 2.406-2013, de 5 de agosto de 2013.

Adauy"[78], donde la Corte Suprema declaró inadmisible un recurso de queja, pero acto seguido procedió a invalidar todo lo obrado en un procedimiento arbitral que había demorado más de cuatro años, porque el árbitro actuó en él con facultades de arbitrador, siendo que las partes en el compromiso le habían otorgado las de árbitro de derecho: "*[S]iendo así, el tribunal ejercerá las facultades oficiosas de que está dotado de conformidad a lo prevenido en el inciso final del artículo 84 del CPC e invalidará todo lo obrado en el expediente arbitral pues ha sido tramitado por un juez que obró en una calidad que en derecho no le correspondía*".

Finalmente está la facultad que le reconoce a la Corte Suprema el artículo 541 inciso segundo del COT, que dispone que "*[L]a Corte Suprema puede, además, siempre que lo juzgare conveniente a la buena administración de justicia, corregir por sí las faltas o abusos que cualesquiera jueces o funcionarios del orden judicial cometieren en el desempeño de su ministerio, usando para ello de las facultades discrecionales que corresponden a las Cortes de Apelaciones con arreglo a los artículos 536 y 537*". Ejemplos de la utilización de estas facultades encontramos por ejemplo en "SBIF con Ministros de Corte de Apelaciones".[79]

Así las cosas, y para palear el estricto control de admisibilidad del recurso de queja, frecuentemente la Corte Suprema hace uso de su facultad para proceder de oficio que le reconocen las normas anteriores.[80] Ello lo hace, como se explicó, a fin de ejercer la superintendencia directiva, correccional y económica que le reconoce, e impone la CPR, aun en aquellos casos en los que no procede la interposición del recurso de queja.

5. PARTICULARIDADES QUE SE PRODUCEN EN EL "JUICIO" DE QUEJA

Otra situación particular que se da en la tramitación del recurso de queja, se refiere al rol que juega la otra parte del proceso en el que se produjo la falta o abuso grave, y que no interpuso el recurso de queja.

---

78 Corte Suprema, rol 19.142-2018, de 22 de enero de 2019.

79 Corte Suprema, rol 23.127-2018, de 27 de diciembre de 2018.

80 En ese sentido se resolvieron las causas "Arévalo con Pavez", rol 3.617-2011, de 16 de junio de 2011; "Codelco con Inspección del Trabajo", rol 6.458-2018, de 2 de agosto de 2018; "Ilustre Municipalidad de Las Condes con Secretaría Ministerial de Vivienda y Urbanismo", rol 8.919-2018, de 9 de agosto de 2018; "Universidad de Santiago con CPT", rol 12.010-2018, de 14 de agosto de 2018; entre muchas otras.

El artículo 549 letra d) del COT dispone que *"cualquiera de las partes podrá comparecer en el recurso hasta antes de la vista de la causa"*, de lo que se sigue que no sólo la parte que interpone el recurso puede intervenir ante el tribunal superior que conocerá del mismo, sino que también la parte contraria (y los terceros que intervienen en el procedimiento, según lo dispuesto en el artículo 23 del CPC). Es evidente que aquella parte que salió victoriosa en el pleito, estará interesada en que se mantenga el fallo que le dio la razón, por lo que, si el mismo está expuesto a ser reformado por vía de recurso de queja, naturalmente tendrá interés en presentarse ante el tribunal que conocerá del mismo, y hacer valer sus argumentos.

Esta situación es bastante especial, porque implica que la parte victoriosa asumirá el rol de defender al juez frente a los ataques de la recurrente, e intentará convencer a su superior jerárquico que no existió la falta o abuso grave que se denuncia. En efecto, en estos procedimientos de queja es común que ambas partes comparezcan ante el tribunal que conoce de ellos, y que presenten alegatos en la vista de la causa, produciéndose la paradoja de que un litigante que durante todo el proceso miró al juez con recelo –y como un tercero que podía perfectamente darle o no darle la razón– ahora tenga que salir a defenderlo, y exponer respecto de su intachable conducta. Todo para defender, indirectamente, el fallo que le dio la razón.

Lo anterior también es particular, puesto que implica un cambio en la causa de pedir del pleito. Si bien el fondo del asunto es el mismo, y sigue en discusión (por el componente jurisdiccional del recurso de queja), en el contexto del recurso de queja se le agrega una nueva arista al caso, que se refiere a la disciplina de los jueces involucrados. Así, y reiterando lo ya dicho, tenemos que ambas partes deberán concentrar sus esfuerzos en demostrarle al tribunal no sólo que tienen la razón jurídica, sino que también, si el juez actuó o no con falta o abuso, según sea el caso. Tal como lo explicó Piedrabuena en su minuto, en estos casos *"ya no se alegaría para confirmar o para revocar una resolución, sino para que se sancionara al juez por grave abuso o para justificar su actuación"*.[81]

---

81 Citado en BARAHONA AVENDAÑO (1998), p. 82.

6. RECURSOS QUE PROCEDEN CONTRA LA RESOLUCIÓN QUE FALLA EL RECURSO DE QUEJA

Otro tema digno de estudio son los mecanismos que considera el ordenamiento jurídico para impugnar la sentencia que decide un recurso de queja.

Para dilucidar lo anterior lo primero será distinguir si el recurso de queja es resuelto por una corte de apelaciones o por la Corte Suprema. En este último caso no existen mayores dudas, puesto que el artículo 97 del COT es claro al señalar que las sentencias que dicte el Máximo Tribunal al conocer de un recurso de queja no son susceptibles de recurso alguno, salvo que se trate del recurso de aclaración, rectificación y enmienda, o del de reposición regulado en los artículos 778, 781 y 782 del CPC.

Ahora bien, la situación es menos clara si se trata de recursos de queja resueltos por una corte de apelaciones. Aquí son dos los principales focos de discusión. Primero, la procedencia del recurso de apelación en contra de la sentencia que falla una queja, y segundo, la procedencia del recurso de queja en contra de los ministros de corte de apelaciones que se pronunciaron respecto del recurso de queja.

Respecto de la procedencia del recurso de apelación, el problema nace de la existencia de dos disposiciones legales contradictorias sobre la materia. Por un lado el artículo 63 N° 1 letra c) del COT dispone que las cortes de apelaciones conocerán en única instancia de los recursos de queja que se interpongan en contra de los jueces de letras y de policía local, de los árbitros y otros órganos que ejerzan jurisdicción. Por otra parte, el artículo 551 inciso primero del mismo cuerpo legal señala que las resoluciones que pronuncien los tribunales unipersonales y colegiados en el ejercicio de sus facultades disciplinarias serán susceptibles de recurso de apelación.[82]

Este conflicto debe resolverse en favor del artículo 63 por dos razones. Primero, porque aplicando un criterio temporal esta norma derogó tácitamente a la del artículo 551, puesto que fue incorporada el año 2001, mientras que esta última lo fue varios años antes, en 1989. En segundo lugar, el criterio contenido en el artículo 63 va en línea con la reforma al sistema de recursos que tuvo lugar el año 1995, incorporada precisamente para rebajar la carga de trabajo de la Corte Suprema. Permitir la apelación en contra de la sentencia que falla el recurso de

82 Existen distintas posturas sobre la materia, según explica MATURANA MIQUEL, *ob. cit.*, p. 1.166.

queja motivaría la interposición de una gran cantidad de nuevos recursos ante el Máximo Tribunal, algo que a todas luces el legislador quiso evitar. Así, parece lógico que en contra de la sentencia que se pronuncia respecto de un recurso de queja, no proceda el recurso de apelación.

Respecto de la procedencia del recurso de queja en contra de los ministros que se pronunciaron respecto de otro recurso de queja (la "queja de queja"), la situación es aún más compleja.

Existen dos posturas principales, una a favor y otra en contra de la procedencia de la queja de queja.[83] A favor de su procedencia se argumenta que la sentencia que se pronuncia sobre un recurso de queja es una sentencia definitiva –porque pone fin a la instancia resolviendo la cuestión que ha sido objeto del juicio– y en su contra no procede recurso alguno[84], lo que daría por cumplidos los supuestos de procedencia que establece el artículo 545 del COT.[85] Otro argumento a su favor, y sobre el que volveremos luego, dice relación con que la queja de queja es la única forma con la que cuentan los litigantes para "activar" la superintendencia correccional de la Corte Suprema en esos casos concretos.

En la vereda opuesta están quienes sostienen que no sería posible interponer un recurso de queja en contra de los ministros que se pronunciaron sobre otro recurso de queja. Fundan su posición en la naturaleza disciplinaria del recurso, y en que el COT señala expresamente que el mismo sólo procede respecto de la dictación de sentencias de carácter jurisdiccional.[86] Asimismo, señalan que la reforma legal del año 1995 –que según vimos reformó el sistema de recursos ante la Corte Suprema– y la del año 2001 –que dispuso expresamente que los recursos de queja serían conocidos en única instancia por las cortes de

83 Un análisis más profundo sobre el tema en TAVOLARI OLIVEROS (2012), *ob. cit.*; y en ALLENDE PÉREZ DE ARCE (2017).

84 Según se desprende del artículo 63 N° 1 del COT, que dispone que las cortes de apelaciones conocerán en única instancia de este recurso.

85 En ese sentido, TAVOLARI OLIVEROS (2012), *ob. cit.*, p. 505.

86 En su primer inciso, el artículo 545 dispone que *"[e]l recurso de queja tiene por exclusiva finalidad corregir las faltas o abusos graves cometidos en la dictación de resoluciones de carácter jurisdiccional..."*. El artículo 66 inciso tercero del mismo cuerpo legal, en tanto, dispone que *"[e]n caso que ante una misma Corte de Apelaciones se encuentren pendientes distintos recursos de carácter jurisdiccional que incidan en una misma causa, cualesquiera sea su naturaleza, éstos deberán acumularse y verse conjunta y simultáneamente en una misma sala. La acumulación deberá hacerse de oficio, sin perjuicio del derecho de las partes a requerir el cumplimiento de esta norma. En caso que, además de haberse interpuesto recursos jurisdiccionales, se haya deducido recurso de queja, éste se acumulará a los recursos jurisdiccionales, y deberá resolverse conjuntamente con ellos"*.

apelaciones– demostrarían la intención del legislador de evitar que se pueda llegar a la Corte Suprema por vía de recurso de queja.[87] Éste ha sido el criterio predominante de nuestro Máximo Tribunal en los últimos años, al declarar inadmisibles la gran mayoría de los recursos de queja interpuestos en contra de los ministros de corte de apelaciones que se pronunciaron respecto de otro recurso de queja[88], generalmente mediante la siguiente fórmula: *"Que con arreglo a lo dispuesto en el artículo 63 N° 1 letra c) del COT, las Cortes de Apelaciones conocen en única instancia de los recursos de queja que se deduzcan en contra de jueces árbitros, de lo que se sigue que el legislador tuvo en mente que las resoluciones que dichos tribunales pronuncien no sean susceptibles de revisión, de manera que resulta del todo improcedente aceptar a tramitación el presente recurso".*[89]

Sin perjuicio del criterio anterior, éste en ningún caso libera a la Corte Suprema de su mandato constitucional de velar por la disciplina de los tribunales inferiores a ella, en este caso las cortes de apelaciones y sus ministros.[90] Ello nos lleva a afirmar que el Máximo Tribunal está obligado a revisar y corregir las faltas o abusos graves que cometan los ministros de corte de apelaciones en el ejercicio de sus funciones, e incluso de sancionarlos en caso de que sea procedente. Aunque el recurso de queja no sea procedente.

Así por lo demás lo ha entendido la Corte Suprema, en distintos casos en los que no obstante declarar inadmisibles los recursos de queja por las razones antes expuestas, acto seguido, y actuando de oficio, procede a revisar y corregir los errores, faltas o abusos cometidos que fueron denunciados por medio del recurso de queja.[91]

---

87 En ese mismo sentido MOSQUERA RUIZ y MATURANA MIQUEL, *ob. cit.* p. 403.

88 Algunos ejemplos encontramos en "Ciencia, Entrenamiento y Salud S.A. con Infante", rol 6.688-2013, de 10 de septiembre de 2013; "Valdés con Correa", rol 38.520-2017, de 11 de septiembre de 2017; "Boudon con Urrejola", rol 39.459-2017, de 27 de septiembre de 2017; "Mussen con Ossa", rol 6.249-2019, de 20 de marzo de 2019, entre muchos otros.

89 "Empresa Nacional de Energía Enex S.A. con Silva", rol 8.457-2017, de 22 de marzo de 2017.

90 Artículo 82 de la Constitución Política de la República.

91 "Sociedad Constructora con RSA Seguros", rol 2.406-2013, de 5 de agosto de 2013; "Corporación Movimiento Unitario Campesino y Etnias de Chile con DGA", rol 3.425-2013, de 20 de agosto de 2013; "Inmobiliaria Valle el Cóndor Limitada con Dorr", rol 3.232-2011, de 20 de octubre de 2011; "Enap Refinerías S.A. con Constructora Comsa Dragados S.A.", rol 3.984-2013, de 5 de noviembre de 2013.

7. SOBRE LA APLICACIÓN DE SANCIONES DISCIPLINARIAS

Uno de los rasgos disciplinarios más claros del recurso de queja, es la aplicación de una sanción al tribunal que incurrió en la falta o abuso grave que motivó su interposición. Dicha labor la reconoce el artículo 545 inciso tercero, al disponer que "*[E]n caso que un tribunal superior de justicia, haciendo uso de sus facultades disciplinarias, invalide una resolución jurisdiccional, deberá aplicar la o las medidas disciplinarias que estime pertinentes*". Profundizando en el tema, la norma a continuación señala que "*la sala dispondrá que se dé cuenta al tribunal pleno de los antecedentes para los efectos de aplicar las medidas disciplinarias que procedan, atendida la naturaleza de las faltas o abusos, la que no podrá ser inferior a amonestación privada*".

Este rigor normativo, y las severas consecuencias que tiene para el magistrado incurrir en una falta o abuso grave, encuentran explicación en la situación que existía previo a la reforma del año 1995. Tal como explicamos, a lo largo del siglo XX el recurso de queja sacrificó todo su contenido disciplinario, pasando a convertirse en el medio de impugnación por excelencia para llevar cualquier resolución judicial al conocimiento de la Corte Suprema. Y ello se debió, en gran parte, a que los tribunales superiores no aplicaban las sanciones disciplinarias correspondientes, limitándose a revisar el contenido de lo resuelto.

Tal como lo explica Barahona, "*muchos de los recursos de queja que se acogieron durante las décadas pasadas lo fueron por simples discrepancias jurídicas entre el tribunal recurrido y el tribunal que conocía del recurso. Esto explica que no se aplicara la sanción disciplinaria, puesto que era un efecto demasiado grave para una causa que no lo era tanto. Sin embargo, con ello el tribunal que fallaba el recurso soslayaba completamente un elemento de su esencia y, por lo demás, su efecto principal*".[92]

En ese sentido resulta particularmente gráfico un caso ocurrido en los años treinta, cuando se acogió un recurso de queja en el cual el recurrente señaló, expresamente, que no era su intención formular cargo alguno en contra de los jueces recurridos, y que el fundamento de su recurso consistía en simples errores que ellos habrían cometido.[93] Por esta y otras razones se agregaron en la reforma de 1995 los imperativos sancionatorios a los que nos hemos referido.

Sin embargo, luego de la reforma se mantuvo la misma práctica jurisprudencial en la materia, puesto que al día de hoy la Corte Suprema no cumple con la obligación de sancionar y remitir los antecedentes al Pleno, en caso de acoger

92 BARAHONA AVENDAÑO (1998), *ob. cit.*, p. 15.

93 ROBLES (1936), p. 157.

un recurso de queja. En efecto, de los múltiples casos revisados para este trabajo, no encontramos ninguno en el que se hubieran aplicado sanciones luego de acogerse un recurso de queja, y sólo de vez en cuando, en tímidos votos de minoría, algún ministro propone la idea de pasar los antecedentes al Pleno con el propósito anterior.

Por el contrario, lo normal será que los ministros de la sala correspondiente de la Corte Suprema no cumplan con esa disposición, utilizando para ello frases como que "*[N]o se dispone la remisión de estos antecedentes al Pleno de este Tribunal, por tratarse de un asunto en que la inobservancia constatada no puede ser estimada como una falta o abuso que amerite disponer una medida de carácter disciplinario*"[94]; que "*No se dispone la remisión de los antecedentes al Pleno de este tribunal por cuanto la falta o abuso no es de suficiente gravedad para ameritarlo*"[95]; o que "*[N]o se dispone enviar estos antecedentes al Tribunal Pleno, por estimar que no existe mérito suficiente para ello*".[96]

Es claro que esta negativa a aplicar las consecuencias disciplinarias del recurso de queja ha contribuido a su proliferación. Si cada juez o tribunal en cuya contra se acoge este recurso, fuera sancionado (al menos con amonestación privada, como exige la norma), serían muchos menos los recursos acogidos, y consiguientemente, los interpuestos.

Coincido con Barahona cuando afirma que siempre que un recurso de queja sea acogido, junto con modificarse, enmendarse o invalidarse la resolución pronunciada con falta o abuso, debiera aplicarse una sanción disciplinaria a los que incurrieron en la falta o abuso grave.[97] Con ello se producirán dos efectos principales. Por un lado, se mantendrá vigente la naturaleza eminentemente disciplinaria del recurso de queja, y por el otro, permitirá controlar de mejor manera la interposición de estos recursos, cuando con ello se busque impugnar simples diferencias de criterio entre una de las partes y el tribunal.

Si bien existirán faltas o abusos que serán más graves que otras, también existen sanciones que son más graves que otras, lo que permitirá al tribunal superior castigar al inferior de forma proporcionada a la infracción cometida (el artículo 537 del COT señala como sanciones a aplicar por las cortes de apelaciones, y por

94 "CDE con CPT", rol 35.846-2017, de 15 de febrero de 2018.

95 "Serrano con Espinoza", rol 556-2015, de 18 de febrero de 2015.

96 "De la Fuente con Bucher Vaslin Sudamericana S.A.", rol 2.109-2012, de 10 de mayo de 2012.

97 BARAHONA AVENDAÑO (1998), p. 103.

la Corte Suprema en virtud de la referencia que hace el artículo 541, la amonestación privada, la censura por escrito, el pago de costas, multas y suspensión de funciones). Pero lo que no puede ocurrir es que una institución dispuesta para aplicar medidas disciplinarias, no sea utilizada de la forma en que fue pensada y diseñada por el legislador, menos aún si ello está llevando a una nueva desnaturalización del recurso de queja.

CAPÍTULO III
LOS AGRAVIOS SUSCEPTIBLES DEL RECURSO DE QUEJA

En este tercer capítulo revisaremos las distintas acciones y omisiones de los jueces que a juicio de la Corte Suprema constituyen faltas o abusos graves. Si bien no pretendemos abarcarlas todas, las mismas son un fiel reflejo del criterio jurisprudencial mantenido por el Máximo Tribunal en los últimos años. No nos extenderemos más allá del año 2006 en atención a los grandes cambios que ha experimentado el recurso de queja a lo largo del tiempo. Nos parece más provechoso, y ajustado a la realidad actual, concentrarnos sólo en el último tiempo.

1. INFRACCIÓN A LA CONSTITUCIÓN POLÍTICA DE LA REPÚBLICA

1.1. Introducción

Como todo órgano de la Administración del Estado, los tribunales de justicia deben ajustar su actuar a la CPR.[98] Así lo dispone su artículo 6, que ordena a todos los órganos de la Administración del Estado que sometan su acción a la CPR y a las normas dictadas conforme a ella. Asimismo, el capítulo VI de la CPR regula la estructura y el funcionamiento del Poder Judicial, mientras que el artículo 19 N° 3 reconoce una serie de garantías procesales en favor de los litigantes que se ven envueltos en un procedimiento judicial, que deben ser respetadas y garantizadas por los tribunales de justicia.

Atendida la importancia de la CPR, sobre todo en un régimen constitucional como el nuestro, es lógico que su infracción configure una falta o abuso grave. Como todo individuo en el país, y con especial consideración a su condición de órgano de la Administración, los tribunales están obligados a sujetar su actuar a la CPR.

98 Sentencia Tribunal Constitucional, sentencia rol 480, de 2007.

1.2. Afectación del derecho a la tutela judicial efectiva

En su artículo 19 N° 3, la CPR consagra el derecho a la tutela judicial efectiva, que consiste en que todo aquél que se enfrente a un conflicto jurídico, tiene el derecho a concurrir a los tribunales de justicia para obtener su pronta y efectiva resolución. Tal como lo ha definido el Tribunal Constitucional, éste es un *"derecho fundamental autónomo, que tiene por finalidad que las personas accedan al proceso como medio ordinario de resolución de los conflictos jurídicos, lo que resulta un presupuesto mínimo de todo Estado de Derecho"*.[99]

Tan importante es esta garantía, que un Estado de derecho simplemente no puede funcionar, si los ciudadanos no cuentan con un sistema efectivo para activar la jurisdicción de los tribunales de justicia. De nada sirve tener una ley, si no existen mecanismos para aplicarla. Por lo tanto, es lógico pensar que la vulneración del derecho a acceder a los tribunales de justicia, constituya una falta o abuso grave, y por lo tanto que sea susceptible de ser reclamada y corregida por medio del recurso de queja. Así lo ha confirmado en distintas oportunidades la Corte Suprema.

Por ejemplo, en la causa "**Condominio Doña Isabel con Inspección Comunal del Trabajo de Talagante**"[100] la Corte Suprema acogió un recurso de queja por considerar que los ministros de la corte de apelaciones respectiva, incurrieron en una falta o abuso grave al aplicar de forma errada las reglas sobre caducidad, lo que devino en una violación del derecho a la tutela judicial efectiva del demandante. A una empresa se le aplicó una serie de multas por supuestas infracciones que cometió a la normativa laboral. En contra de dichas multas la empresa interpuso un recurso de reconsideración administrativa ante la DT, el cual fue desestimado. La resolución de la DT le fue notificada a la empresa con fecha 10 de octubre, y con fecha 26 de octubre del mismo año interpuso recurso de reclamación judicial en su contra. Este último fue rechazado por el tribunal de primera instancia, de oficio, porque a su juicio operó la caducidad de la acción regulada en el artículo 512 del CT (que dispone que el recurso en cuestión debe interponerse dentro de quince días desde notificado el acto administrativo que se impugna). Dado que la norma en comento no especificaba si se trataba de días hábiles o corridos, el tribunal concluyó que debía entenderse que era de días corridos, por resultar aplicable la regla general contenida en el CC. Dicha decisión fue confirmada

99 Sentencia del Tribunal Constitucional, rol 815, de 19 de agosto de 2008, c. 10.

100 Corte Suprema, rol 5.129-2017, de 9 de mayo de 2017.

por la corte de apelaciones respectiva. En contra de los ministros que dictaron la sentencia confirmatoria se interpuso recurso de queja, el que fue acogido por la Corte Suprema, al considerar que la caducidad fue erróneamente declarada, puesto que el plazo era de días hábiles y no corridos, lo que implicó una vulneración del derecho de acceder a la justicia del recurrente.[101]

Una situación similar se produjo en los autos caratulados "**Díaz con Calzados Gino S.A.**"[102], donde se discutió si la interposición de una medida prejudicial preparatoria producía el efecto de interrumpir el plazo para interponer la demanda que se preparaba por esa vía. Tanto en primera como en segunda instancia los tribunales se inclinaron por considerar que la medida prejudicial no produjo la interrupción del plazo, lo que implicó que la demanda fuera rechazada, por haber caducado la acción al momento de su interposición. En contra de los ministros que conocieron en segunda instancia se interpuso recurso de queja, el cual fue acogido por la Corte Suprema al concluir que los mismos aplicaron de forma incorrecta las reglas sobre interrupción del plazo de caducidad, lo que derivó en que la parte demandante se vio privada de su derecho a acceder a la justicia. *"Décimo: Que uno de los intereses que deben ser protegidos y útil a la resolución que acá debe ser adoptada, dice relación con el derecho de las personas a acceder libremente a un tribunal de justicia para la protección de sus derechos, también conocido en la doctrina moderna como derecho a la tutela judicial efectiva, asegurado por el N° 3 del artículo 19 de la Constitución Política de la República (...) En el actual estado de desarrollo del derecho nacional e interpretando la garantía constitucional de acceso a la justicia con un criterio finalista, amplio y garantista, cualquier limitación por vía de interpretación que obste al derecho a la tutela judicial, aparece despojada de la razonabilidad y justificación que precisaría para ser aceptada como admisible a la luz de lo dispuesto en el N° 26 del artículo 19 de la Carta Fundamental...".*[103]

En la causa "**Barahona con CDE**"[104] se interpuso una demanda de tutela en sede laboral con fecha 14 de agosto de 2017, la que fue rechazada en primera

---

101 En igual sentido resolvió la Corte Suprema en "Aravena con Universidad de Tarapacá", rol 38.599-2017, de 10 de octubre de 2017.

102 Corte Suprema, rol 36.485-2015, de 18 de mayo de 2016.

103 Respecto de este mismo tema, recientemente la Corte Suprema adoptó la tesis opuesta, y rechazó un recurso de queja que fue interpuesto en contra de los ministros de una corte de apelaciones que tuvieron por no interpuesta una reclamación, porque la misma fue interpuesta un día después de que expirara el plazo de sesenta días que establece la ley. Dicha sentencia se dictó en la causa "Vásquez con E.S.T. Service", rol 19.144 -2018, de 22 de octubre de 2018.

104 Corte Suprema, rol 2.427-2018, de fecha 25 de abril de 2018.

instancia por considerarse que el derecho a interponerla había caducado por no ejercerse dentro del plazo de sesenta días que establece el artículo 489 del CT. Dicho criterio fue confirmado por la corte de apelaciones respectiva. Se interpuso recurso de queja en contra de los ministros que dictaron dicha sentencia confirmatoria, fundado en el error en el cómputo del plazo de caducidad. Al haberse declarado caducada una acción que no lo estaba, se habría vulnerado el derecho a la tutela judicial efectiva del demandante. El recurso de queja fue acogido por la Corte Suprema, al comprobar que "*los jueces recurridos, incurrieron en el error de no contabilizar debidamente el término de sesenta días que establece el artículo 489 del Código del Trabajo*", lo que constituyó una afectación de la "*garantía asegurada por el inciso sexto del numeral tercero del artículo 19 de la Carta Fundamental, relativa a un justo y racional procedimiento, atendido que, en la especie, se denegó a la parte afectada el derecho a que el tribunal se pronuncie sobre el fondo de la denuncia*".

Ahora en relación con la prescripción, en los autos "**Forcelledo con Municipalidad de Angol**"[105] un ex funcionario interpuso una demanda de despido injustificado, nulidad del despido y cobro de prestaciones en contra de su ex empleador, una municipalidad. La relación entre ambas partes comenzó el año 2011 como una de prestación de servicios a honorarios. En febrero del año 2016 dicha relación cambió, puesto que el demandante pasó a estar a "contrata", y por lo tanto quedó sujeto al Estatuto Administrativo. Un antecedente importante es que para concretar dicho cambio, el trabajador debió presentar una carta de renuncia con esa fecha. En abril del año 2017 el funcionario fue despedido, motivo por el cual interpuso su demanda. En ella solicitó además de lo ya señalado, que se declarara que la relación de las partes entre el año 2011 y febrero de 2016 fue de carácter laboral, puesto que a pesar de que se trataba de un contrato a honorarios, en la práctica existió subordinación y dependencia. En primera instancia su demanda fue rechazada por acogerse la excepción de prescripción opuesta por la demandada. Dado que lo que se buscaba era la declaración de existencia de un contrato laboral que estuvo vigente hasta febrero de 2016 (fecha en que renunció), desde ahí debía contarse el plazo de prescripción que contiene el artículo 510 del CT, y no desde abril del año 2017 como pretendía la demandante, que fue la fecha en que fue despedida. Dicha sentencia fue confirmada por la corte de apelaciones respectiva. En contra de los ministros que dictaron el fallo se interpuso recurso de queja, fundado en que en virtud del artículo 453 N° 1 del CT la excepción de

105 Corte Suprema, rol 1.378-2018, de 9 de abril de 2018.

prescripción deberá conocerse en la audiencia preparatoria, siempre que ella se funde en antecedentes que consten en el proceso o sean de pública notoriedad, lo que no habría sucedido en la causa en comento. Por lo tanto, al haberse acogido la excepción de prescripción, y evitado un pronunciamiento sobre el fondo, se habría denegado el derecho a acceder a la justicia del demandante. La Corte Suprema acogió el recurso de queja.

También en relación con la tramitación de la audiencia preparatoria en materia laboral, en los autos "**Moreno con Jazzplat Chile**",[106] en dicha audiencia el tribunal dictó sentencia definitiva rechazando la acción impetrada, porque a su juicio se configuraba la excepción de cosa juzgada. Ello a pesar de que la ley no incluía la excepción de cosa juzgada dentro de las excepciones que podían recibir pronunciamiento en esa etapa preliminar. Este criterio fue confirmado por la corte de apelaciones respectiva, lo que motivó la interposición de un recurso de queja. Conociendo de ese recurso, la Corte Suprema concluyó que los ministros recurridos habían incurrido en falta o abuso grave al acoger la excepción en comento, puesto que la ley no los facultaba a hacerlo, y con ello terminaron privando de forma ilegítima al actor de su derecho a la tutela judicial efectiva, puesto que el que su acción hubiera sido incorrectamente enervada en esa etapa temprana del juicio impidió al demandante recibir un pronunciamiento sobre el fondo del asunto.[107]

En la causa "**Varela con Serviu**"[108], aunque se rechazó el recurso de queja, actuando de oficio la Corte Suprema concluyó que se había cometido una falta o abuso grave, toda vez que se impidió a un banco tercerista de prelación comparecer en un procedimiento ejecutivo a pesar de tener derecho a hacerlo en conformidad a la ley, con lo que se infringió su derecho a acceder a los tribunales de justicia. "*DECIMOSÉPTIMO: Que, con el mérito del razonamiento que antecede, este tribunal superior ha arribado a la convicción que la resolución objeto de cuestionamiento por medio del recurso de queja impetrado, ha incurrido en falta o abuso grave, desde que deja al tercerista de prelación en la imposibilidad de impugnar una decisión que le es del todo inoponible, por incidir en un juicio en que no fue emplazado y que trasciende de la jurisdicción del tribunal, toda vez que pretende proyectar los*

---

106 Corte Suprema, rol 13.720-2015, de 29 de octubre de 2015. En igual sentido se pronunció la Corte Suprema en la causa "Méndez y otro con Buses Ahumada Limitada", rol 20.353-2018, de 9 de octubre de 2018.

107 Lo mismo, pero respecto de la excepción de incompetencia, resolvió la Corte Suprema en la causa "Orellana con Mondaca", rol 5.242-2018, de 24 de mayo de 2018.

108 Corte Suprema, rol 6.113-2009, de 26 de mayo de 2010.

efectos de una acción personal de nulidad sobre terceros ajenos al contrato que le sirve de antecedente".

En "**Arce con DT**"[109] los ministros de corte de apelaciones confirmaron una sentencia por la que el tribunal inferior rechazó dar curso a un procedimiento de reclamación judicial en contra de una resolución dictada por la DT, por entender que dicho procedimiento era improcedente. La Corte Suprema, conociendo de un recurso de queja interpuesto en contra de esos ministros, consideró que incurrieron en falta o abuso grave, puesto que el recurso que declararon improcedente se encontraba reconocido expresamente en el CT, por lo que con su actuar privaron al demandante de una acción que la propia ley le reconocía, y por lo tanto de su derecho a acceder a la justicia. La misma situación tuvo lugar en la causa "**Jazzplat Chile con Inspección del Trabajo**"[110], en la que los ministros de la corte de apelaciones respectiva confirmaron una sentencia de primera instancia, por la que un tribunal se declaró incompetente para conocer de un recurso de reclamación judicial interpuesto en contra de una resolución administrativa, a pesar de que el artículo 420 del CT expresamente le otorgaba competencia para conocer de ese asunto. La Corte Suprema acogió un recurso de queja interpuesto en contra de esos ministros, por considerar que con su actuar atentaron en contra del derecho a la tutela judicial efectiva del quejoso. *"Décimo: Que, en consecuencia, no resultaba posible concluir –como lo hicieron los ministros y abogado integrante recurridos–, que era improcedente dar curso a la demanda de reclamación interpuesta por el quejoso, pues conforme a las normas que regulan la materia correspondía precisamente al juez a quo su conocimiento y decisión, falta que se considera grave, porque tales decisiones han llevado a que el actor haya quedado en la indefensión, sin la posibilidad de que un tribunal ordinario pueda revisar lo actuado, conforme a las reglas del debido proceso, resultando además del todo ajenas a la materia en discusión las normas de los artículos 463 y 510 del CT citados en el informe del recurso".*

De los fallos revisados queda clara la postura asumida por la Corte Suprema, respecto de acoger aquellos recursos de queja por los que se denuncia una vulneración del derecho a la tutela judicial efectiva, el cual, como se vio, no se satisface únicamente con entregar la posibilidad a las personas de presentarse ante un tribunal de justicia, sino más bien, con garantizarles que recibirán un pronunciamiento sobre el fondo del asunto que someten a su conocimiento.

---

109 Corte Suprema, rol 1.106-2012, de 12 de abril de 2012.

110 Corte Suprema, rol 3.272-2012, de 27 de junio de 2012.

1.3. Vulneración de la garantía del debido proceso

La garantía del debido proceso tiene por objeto resguardar la racionalidad y justicia de todo procedimiento judicial, con el propósito de evitar arbitrariedades tanto en su tramitación como en su resolución, y así asegurar la legitimidad de la decisión que en definitiva adopte el tribunal. Tal como lo ha señalado el Tribunal Constitucional *"el procedimiento legal debe ser racional y justo. Racional para configurar un proceso lógico y carente de arbitrariedad. Y justo para orientarlo a un sentido que cautele los derechos fundamentales de los participantes en un proceso"*.[111]

Dentro de los componentes de esta garantía, hay algunos que se encuentran establecidos expresamente en el artículo 19 número 3 de la CPR, tales como el derecho a la defensa jurídica y el derecho al juez natural, y otros que han sido fruto del desarrollo doctrinal y jurisprudencial en la materia, donde encontramos el derecho a la igualdad de armas, a la bilateralidad de la audiencia, el derecho a ser oído y a rendir prueba, entre otros.[112] La infracción de alguno de los componentes de esta garantía por parte de un tribunal también ha sido considerada por la Corte Suprema como una falta o abuso grave.

1.3.1. Del principio de la bilateralidad de la audiencia

La bilateralidad de la audiencia consiste en que a todo individuo que interviene en un procedimiento, se le debe asegurar el derecho a presentar de forma oportuna sus alegaciones y defensas, así como a aportar los antecedentes probatorios en los que apoya su posición jurídica.[113] Con ello se busca asegurar que ambas partes tengan las mismas instancias y herramientas de convencimiento respecto del juez, y evitar que una de ellas obtenga ventajas respecto de la otra en ese sentido.

Precisamente porque es un componente esencial de la administración de justicia el que ambas partes del proceso sean tratadas de forma equivalente, sin que existan beneficios de ningún tipo para alguna de ellas, es que la infracción al principio de la bilateralidad de la audiencia constituye una falta o abuso grave. Así lo ha confirmado en distintas oportunidades la Corte Suprema.

---

111 Sentencia del Tribunal Constitucional, rol 1.838, de 7 de julio de 2011, c. 10.

112 Cfr. EVANS DE LA CUADRA (2004), p. 144.

113 "Inversiones Río Grande S.A. con Inspección del Trabajo", Corte Suprema, rol 2.869-2013, de 18 de julio de 2013.

En la causa "**Inversiones Río Grande S.A. con Inspección del Trabajo**"[114] se acogió un recurso de queja, fundado en que los ministros recurridos infringieron el derecho de defensa del quejoso, y concretamente el principio de bilateralidad de la audiencia, al no haber considerado las pruebas aportadas por dicha parte, lo que llevó a que se rechazaran sus pretensiones a partir de una presunción simplemente legal, que pudo haber sido desvirtuada si se hubieran tenido en cuenta las probanzas rendidas por ella. Ello, a juicio de la Corte Suprema, constituyó una infracción al "*debido proceso a que tenía derecho la parte empleadora, que implicaba analizar la prueba rendida, señalar los hechos que se daban por probados y los razonamientos que condujeron a tal estimación*".

Una situación similar se produjo en la causa "**Constructora Asfalcura S.A con Inspección del Trabajo**"[115], donde la autoridad administrativa le aplicó a un empleador una multa por hechos distintos de aquellos que le informó al comienzo del procedimiento administrativo seguido en su contra. Ello implicó que todos los esfuerzos del empleador a lo largo del procedimiento sancionatorio estuvieron orientados a hacerse cargo de acusaciones distintas de aquellas por las cuales fue finalmente sancionado, lo que no sólo implicó que no pudo defenderse de manera adecuada, sino que tampoco rendir prueba atingente a las pertinentes. El actuar de la autoridad fue posteriormente validado por la corte de apelaciones respectiva. Conociendo de un recurso de queja, la Corte Suprema lo acogió, al concluir que los ministros recurridos infringieron el derecho de defensa del demandante multado, quien se vio privado de toda posibilidad de tutela, toda vez que nunca supo realmente las imputaciones de las que debía defenderse. "*[Q]ue el derecho a ser oído consiste en que el afectado pueda exponer su versión acerca de los hechos que se le atribuyen. Pero este derecho presupone a su vez, que exista un hecho que sea descrito en forma circunstanciada desde el principio, situación que le permitirá con posterioridad, presentar la prueba necesaria para desvirtuarlos...*".

Así las cosas, no cabe duda de que constituye una falta o abuso grave el que una de las partes se vea privada de su derecho a rendir prueba, o bien, que sus argumentos no sean tenidos en cuenta por el tribunal al momento de adoptar su decisión. Ambas partes tienen los mismos derechos a lo largo del proceso, y el juez tiene la obligación de resguardar el equilibrio entre ellas.

114 Corte Suprema, rol 2.869-2013, de 18 de julio de 2013.

115 Corte Suprema, rol 9.899-2011, de 26 de enero de 2012.

1.3.2. Del principio de imparcialidad del juzgador

Otro de los componentes del debido proceso que no se encuentra reconocido expresamente en el artículo 19 N° 3 de la CPR, es el derecho a ser juzgado por un tribunal imparcial. Tal como lo explica Bordalí, el reconocimiento y vigencia de este componente viene de la ratificación de ciertos tratados internacionales por parte del Estado chileno, que consagran distintos derechos procesales en favor de los ciudadanos.[116]

Esta garantía consiste en que las partes del proceso tienen derecho a que el mismo sea ventilado ante un Tribunal que no está condicionado de forma alguna para resolverlo, al no tener ningún interés, directo o indirecto, en la cuestión controvertida, ni tampoco una preferencia por que alguna de las partes resulte victoriosa o derrotada. Tal como lo explica Romero, *"la imparcialidad del juzgador pretende conseguir que la decisión jurisdiccional esté libre de todo prejuicio positivo o negativo, que pueda perturbar la correcta actuación del órgano jurisdiccional. El juez es por esencia un tercero imparcial y no puede, objetivamente, concurrir a la decisión inclinando la justicia a favor de una de las partes"*.[117]

La infracción de este principio constituirá siempre una falta o abuso grave, puesto que un juez tiene prohibido conocer de un asunto en el que tiene algún tipo de interés, o en el que su imparcialidad pueda estar condicionada de alguna forma. Así lo confirmó la Corte Suprema recientemente, en la causa "**Agrícola Dos Hermanos Ltda. con Primer Tribunal Ambiental**"[118]. En ella se acogió un recurso de queja, al considerar la Corte Suprema que los ministros recurridos infringieron el principio de imparcialidad del juzgador. Para lo que aquí interesa, la Superintendencia del Medio Ambiente aplicó una multa a una empresa minera, la cual, por disposición legal, fue elevada en consulta ante el tribunal ambiental competente. Junto con dicha consulta, dos empresas que fueron parte en el procedimiento sancionador que culminó con la multa (entre ellas la que fue sancionada), interpusieron recursos de reclamación en contra de la resolución que la aplicó. De ello se siguió que un mismo asunto motivó el inicio de tres causas distintas ante el mismo tribunal ambiental. Frente a ello se solicitó la acumulación de todos los procedimientos, lo cual fue rechazado. Luego se solicitó la vista conjunta de los mismos, uno en pos de otro, lo cual también fue

116 Cfr. BORDALÍ SALAMANCA (2009), p. 266.

117 ROMERO SEGUEL (2014), Tomo II, p. 117.

118 Corte Suprema, rol 26.347-2018, de 14 de marzo de 2019.

rechazado. Finalmente, la consulta fue vista y resuelta de forma separada de las dos reclamaciones.

Precisamente la resolución que se pronunció respecto de la consulta fue la que motivó la interposición del recurso de queja ante la Corte Suprema, el cual se basó, entre otras cosas, en la infracción al derecho constitucional de ser juzgado por un tribunal imparcial. A juicio de la recurrente, el hecho de que el mismo tribunal ambiental que debía pronunciarse sobre las reclamaciones ambientales ya se hubiera pronunciado respecto de la consulta, la cual como se dijo versaba sobre los mismos hechos, implicó que al momento de conocer de esas reclamaciones su decisión estaría condicionada por la ya adoptada, lo que constituiría una infracción a la imparcialidad que debe tener todo tribunal. La Corte Suprema hizo suyo el argumento, y acogió el recurso, señalando que *"el juez imparcial es requisito indispensable del debido proceso, garantía fundamental que la quejosa ha señalado como vulnerada gravemente por este medio. Así las cosas, al no resolverlo de este modo, los sentenciadores, efectivamente han incurrido en la falta o abuso grave denunciado, debiendo remediarse por esta vía disciplinaria y de la forma que se dirá en lo resolutivo de esta sentencia..."*.

1.3.3. Del derecho al recurso

Otro componente de la garantía del debido proceso es el derecho al recurso.[119] Este derecho busca asegurar que aquél que se vea afectado con una resolución judicial, pueda solicitar su revisión, ya sea por el mismo tribunal que la dictó o por su superior jerárquico. Es por ello que prácticamente todos los procedimientos en Chile están compuestos de dos instancias (una excepción la encontramos en el artículo 45 N° 1 del COT), y muchos de ellos incluyen también la posibilidad de recurrir posteriormente ante la Corte Suprema.

Detrás de este principio se encuentra la idea de que los jueces pueden cometer errores en sus decisiones, y por lo tanto se permite al que se vea afectado con esa decisión, que la misma sea revisada por un tribunal superior (siempre colegiado), a fin de reducir las posibilidades de que el Poder Judicial cometa una injusticia. Aunque nada obsta a que un tribunal superior colegiado igual puede cometer errores e injusticias, las posibilidades de que ello ocurra son menores a que si el asunto es conocido en única instancia por un juez inferior y unipersonal. Por lo

119 Sentencia del Tribunal Constitucional, rol 1.448, de 7 de septiembre de 2010, c. 40. En igual sentido, Cfr. DEL RÍO FERRETTI (2012), p. 254.

tanto, la privación del derecho a recurrir constituye una falta o abuso grave, que es susceptible de ser revisada por medio del recurso de queja.

De la revisión de la jurisprudencia se desprende que generalmente esta infracción se produce con la declaración de inadmisibilidad de un recurso que es admisible, o bien, al tenerse por incumplida una carga procesal de la recurrente, que sí se cumplió en la práctica o era imposible de cumplirse, y que era necesaria para el impulso del recurso.

1.3.3.1. Por declararse inadmisible un recurso que es admisible

Varios de los medios de impugnación que establece nuestro ordenamiento contienen una etapa de admisibilidad, que busca que puedan seguir adelante en su tramitación sólo aquellos recursos que cumplen con los requisitos de interposición. Algunos ejemplos son el recurso de apelación, cuya etapa de admisibilidad la regula el artículo 201 del CPC, el recurso de casación, cuya admisibilidad la regulan los artículos 776, 778 y otros del mismo cuerpo legal, el recurso de nulidad laboral, en el artículo 480 del CT, el recurso de queja, en el artículo 549 letra a) del COT, entre otros casos.

Pues bien, se ha resuelto en múltiples oportunidades que comete falta o abuso grave el tribunal que, realizando el control de admisibilidad de un recurso, infringe las reglas que lo regulan, y priva con ello a una parte de su derecho a recurrir en contra de una determinada resolución judicial.

En los autos caratulados "**Inmobiliaria Hermanos Carmona S.A. con Illanes**"[120], se interpuso un recurso de queja en contra de los ministros de una corte de apelaciones que rechazaron acoger a trámite un recurso de queja interpuesto en contra del árbitro arbitrador que dictó la sentencia. El fundamento dado por dichos ministros fue que el recurso de queja fue interpuesto en conjunto con un recurso de casación, lo que habría impedido su interposición, ya que uno de los requisitos de procedencia del recurso de queja es que no existan otros recursos disponibles para denunciar el agravio en cuestión. En contra de esos ministros se interpuso recurso de queja ante la Corte Suprema, el cual fue acogido en virtud de lo dispuesto en la parte final del artículo 545 del COT, que autoriza expresamente la interposición conjunta de los recursos de queja y de casación en la forma cuando se trate de una causa conocida en primera o única instancia por un árbitro arbitrador. Dado que era la propia ley la que autorizaba la interposición

---

120 Corte Suprema, rol 1.789-2010, de 25 de mayo de 2010.

del recurso de queja en las circunstancias en comento, el actuar de los ministros recurridos constituyó una falta o abuso grave, puesto que implicó privar a una de las partes de su derecho legal a recurrir de queja.

En "Compañía de Seguros Penta Security S.A. con Corte de Apelaciones de Santiago"[121] se discutió respecto de las responsabilidades e indemnizaciones relacionadas con un accidente automovilístico. En dicho proceso se hizo parte oportunamente la aseguradora de uno de los vehículos accidentados, lo cual fue tenido presente por el tribunal de primera instancia. Frente a una sentencia adversa a sus intereses, la aseguradora interpuso recurso de apelación, el cual fue declarado admisible por la sala tramitadora de la corte de apelaciones respectiva. Sin perjuicio de lo anterior, y ya conociendo sobre el fondo del asunto, los ministros a los que tocó conocer del recurso lo declararon inadmisible por no haber sido interpuesto por una de las partes del juicio, sino que por la aseguradora. En contra de dichos ministros la aseguradora interpuso recurso de queja, el cual fue acogido por la Corte Suprema, al concluir que a la quejosa se la estaba privando de su derecho a presentar recursos, el cual había adquirido al momento de haber sido tenido como parte en el proceso.

En "Banco del Desarrollo S.A. con Valenzuela"[122] una corte de apelaciones declaró inadmisible un recurso de casación en el fondo por considerar incumplido el requisito de que el mismo fuera patrocinado por un abogado habilitado para el ejercicio de la profesión, de acuerdo a lo dispuesto en el artículo 772 del CPC. Ello, ya que a su juicio el que el abogado se hubiera limitado a señalar en uno de los otrosíes que asumía el patrocinio no era suficiente para cumplir con la exigencia legal, puesto que siendo el de casación un recurso de derecho estricto, *"dicha circunstancia debe consignarse clara y precisamente en el escrito respectivo, lo que no ocurre en el caso de marras"*. La Corte Suprema, conociendo de un recurso de queja, consideró que dicha declaración de inadmisibilidad constituía una falta o abuso grave, por implicar una denegación del derecho al recurso de la recurrente, toda vez que con haber señalado en un otrosí que el abogado en cuestión asumiría el patrocinio, se había dado cumplimiento a la exigencia de admisibilidad: *"[E]l proceder de los recurridos importa la comisión de una falta grave, pues con su conducta se impide el ejercicio del derecho a recurrir de las partes, transgrediendo, de ese modo, la garantía fundamental de un justo y racional procedimiento"*.

121 Corte Suprema, rol 5.726-2009, de 16 de diciembre de 2009.

122 Corte Suprema, rol 3.622-2008, de 29 de diciembre de 2008.

Finalmente nos referimos a una situación que tuvo lugar en materia de admisibilidad del recurso de nulidad laboral. Concretamente en relación al artículo 480 del CT, que establece el control de admisibilidad que debe efectuar el tribunal *ad quem* respecto del recurso de nulidad, y al artículo 479 del mismo Código, que señala que esos requisitos de admisibilidad son escrituración, plazo, fundamentos de hecho y de derecho, y peticiones concretas. Pues bien, tiempo atrás hubo casos en los que distintas cortes de apelaciones, al efectuar el control de admisibilidad de ciertos recursos de nulidad, se extendieron más allá de los requisitos establecidos expresamente en el mencionado artículo 479, abocándose a ponderar subjetivamente la fundamentación de los recursos, para luego concluir que los mismos eran inadmisibles por carecer de una adecuada fundamentación. Ello fue cuestionado por la Corte Suprema en la causa "**Bravo con Corpbanca**"[123] que concluyó que con dicho proceder los ministros de cortes de apelaciones estaban incurriendo en faltas o abusos graves, toda vez que estaban coartando el derecho a recurrir de los litigantes, al extender el control de admisibilidad del recurso de nulidad a exigencias que la ley no establecía. *"Sexto: Que, en consecuencia, en la decisión de que se trata se ha incurrido en una falta, la cual ha de calificarse de manifiesta y grave, desde que se han revisado en el examen de admisibilidad del recurso de nulidad intentado por el demandado, requisitos no previstos por la ley para esa etapa procesal, exigencia que no sólo supone una interpretación distinta de las normas aplicadas al análisis pertinente, sino que implica directamente imponer condiciones más allá de la normativa que rige en la materia".*[124]

De lo visto en este apartado queda claro que cada vez que se prive a una parte de su legítimo derecho a impugnar una resolución judicial, se cometerá una falta o abuso grave susceptible de ser corregida por medio del recurso de queja.

1.3.3.2. Por tener por incumplida una carga procesal que sí fue cumplida por la parte recurrente, que no pudo ser cumplida por ella, o que no le resultaba exigible

La otra situación que frecuentemente se produce en relación con la admisibilidad de los recursos, consiste en que un tribunal tiene por desistido de un recurso a la parte que lo interpuso, por haber considerado como incumplida una carga procesal que en realidad sí fue cumplida, o que no pudo ser cumplida

123 Corte Suprema, rol 2.028-2010, de 18 de mayo de 2010.

124 En igual sentido "González con Banco de Chile", Corte Suprema, rol 2.141-2010, de 11 de mayo de 2010.

en la práctica. Esto también constituye una falta o abuso grave, puesto que el efecto de lo anterior es que se priva a un litigante de su legítimo derecho a que una resolución que lo agravia, sea revisada por el superior jerárquico del que la dictó.

En la causa "**Compañía de Seguros de Vida Consorcio Nacional de Seguros S.A. con Inversiones la Reina S.A.**"[125] la corte de apelaciones respectiva declaró desistidos los recursos de casación en la forma y en el fondo interpuestos por una sociedad, porque ésta no consignó los fondos para compulsas que le exigía el artículo 197 del CPC. Conociendo de un recurso de queja interpuesto en contra de los ministros que dictaron dicha resolución, la Corte Suprema concluyó que la declaración de inadmisibilidad constituyó una falta o abuso grave, puesto que los recurridos nunca ordenaron que se practicaran las fotocopias cuyos fondos el recurrente omitió consignar. Por lo tanto, al no haber dado la orden de compulsa, los ministros no pudieron sancionar al recurrente por no consignar los fondos en cuestión.

En la causa "**González con Ríos**"[126] una de las partes interpuso un recurso de apelación en contra de la sentencia dictada en primera instancia. Al ingresar a la corte de apelaciones respectiva, el expediente fue individualizado por el sistema como "Empresa de Pasajeros", y en la sección "materia" se incluyó la frase "otras materias", siendo que la causa era sobre una indemnización de perjuicios. Fruto de lo anterior el recurrente no se percató del ingreso y no se hizo parte en segunda instancia dentro del plazo legal, por lo que la corte declaró desierto su recurso. En contra de ello la recurrente alegó el entorpecimiento y en subsidio la nulidad procesal, siendo rechazadas ambas solicitudes. En contra de la última resolución se interpuso recurso de reposición, que también fue rechazado. Finalmente se interpuso un recurso de queja en contra de los ministros que rechazaron la reposición, el cual fue acogido por la Corte Suprema, al considerar que incurrieron en falta o abuso, puesto que, por causas ajenas al recurrente, éste se vio imposibilitado de cumplir con las cargas que la tramitación del recurso le imponía, lo que impedía declarar desierto el recurso.

Finalmente tenemos la situación que se produjo en "**Ilustre Municipalidad de Las Condes con Secretaría Ministerial de Vivienda y Urbanismo**"[127], en la que una corte de apelaciones declaró desierto un recurso de apelación, por no

125 Corte Suprema, rol 6.189-2009, de 10 de noviembre de 2009.

126 Corte Suprema, rol 8.170-2011, de 27 de octubre de 2011.

127 Corte Suprema, rol 8.919-2018, de 9 de agosto de 2018.

haber cumplido la recurrente con la carga procesal de hacerse parte en segunda instancia. En contra de dicha resolución se interpuso un recurso de reposición, el cual fue rechazado. Luego se interpuso un recurso de queja en contra de los ministros que dictaron esta última resolución, fundado en que la carga procesal que le fue impuesta al recurrente, y por la que el recurso fue declarado desierto, ya no se encontraba vigente, por haber sido derogada con la entrada en vigor de la ley de Tramitación Electrónica (Ley 20.886). Si bien la Corte Suprema declaró inadmisible el recurso de queja –porque la naturaleza jurídica de la resolución que lo motivó impedía su interposición– acto seguido, y actuando de oficio, procedió a corregir lo resuelto por los ministros recurridos, acogiendo el argumento de que la carga procesal que se le impuso a la recurrente ya no se encontraba vigente.[128]

1.4. Faltas o abusos que se cometen en la aplicación de sanciones a las partes

El artículo 19 número 3 de la CPR dispone que *"La Constitución asegura a todas las personas: (...) 3°.- La igual protección de la ley en el ejercicio de sus derechos (...) Ningún delito se castigará con otra pena que la que señale una ley promulgada con anterioridad a su perpetración, a menos que una nueva ley favorezca al afectado. Ninguna ley podrá establecer penas sin que la conducta que se sanciona esté expresamente descrita en ella"*. Como se desprende de la norma citada, ella contiene una serie de garantías dispuestas en favor de los ciudadanos en lo que respecta a la aplicación de sanciones en su contra. Dada la sensibilidad de esta materia, que se ve reflejada en el desbalance de poderes entre el Estado que sanciona y el particular que es sancionado, los tribunales deben apegar su actuar a la CPR y la ley con estricto rigor, sin que les esté permitido apartarse un ápice de ella. Por lo tanto, cualquier infracción que se cometa en este sentido, principalmente si de ello se sigue la aplicación de una sanción improcedente, constituye una falta o abuso grave.

Se hace presente que si bien este es un tema que tradicionalmente estuvo vinculado al derecho criminal, hoy en día se encuentra asentado en nuestro ordenamiento que las mismas son extensibles a todo el actuar punitivo del Estado[129], incluyendo a los tribunales de justicia con competencia distinta a la criminal. Se

---

128 La misma situación tuvo lugar en la causa "Campos con Fisco", rol 207-2019, de 14 de enero de 2019.

129 Tribunal Constitucional, sentencia rol 244, de 26 de agosto de 1996. Un estudio sobre el tema en CORDERO QUINZACARA (2014).

reitera que no nos referiremos a la situación de los tribunales con competencia en lo penal, por contener reglas especiales que regulan específicamente la aplicación de sanciones.

1.4.1. Por aplicar una sanción que no está contemplada en la ley

Dentro de las infracciones que podemos encontrar en materia de aplicación de sanciones, una de las más graves consiste en castigar a un individuo con una sanción que no está expresamente establecida en la ley. En simples palabras, nos referimos a la "creación" y posterior aplicación de una sanción por parte del tribunal.

Así ocurrió en la causa "**Sociedad Educacional Liceo Francés Limitada con Superintendencia de Educación**"[130]. Una sociedad educacional interpuso un recurso de reclamación en contra de una multa que le fue impuesta por la Superintendencia de Educación. Interpuesto el recurso, la corte de apelaciones que conocía del mismo ordenó al recurrente acompañar ciertos antecedentes al proceso dentro de un plazo determinado, so pena de archivar el recurso de reclamación. El reclamante no acompañó los antecedentes dentro del plazo y por lo tanto la corte declaró el archivo del recurso. Tiempo después el recurrente solicitó el desarchivo de la causa y acompañó el antecedente que había sido solicitado por la corte. El desarchivo fue denegado puesto que, a juicio de la corte, había operado el archivo de la causa como una sanción procesal, por no haber cumplido el recurrente con una carga que le había sido impuesta, lo que impedía declarar el desarchivo de la misma. En contra de los ministros que dictaron la resolución se interpuso un recurso de queja, alegando que el archivo del expediente no constituía una sanción procesal, sino que una mera disposición administrativa que podía dictar un tribunal. La Corte Suprema acogió el argumento y el recurso, concluyendo que los ministros recurridos habían incurrido en falta o abuso grave, al crear y aplicar una sanción que no estaba reconocida en nuestro ordenamiento jurídico. "*En estas condiciones, efectivamente los jurisdiscentes cometieron falta o abuso grave cuando impusieron una sanción procedimental no contemplada en el código adjetivo y a continuación homologaron tal sanción a una declaración de inadmisibilidad, decisiones que incidieron, específicamente, en que no se diera tramitación a la reclamación interpuesta por el quejoso en el marco de un procedimiento administrativo sancionatorio*".

130 Corte Suprema, rol 47.550-2017, de 5 de diciembre de 2016.

1.4.2. *Sancionar en base a una ley que no estaba vigente al cometerse la infracción*

Otra falta o abuso grave consiste en aplicar una sanción fundada en una ley que no se encontraba vigente al momento en que se cometió la infracción. El artículo 19 N° 3 de la CPR dispone que *"[N]ingún delito se castigará con otra pena que la que señale una ley promulgada con anterioridad a su perpetración, a menos que una nueva ley favorezca al afectado"*.

Eso fue lo que ocurrió en la causa "**Sernac con Chilectra S.A.**"[131]. Luego de un corte de suministro eléctrico, el Sernac interpuso una denuncia ante el tribunal competente, solicitando una compensación para los clientes afectados, y la aplicación de una multa en contra de la empresa de suministro eléctrico. En primera instancia se acogieron las pretensiones del Sernac, y entre otras cosas se aplicó a la empresa una multa de 500 UTM, lo cual fue confirmado posteriormente por la corte de apelaciones respectiva. En contra de los ministros que dictaron la sentencia confirmatoria se interpuso un recurso de queja, fundado entre otras cosas, en que la multa aplicada excedía el monto máximo establecido en la ley al momento de producirse la infracción. La Corte Suprema acogió el recurso, puesto que efectivamente a la fecha de la infracción el límite era de 200 UTM, y no de 500 UTM (que fue introducido posteriormente), lo que a su juicio constituyó una falta o abuso grave.

1.4.3. *Imponer una sanción distinta a la establecida en la ley*

Relacionado con lo anterior, los tribunales no pueden aplicar sanciones diferentes a las que impuso el legislador para ese tipo de situaciones. A diferencia del caso antes revisado, en el que un tribunal "creó" una sanción para aplicarla a un caso determinado, a continuación revisaremos dos casos en los que el tribunal respectivo aplicó una sanción que sí estaba en la ley, pero que no era aplicable a las infracciones sobre las que trataron esos casos.

En "**CNTV con Corte de Apelaciones de Santiago**"[132] se discutió sobre las sanciones contenidas en los artículos 12 y 33 de la ley 18.838, que regula al CNTV. El artículo 12 de la ley 18.838 dispone que en caso de que un canal transmita en horario de menores una película con contenido no apto para ellos, el CNTV deberá sancionar al infractor *"de acuerdo a lo establecido en el número 2 del inciso*

131 Corte Suprema, rol 3.005-2007, de 24 de septiembre de 2007.

132 Corte Suprema, rol 55.064-2016, de 2 de noviembre de 2016.

primero del artículo 33 de esta ley". El artículo 33 número 2, en tanto, dispone que *"las infracciones a las normas de la presente ley y a las que el Consejo dicte en uso de las facultades que se le conceden, serán sancionadas, según la gravedad de la infracción, con: (...) 2.- Multa no inferior a 20 ni superior a 200 unidades tributarias mensuales..."*. Pues bien, en este caso el CNTV impuso a una empresa de televisión, a título de sanción, el pago de una suma de dinero, por transmitir en horario de menores una película con contenido no apto para ellos. En la sentencia en cuestión el CNTV declaró expresamente que la sanción era a título de amonestación, y no de multa. Dicha sentencia fue confirmada por la corte de apelaciones respectiva. En contra de los ministros que dictaron la sentencia se interpuso un recurso de queja, fundado en que los mismos aplicaron una sanción (amonestación) distinta de aquella que la ley expresamente indicaba para la infracción cometida (multa). La Corte Suprema acogió el recurso, al considerar que la aplicación de una sanción en los términos anteriores constituía una falta o abuso grave.

Posteriormente, en la causa "**CNTV con Ministros**"[133], se configuraron los mismos hechos descritos en el caso anterior, sin embargo la Corte Suprema adoptó una postura diferente, ya que decidió rechazar el recurso de queja, por considerar que se estaba frente a un problema de interpretación de la ley por parte de los jueces, lo que impedía la interposición y acogimiento del recurso de queja. Sin perjuicio de lo anterior, y obrando de oficio, dejó sin efecto la sanción de amonestación que había sido impuesta por la corte de apelaciones respectiva, y reestableció la de multa que había aplicado previamente el CNTV, ajustándose con ello al texto de la ley.

1.4.4. Aplicar una sanción sin que concurran sus supuestos de procedencia

Otra falta o abuso grave se configura cuando un tribunal aplica una sanción sin que se cumplan sus supuestos de procedencia. Ello atenta contra el artículo 19 N° 3 de la CPR, que dispone que *"[N]inguna ley podrá establecer penas sin que la conducta que se sanciona esté expresamente descrita en ella"*, consagrando lo que se conoce como el principio de tipicidad. Como adelantamos al comienzo de este apartado, las sanciones sólo pueden aplicarse cuando se configura cabalmente la descripción de la conducta contenida en la ley, sin que los tribunales tengan ningún tipo de autonomía al respecto.

133 Corte Suprema, rol 45.290-2017, de 13 de noviembre de 2018.

En la causa "**Vargas con SAG**"[134] se discutió sobre el alcance y procedencia de la sanción establecida en el artículo 15 de la ley 20.412, que dispone en su inciso primero que *"[E]l operador acreditado que confeccionare un plan de manejo utilizando maliciosamente antecedentes falsos o que elaborare un informe técnico sin considerar los resultados de los análisis practicados por un laboratorio acreditado, y el que certificare falsamente hechos que constituyan presupuestos para el pago de los incentivos que establece este cuerpo legal, serán sancionados con una multa de 50 a 200 unidades tributarias mensuales"*. Un individuo elaboró un plan de manejo de aquellos señalados en la ley, arrogándose la calidad de ingeniero forestal, sin que en realidad tuviera dicho título. A juicio del SAG al haber señalado falsamente en su informe que contaba con el título de ingeniero forestal el individuo habría incurrido en la conducta tipificada. Por ello interpuso la denuncia establecida en la ley, solicitando que el mismo fuera sancionado. Dicha solicitud fue rechazada por el tribunal de primera instancia, puesto que a su juicio el tipo legal se refería al uso de información falsa en la elaboración de los planes de manejo, es decir que los planes de manejo contuvieran información de carácter técnico que fuera falsa, pero no a la veracidad o falsedad del título profesional invocado. En segunda instancia la corte de apelaciones respectiva revocó dicha decisión por compartir el criterio del SAG. A juicio de los ministros que dictaron el fallo, el señalar falsamente que se contaba con el título profesional en cuestión cabía dentro de la conducta tipificada. En contra de esos ministros se interpuso recurso de queja, por haber aplicado al denunciado una sanción sin que se cumplieran los supuestos de hecho establecidos en la ley para su procedencia. La Corte Suprema acogió el argumento y el recurso de queja, al concluir que la conducta del individuo denunciado no se enmarcaba dentro del tipo legal, y por lo tanto no podía haber sido castigado, puesto que las sanciones no pueden ser extendidas por analogía a situaciones que no se encuentran contenidas expresamente en la ley.

1.4.5. No sancionar cuando se cumplen los supuestos de procedencia de la sanción

Menos grave para la parte afectada, pero no para el ordenamiento jurídico, es la situación que se produce cuando un tribunal se abstiene de aplicar una sanción, a pesar de que concurrían todos sus requisitos de procedencia. Y ello fue lo que ocurrió en la causa "**Conaf con Cassineli**"[135]. La Conaf aplicó una sanción a un

134 Corte Suprema, rol 6.503-2013, de 29 de enero de 2014.

135 Corte Suprema, rol 4.798-2013, de 31 de diciembre de 2013.

individuo que taló unos bosques que se encontraban en su propiedad, sin una aprobación previa por parte de la autoridad. Conociendo del asunto, la corte de apelaciones respectiva revocó la sanción, porque la misma contravendría la ley del ramo y los principios generales del derecho sancionador, toda vez que el sancionado no habría tenido conocimiento de que su comportamiento constituía una infracción legal y de que necesitaba una autorización previa para talar los referidos bosques. A juicio de dicha corte, para que la Conaf aplicara la sanción era necesario que el sancionado tuviera conocimiento real y efectivo de que necesitaba la autorización en comento. La Corte Suprema, conociendo de un recurso de queja interpuesto en contra de los ministros que dictaron el fallo revocatorio, concluyó que la postura adoptada por ellos constituía una falta o abuso grave, puesto que no aplicaron una sanción a pesar de que concurrían todos los requisitos legales para hacerlo, sin que les estuviera permitido incorporar requisitos adicionales de procedencia, a los señalados expresamente en la ley.

1.5. La infracción del principio de legalidad

El principio de legalidad es uno de los pilares del derecho público, y consiste en que los organismos que componen la administración del Estado sólo pueden ejercer las potestades y atribuciones que les atribuyen la CPR y las leyes.[136] La fuente normativa de este principio se encuentra en el artículo 6 incisos primero y segundo de la CPR, y en el artículo 7 incisos primero y segundo del mismo cuerpo normativo (además del artículo 2 de la Ley 18.575).

Dada la importancia que tiene este principio, su infracción constituye una falta o abuso grave, según lo ha confirmado en distintas ocasiones la Corte Suprema. En el caso de un tribunal, que como órgano del Estado también se encuentra sometido al principio de legalidad, éste puede infringirse de dos formas, una directa y la otra indirecta. Será una infracción directa cuando el propio tribunal extienda su actuar más allá del límite de sus facultades legales. Será una infracción indirecta, en tanto, cuando por medio de una sentencia judicial el tribunal valide la infracción al principio de legalidad en la que haya incurrido otro órgano del Estado. En este apartado sólo nos referiremos a este último tipo de infracción,

---

136 Sentencia Tribunal Constitucional, sentencia rol 480, de 2007. Sobre este tema Cordero explica que la asignación de atribuciones y potestades no siempre es explícita, lo que genera problemas tanto en el ejercicio de potestades implícitas o inherentes, como en las denominadas cláusulas generales de apoderamiento. CORDERO VEGA (2015), p. 77.

puesto que la infracción directa será abordada cuando analicemos la vulneración de las reglas de jurisdicción y competencia.

En "**Hidalgo con Hipermercados Tottus S.A.**"[137] un consumidor interpuso una querella infraccional y demanda de perjuicios en contra de una empresa de retail. Una vez iniciado el proceso, el Sernac se hizo parte en él, en virtud de la facultad que le confiere el artículo 58, inciso 2°, letra g) de la Ley 19.496, solicitando que se aplicara a la empresa la multa más alta contenida en la ley. El Sernac no dijo nada respecto de la pretensión indemnizatoria de la denunciante. En primera instancia el juez rechazó tanto la multa como la demanda de perjuicios. En contra de dicha resolución el consumidor no interpuso recurso alguno. El Sernac, en tanto, recurrió de apelación, solicitando la revocación del fallo en la parte en que había rechazado la aplicación de la multa, sin solicitar nada respecto de la pretensión indemnizatoria del consumidor. Conociendo del recurso de apelación, los ministros de la corte de apelaciones respectiva revocaron el fallo de primera instancia, y no sólo aplicaron la multa solicitada por el Sernac, sino que además concedieron la pretensión indemnizatoria que había sido rechazada en primera instancia y sobre la cual no se había interpuesto recurso alguno. Lo anterior, a juicio de la Corte Suprema, constituyó una falta o abuso grave por parte de los ministros, ya que implicó conceder al Sernac más facultades de aquellas que expresamente le reconocía la ley, infringiendo con ello el principio de legalidad.

Una situación similar se produjo en materia laboral hace un tiempo, cuando tuvieron lugar una serie de discusiones respecto de las facultades de interpretar la ley de la Inspección del Trabajo. Muchas veces dicha autoridad, al efectuar fiscalizaciones en las dependencias de empleadores, no se limitaba únicamente a fiscalizar, sino que procedía también a interpretar la ley laboral, lo que a juicio de los empleadores afectados constituía una extralimitación de sus atribuciones. Muchas de esas causas llegaron a la Corte Suprema por vía de recurso de queja, y existen distintos pronunciamientos confirmando que constituye una falta o abuso grave que un juez, al conocer de los reclamos interpuestos en contra de las fiscalizaciones, validen el actuar de la Inspección del Trabajo, puesto que al hacerlo validan también la infracción que dicha autoridad cometió del principio de la legalidad. Así, por ejemplo, se resolvió en "**Zublin International con Inspección del Trabajo**"[138], en la que señaló que *"la fiscalización realizada por el funcionario de la Inspección del Trabajo no sólo resulta cuestionable, entonces, a partir*

---

137 Corte Suprema, rol 37.646-2015, de 26 de enero de 2016.

138 Corte Suprema, rol 2.711-2013, de 2 de julio de 2013.

de la extralimitación que en ella subyace desde la perspectiva analizada, sino además en cuanto se transgrede el principio de legalidad, uno de los de mayor trascendencia en el Derecho Público y que determina la actividad del Estado, de acuerdo al cual éste debe sujetar su quehacer a las prescripciones del ordenamiento positivo, directriz que se plasma dentro de nuestra normativa institucional en los artículos 6°, incisos primero y segundo y 7°, incisos primero y segundo de la Constitución Política de la República, como también en el artículo 2° de la Ley 18.575. Así, los órganos del Estado, como lo es ciertamente la reclamada en esta litis, sólo actúan válidamente previa investidura regular de sus integrantes, dentro de su competencia y en la forma que prescribe la ley…".[139]

Finalmente, en "SQM con CPT"[140] se discutió sobre una solicitud de acceso a información efectuada por una empresa de periodismo a la Comisión Nacional de Energía Nuclear. Concretamente, los periodistas solicitaron acceso a cierta información relacionada con la comercialización de litio por parte de una empresa, incluyendo, entre otras cosas, la cantidad de litio vendido, los respectivos compradores de dicho mineral, la calidad del mismo, su precio, la destinación dada al litio por los compradores, entre otros aspectos. La Comisión en cuestión dio traslado de la solicitud a la empresa, según el procedimiento establecido en la ley. La empresa en tiempo y forma se negó a entregar la información, fundada en una de las causales de reserva legal, relacionada con el resguardo de sus intereses comerciales. Frente a la negativa, los periodistas recurrieron de amparo ante el CPT, el que, acogiendo parcialmente el recurso, dio acceso a toda la información solicitada, excluyendo únicamente los precios de venta de litio, por considerar que esa información sí revestía el carácter de reservada.

Antes de encontrarse ejecutoriada la resolución del Consejo, y contrariando el texto de la ley, la Comisión hizo entrega de gran parte de la información solicitada. Sin perjuicio de lo anterior, y a pesar de que parte importante de la información ya había sido desclasificada, la empresa igualmente interpuso un reclamo ante la corte de apelaciones respectiva, intentando limitar el alcance de la orden de entrega de información. Dicho reclamo fue rechazado por la corte. En contra de los ministros que dictaron la sentencia se interpuso recurso de queja, fundado entre otros argumentos, en que con su decisión validaron una infracción al principio de legalidad de la Comisión, que en contravención al expreso tenor de la

139 Otros casos similares tuvieron lugar en "Nestlé con Inspección del Trabajo", rol 3.291-2012, de 31 de julio de 2012; "Inmobiliaria Parque Las Rosas con Inspección del Trabajo", rol 3.805-2012, de 6 de julio de 2012, entre otras.

140 Corte Suprema, rol 55.305-2016, de 4 de abril de 2017.

ley (artículo 20 de la Ley de Transparencia), dio acceso a la información solicitada antes de que la resolución que ordenaba la entrega se encontrara ejecutoriada. Al haber habido oposición de la empresa, el órgano administrativo no podía entregar la información hasta que por sentencia firme y ejecutoriada se autorizara. Este argumento, junto con el recurso, fue acogido por la Corte Suprema, afirmando que "*la ley expresamente inhibe a la autoridad administrativa para realizar cualquier análisis respecto del carácter de reservada o pública, de la información que está en su poder, pero que afecta los intereses de terceros cuando estos han manifestado en tiempo y forma su oposición a la entrega, cuestión que ha sido desconocida por las recurridas, incurriendo en una falta grave, pues desconocen mandatos legales expresos*".

Como se puede apreciar, en estos casos la gravedad de la falta o abuso está estrechamente relacionada con la importancia del principio que ella afecta. La legalidad es una regla sobre la que descansa toda la estructura del Estado, y que permite la convivencia y armonía entre los distintos organismos de la Administración. Su infracción, por lo tanto, justifica plenamente la procedencia del recurso de queja.

1.6. La violación del principio de inexcusabilidad

El principio de inexcusabilidad consiste en que un tribunal competente, una vez solicitada legalmente su intervención para la resolución de un conflicto, no puede excusarse de hacerlo.[141] Este principio se encuentra contenido en el artículo 76 inciso segundo de la CPR, y en el artículo 10 inciso segundo del COT. Ambos disponen que "*reclamada su intervención en forma legal y en negocios de su competencia, no podrán excusarse de ejercer su autoridad ni aún por falta de ley que resuelva la contienda o asunto sometidos a su decisión*". Por lo tanto, dos son los requisitos para que se active el principio de inexcusabilidad. Primero, que el que desee obtener el pronunciamiento judicial lo solicite en conformidad a la ley, y segundo, que lo haga ante el tribunal competente.[142] Cumplidas ambas exigencias, el tribunal en cuestión estará obligado a conocer del asunto.

La vulneración de este principio, que se materializa cuando un tribunal competente cuya intervención fue solicitada en conformidad a la ley se excusa de conocer del asunto, también constituye una falta o abuso grave, puesto que implica dejar al individuo que intentó la acción en una situación de indefensión. Así lo ha resuelto en distintas oportunidades la Corte Suprema.

141 Cfr. SILVA BASCUÑÁN (2002), p. 96.
142 Cfr. FERNÁNDEZ GONZÁLEZ (2014), p. 45.

En los autos "**Lahoz con OIM**"[143] una ciudadana española accionó de tutela laboral por vulneración de derechos fundamentales en contra de su ex empleador, la Organización Internacional para las Migraciones (OIM). En el comparendo preparatorio el tribunal declaró la inmunidad de jurisdicción de la demandada y dio por concluido el litigio, fundado en el artículo 3 del acuerdo publicado en el Diario Oficial con fecha 3 de agosto de 1993, que dispone que *"la OIM, así como sus bienes y haberes, en cualquier parte y en poder de cualquier persona, gozan en Chile de la inmunidad contra procedimientos judiciales y administrativos, a excepción de los casos particulares en que esa inmunidad sea expresamente renunciada por la OIM"*. Dicho criterio fue confirmado por la corte de apelaciones respectiva. En contra de los ministros que conocieron en segunda instancia se interpuso un recurso de queja, fundado entre otras cosas en la infracción del principio de inexcusabilidad. La Corte Suprema acogió el recurso, en base a ese y otros argumentos, al concluir que a los tribunales corresponde conocer y fallar todas las contiendas que se promuevan ante ellos, sin importar la naturaleza o calidad de las personas que en ellos intervienen. A juicio del Máximo Tribunal, y siguiendo lo dispuesto expresamente en la ley, cuando un tribunal, *"reclamada su intervención en forma legal y en negocios de su competencia, se excusa de ejercer su autoridad"*, infringe el principio en comento, e incurre con ello en una falta o abuso grave.

Una situación similar tuvo lugar en "**Molina con Embajada de México**"[144], en la que un tribunal se declaró incompetente para conocer de la ejecución de una sentencia favorable, obtenida en sede laboral por un ex trabajador de la embajada de México. Ello fundado en la inmunidad diplomática contenida en el artículo 31 de la Convención de Viena Sobre Relaciones Diplomáticas. Dicha sentencia fue confirmada por la corte de apelaciones respectiva. En contra de los ministros que dictaron la sentencia confirmatoria se interpuso un recurso de queja, el cual fue acogido por la Corte Suprema. A juicio del Máximo Tribunal los jueces recurridos, al excusarse de conocer del asunto, hicieron una interpretación anticuada de las normas respectivas del derecho internacional, lo que devino en una infracción al principio de inexcusabilidad, y en definitiva, en la denegación de justicia para la parte demandante.

Por otro lado en "**SQM con CPT**"[145], a la que hicimos referencia en el apartado anterior, también se abordó el tema de la inexcusabilidad. Como se explicó,

143 Corte Suprema, rol 18.264-2017, de 14 de diciembre de 2017.

144 Corte Suprema, rol 8.750-2018, de 19 de junio de 2018.

145 Corte Suprema, rol 55.305-2016, de 4 de abril de 2017.

unos periodistas solicitaron acceso a cierta información relacionada con la comercialización de litio por parte de una empresa, incluida, entre otras cosas, la cantidad de litio vendido, los respectivos compradores del litio, la calidad del litio vendido, el precio, la destinación dada al litio por los compradores, entre otros aspectos. La Comisión en cuestión dio traslado de la solicitud a la empresa, según el procedimiento establecido en la ley. La empresa en tiempo y forma se negó a entregar la información, fundada en una de las causales de reserva legal, relacionada con el resguardo de sus intereses comerciales. Frente a la negativa de la empresa los periodistas recurrieron de amparo ante el CPT, que acogiendo parcialmente el recurso, dio acceso a toda la información solicitada, excluyendo únicamente los precios de venta de litio, por considerar que esa información sí revestía el carácter de reservada. Antes de encontrarse ejecutoriada la resolución del Consejo, y contrariando el texto de la ley, la Comisión hizo entrega de la información solicitada. Sin perjuicio de lo anterior, y a pesar de que parte importante de la información ya había sido desclasificada, la empresa de litio igualmente interpuso un reclamo ante la corte de apelaciones respectiva, intentando limitar el alcance de la orden de entrega de información. Dicho reclamo fue rechazado por la corte, fundado entre otras cosas en que el reclamo había perdido oportunidad, toda vez que la información ya había sido entregada por la Comisión, careciendo de sentido continuar con la discusión.

En contra de los ministros que dictaron la sentencia se interpuso recurso de queja, fundado entre otros argumentos, en que con su decisión los ministros recurridos infringieron el principio de inexcusabilidad, toda vez que a pesar de que se había solicitado su decisión en la forma que establece la ley, y que eran competentes para conocer del asunto, se abstuvieron de hacerlo. Este argumento fue acogido por la Corte Suprema, señalando que "*se constata que las recurridas efectivamente incurrieron en falta o abuso grave, puesto que a pretexto de circunstancias fácticas anexas al litigio se han abstenido de resolver la controversia sometida a su conocimiento, desconociendo no sólo la aplicación de la normativa que regula el acceso a la información pública y las respectivas causales de reserva, vulnerando los artículos 8 de la Constitución Política de la República y 21 N° 2 de la ley de Transparencia, sino que además contravienen el mandato expreso contenido en el artículo 76 de la Carta Fundamental, que consagra el principio de inexcusabilidad, conforme al cual los jueces se encuentran obligados a resolver el conflicto de relevancia jurídica puesto en su conocimiento, a través de la aplicación de las normas jurídicas que regulan la materia, entregando así tutela judicial efectiva a quienes acuden a la judicatura...*".

Finalmente, en la causa "**Corpbanca con Superintendencia de Bancos e Instituciones Financieras**"[146], la SBIF aplicó tres multas a un banco, por considerar que éste incurrió en una serie de infracciones a la Ley General de Bancos. En contra de dichas sanciones el banco interpuso un recurso jurisdiccional ante la corte de apelaciones respectiva, fundado entre otras cosas, en que las multas se habrían aplicado con infracción a distintos principios del derecho administrativo sancionador, entre ellos, al principio del debido proceso. La corte de apelaciones en cuestión acogió el argumento, y también el recurso, dejando sin efecto las multas aplicadas. En contra de los ministros que dictaron la sentencia se interpuso recurso de queja fundado en que incurrieron en falta o abuso grave al acoger la reclamación, puesto que no existió ninguna infracción al derecho administrativo sancionador ni al debido proceso. La Corte Suprema rechazó el recurso, por considerar que las faltas o abusos denunciadas no se configuraron. No obstante lo anterior, el ministro Sergio Muñoz emitió un voto de disidencia, al considerar que el recurso debió haber sido acogido, entre otras cosas, porque a su juicio los ministros incurrieron en falta o abuso grave al infringir el principio de inexcusabilidad. En su concepto, si se consideró afectado el debido proceso, lo que debió hacerse era iniciar un nuevo procedimiento, pero en ningún caso dejar sin efecto la multa así sin más, puesto que hacerlo implicó que los ministros recurridos se excusaran de emitir un pronunciamiento sobre el fondo del asunto. *"En todo caso, también incurren en falta o abuso grave, al transgredir la garantía de inexcusabilidad, puesto que, de estimarse que concurre la vulneración de la garantía del debido proceso, debieron invalidar el procedimiento al estado anterior que dicha infracción se produjo, dejando a la Administración en condiciones de proseguir con el procedimiento administrativo, pero en ningún caso simplemente invalidar todo lo actuado..."*.

1.7. La vulneración del derecho a la privacidad

El derecho a la vida privada y a la intimidad se encuentra consagrado en el artículo 19 números 4 y 5 de la CPR. El mencionado número 4 reconoce a todas las personas el *"respeto y derecho a la protección a la vida privada"* mientras que el número 5 asegura *"la inviolabilidad del hogar y de toda forma de comunicación privada"*, para luego agregar que *"el hogar sólo puede allanarse y las comunicaciones y documentos privados interceptarse, abrirse o registrarse en los casos y formas*

146 Corte Suprema, rol 62.128-2016, de 9 de mayo de 2017.

determinados por la ley". La infracción de esta garantía constitucional por un tribunal también ha sido considerada como una falta o abuso grave por parte de la Corte Suprema.

En "**Municipalidad de Las Condes con CPT**"[147], el CPT ordenó a una municipalidad que hiciera entrega a un particular de cierta información que éste había solicitado en el marco de la LAIP, la que contenía una nómina de los deudores de dicha municipalidad, incluyendo el nombre, rut y dirección de cada deudor y el monto adeudado, entre otros detalles asociados a las deudas. La municipalidad recurrió a la corte de apelaciones respectiva para que dejara sin efecto la orden emitida por el CPT, fundada en que la información solicitada no debía ser exhibida por encontrarse protegida por una de las excepciones contenidas en la ley. La corte de apelaciones rechazó dicha solicitud, señalando que la municipalidad estaba obligada a entregar los antecedentes que se le había ordenado entregar. En contra de los ministros que dictaron dicha sentencia se interpuso recurso de queja, el cual fue acogido por la Corte Suprema, al considerar que aquellos habían incurrido en falta o abuso grave al rechazar la reclamación y confirmar la entrega de la información, toda vez que esta última era privada de los deudores y no podía ser revelada sin su consentimiento, atendida su sensibilidad.

1.8. Conclusión

De lo expuesto en el presente capítulo queda en evidencia que la infracción a la CPR por parte de un tribunal constituye una falta o abuso grave. Si bien no hemos encontrado sentencias relativas a cada una de las normas contenidas en la CPR, las muestras encontradas son suficientes para afirmar que dicho criterio es replicable a todas las infracciones a la Carta Fundamental que pueda cometer un tribunal. Eso sí, y al igual que respecto de los otros casos de faltas o abusos graves, la procedencia del recurso de queja fundado en esta causal estará determinada por las circunstancias propias de cada caso, según lo explicado previamente en este trabajo.

---

147 Corte Suprema, rol 4.681-2013, de 26 de noviembre de 2013.

2. INFRACCIÓN DE LAS REGLAS Y NORMAS QUE REGULAN LOS PROCEDIMIENTOS JUDICIALES

2.1. Introducción

Los artículos 1 al 3 del COT enumeran las labores más importantes que deben realizar los tribunales de justicia. Dentro de ellas, la principal es la contenida en el artículo 1, que dispone que toca a los tribunales conocer y juzgar las causas que son puestas bajo su competencia, y hacer ejecutar lo juzgado en ellas. Eso es lo que se conoce en Chile como el ejercicio de la jurisdicción.[148]

El artículo 19 número 3 inciso 5 de la CPR, dispone que toda sentencia que dicte un órgano que ejerza jurisdicción debe fundarse en un proceso previo legalmente tramitado, para luego agregar que corresponde al legislador establecer las garantías de un procedimiento y una investigación racionales y justos. De esta norma se sigue que los tribunales en el ejercicio de la jurisdicción no pueden actuar de forma discrecional ni arbitraria, sino que deben hacerlo en conformidad a las reglas establecidas en la ley. Esas reglas dan forma a lo que se conoce como el proceso judicial, que ha sido definido como la *"secuencia o serie de actos que se desenvuelven progresivamente, con el objeto de resolver, mediante un juicio de autoridad, el conflicto sometido a su decisión"*.[149]

Dentro de las normas que rigen los procedimientos judiciales, están aquellas que regulan la intervención del órgano jurisdiccional en el proceso, incluyendo aspectos como la jurisdicción, la competencia y la imparcialidad. Hay otras que se refieren a la intervención de las partes en el litigio, abarcando temas como la capacidad, la representación y la postulación procesal. También están las normas que regulan el procedimiento en sí, cuyo objetivo es ordenar secuencialmente sus distintas etapas, y que incluyen aspectos como la aptitud formal de la demanda, el debido emplazamiento, la adecuación del procedimiento a la acción interpuesta, entre otros.[150] Por último están las reglas que se refieren a la legitimación de las partes, a la forma de las sentencias, a la aportación y valoración de la prueba. A todas ellas nos referimos en este trabajo como "las reglas procesales".

148 Una mayor explicación sobre el tema de la jurisdicción en COLOMBO CAMPBELL (2004), p. 37.

149 COUTURE (2007), p. 121.

150 Cfr. ROMERO SEGUEL (2001), p. 783.

Atendida la importancia que tiene la existencia y respeto de los procedimientos judiciales para el funcionamiento de nuestro ordenamiento jurídico[151], la infracción de las normas que los regulan constituye una falta o abuso grave. La gravedad de la misma, y por lo tanto la procedencia del recurso de queja, estará determinada por las circunstancias propias de cada caso.

2.2 Infracción a las reglas de la competencia

El artículo 108 del COT define la competencia como la facultad que tienen los tribunales de conocer de los asuntos que la ley ha puesto dentro de la esfera de sus atribuciones. Las reglas sobre la competencia son de gran importancia, puesto que permiten ordenar, de una forma clara y conocida por todos, a qué tribunal corresponde conocer cada conflicto que se promueve al interior del territorio nacional, algo elemental si se considera la cantidad de disputas que tienen lugar en el país, los variados temas que en ellas se ventilan, y los distintos lugares en los que ocurren.

Tal como lo grafica Colombo, *"en virtud de los principios de la pluralidad y especialidad de los órganos judiciales, la función jurisdiccional se nos presenta encomendada, no a un tribunal individual y singular, sino a un sistema de muchos jueces, a quienes, considerados en su conjunto como una rama homogénea del ordenamiento público, les está potencialmente encomendado el ejercicio de todo el poder jurisdiccional del Estado; pero para poder iniciar prácticamente un proceso ante un juez perfectamente individualizado, esto es, para saber, en el momento en que está por iniciarse un proceso, cuál es el juez ante el cual debe ser llevada aquella causa, es necesario conocer cuál es la fracción de jurisdicción que compete, en concreto, a cada uno de los órganos judiciales, es decir, cuáles son los límites dentro de los que puede cada uno de ellos ejercer la función a él encomendada"*.[152]

Según se explica a continuación, la infracción de las normas sobre competencia, tanto absoluta como relativa, ha sido considerada en distintas ocasiones por la Corte Suprema como una falta o abuso grave. Y es lógico que así sea, puesto que de esa forma se evita que tribunales que son competentes para conocer de un pleito dejen de hacerlo por considerarse incompetentes, y al mismo tiempo, que tribunales que son incompetentes para conocer de ciertos asuntos, lo hagan.

151 Cfr. CEA EGAÑA (2012), p. 170.

152 COLOMBO CAMPBELL, *ob. cit.*, p. 78.

2.2.1. *Reglas de la competencia absoluta*

Las reglas de competencia absoluta buscan determinar la clase de tribunal que debe intervenir en la resolución de un determinado asunto.[153] Los elementos que determinan esta competencia son el fuero o persona (en relación a las partes involucradas), la materia discutida y la cuantía en disputa.[154] Existen distintos fallos de la Corte Suprema en los que se ha considerado como falta o abuso grave la infracción de las reglas de competencia absoluta, sea porque un tribunal incompetente se aboca a conocer de un asunto, o porque un tribunal competente se abstiene de hacerlo fundado en una supuesta incompetencia.

En "**Municipalidad de Traiguén con Corte de Apelaciones de Temuco**"[155] se discutió respecto de la validez de un decreto municipal por el que se ordenaba la demolición de una obra de construcción deficiente. La parte afectada por el decreto recurrió ante la corte de apelaciones respectiva para obtener su invalidación, fundada en que la municipalidad era incompetente para dictar el decreto en cuestión, puesto que dicha competencia radicaba únicamente en el Secretario Regional de Vivienda y Urbanismo. Dicha pretensión fue rechazada. En contra de los ministros que dictaron la sentencia se interpuso recurso de queja, fundado en que los mismos habrían infringido las reglas sobre la competencia absoluta. El recurso fue acogido por la Corte Suprema, que determinó que los recurridos de queja incurrieron en una falta o abuso grave, puesto que la municipalidad era absolutamente incompetente para ordenar la demolición de la obra de construcción deficiente, siendo el Secretario Regional de Vivienda y Urbanismo el órgano competente para hacerlo.

En los autos caratulados "**Universidad del Mar con Corte de Apelaciones de Arica**"[156] la Corte Suprema resolvió que los ministros recurridos de queja incurrieron en falta o abuso grave, al considerar que una acción de protección del interés colectivo o difuso era de competencia de un juzgado de policía local, toda vez que la ley expresamente otorga dicha competencia a los juzgados civiles. A juicio del Máximo Tribunal, lo anterior no sólo constituyó una infracción al texto expreso de la ley, sino también, de las reglas sobre la competencia absoluta de los tribunales. "*14° Que al tenor de lo concluido y al no acatarse la reglas de competencia*

153 Cfr. Ibid, p. 171.

154 Cfr. Ibid, p. 172.

155 Corte Suprema, rol 6.916-2008, de 5 de mayo de 2009.

156 Corte Suprema, rol 9.417-2009, de 27 de mayo de 2010.

que el legislador determinó y a las que debían ceñirse los interesados para solicitar la intervención de los juzgadores del grado, los jueces recurridos, han incurrido en falta o abuso que sólo puede ser enmendado por la vía disciplinaria, anulando todo lo obrado en el proceso".[157]

En un sentido similar, en la causa "Consumidores con Corporación Santo Tomás para el Desarrollo de la Educación y la Cultura Limitada"[158] también se discutió sobre la competencia para conocer de los procedimientos de protección de los intereses difusos o colectivos. La corte de apelaciones respectiva anuló todo lo obrado en diversos procedimientos por infracción a la LPC tramitados ante un juez de policía local, basadas en una supuesta infracción a las normas sobre competencia absoluta. A su juicio, todos esos procedimientos debieron haberse tramitado conjuntamente en un procedimiento colectivo ante el juez de letras en lo civil competente, por haberse seguido en contra de un mismo proveedor, y fundados en el mismo incumplimiento e infracción legal. En contra de dichos ministros se interpuso recurso de queja, el cual fue acogido por la Corte Suprema, al concluir que quienes infringieron las normas de competencia absoluta, e incurrieron en falta o abuso grave, fueron los recurridos de queja, ya que la posición acertada era la sostenida por el juez de primera instancia. Los procedimientos debían tramitarse de forma separada, ante un juez de policía local, puesto que así lo decidieron los actores al interponer sus respectivas demandas, sin que le estuviera permitido a la corte de apelaciones alterar el procedimiento escogido por los actores.

Por su parte, en "Jazzplat Chile con Inspección del Trabajo"[159] se acogió un recurso de queja en contra de los ministros de una corte de apelaciones que confirmaron una sentencia de primer grado, en la que un tribunal laboral se negó a acoger a trámite un recurso judicial, por considerarse absolutamente incompetente. A juicio de la Corte Suprema el tribunal de primera instancia sí era competente para conocer del recurso interpuesto, y por lo tanto los ministros recurridos incurrieron en falta o abuso grave al desconocer dicha competencia, y privar con ello a la parte afectada de su derecho a acceder a los tribunales de justicia. *"Décimo: Que, en consecuencia, no resultaba posible concluir (...) que era improcedente dar curso a la demanda de reclamación interpuesta por el quejoso, pues*

157 En igual sentido se resolvió en la causa "Cerón y otros con Universidad Tecnológica", rol 3.564-2009, de 15 de diciembre de 2009.

158 Corte Suprema, rol 8.778-2015, de 7 de septiembre de 2015.

159 Corte Suprema, rol 3.272-2012, de 27 de junio de 2012.

conforme a las normas que regulan la materia correspondía precisamente al juez a quo su conocimiento y decisión, falta que se considera grave, porque tales decisiones han llevado a que el actor haya quedado en la indefensión, sin la posibilidad de que un tribunal ordinario pueda revisar lo actuado, conforme a las reglas del debido proceso…".

En los autos "**SII con Import y Export Longsea Ltda.**"[160] una corte de apelaciones se abocó a conocer en segunda instancia de una sentencia dictada por un tribunal tributario y aduanero, siendo que la competencia para revisar esas sentencias la tiene, por expresa disposición legal, el denominado Tribunal Especial de Alzada. En contra de la sentencia que dictó la corte de apelaciones en dicho procedimiento se interpuso un recurso de queja, fundado en la infracción de las normas sobre competencia absoluta. Este recurso fue acogido por la Corte Suprema, al concluir que los ministros recurridos, al aceptar la competencia que el recurrente pretendió otorgarle, infringieron las reglas sobre competencia absoluta y con ello incurrieron en una falta o abuso grave. *"Noveno: Que así las cosas, al conocer y resolver los jueces cuestionados un recurso de apelación deducido contra una resolución dictada en un procedimiento de reclamo de avalúo de bienes raíces, han obrado sin competencia, lo que constituye una falta o abuso grave cometido en la dictación de una resolución jurisdiccional, motivo por el cual el recurso de queja interpuesto deberá ser acogido".*

En "**Molina con Embajada de México**"[161] un tribunal se declaró incompetente para conocer de la ejecución de una sentencia favorable obtenida en sede laboral por un ex trabajador de la embajada de México en Chile. Ello fundado en la inmunidad diplomática contenida en el artículo 31 de la Convención de Viena Sobre Relaciones Diplomáticas. Dicha sentencia fue confirmada por la corte de apelaciones respectiva. En contra de los ministros que dictaron la sentencia confirmatoria se interpuso un recurso de queja, el cual fue acogido por la Corte Suprema. A juicio del Máximo Tribunal, dichos jueces, para sustentar su declaración de incompetencia, hicieron una interpretación anticuada de las normas respectivas del derecho internacional, lo que devino en una denegación de justicia para la parte demandante.[162]

---

160 Corte Suprema, rol 2.425-2015, de 5 de mayo de 2015.

161 Corte Suprema, rol 8.750-2018, de 19 de junio de 2018.

162 En la causa "Orellana con Mondaca", rol 5.242-2018, de 24 de mayo de 2018, la Corte Suprema consideró que el tribunal de primera instancia incurrió en una falta o abuso grave al declararse incompetente para conocer del asunto, puesto que a su juicio sí tenía competencia para conocer del mismo, en virtud del artículo 453 N° 1 del Código del Trabajo. Otro recurso de queja acogido por infracción a las reglas de la competencia absoluta tuvo

No obstante los fallos anteriores, existen varios casos en los que la Corte Suprema ha adoptado un camino diferente, y optado por rechazar los recursos de queja y actuar posteriormente de oficio, para corregir la infracción a la regla de competencia absoluta. Así ocurrió en la causa "**Tecnoglobal S.A. con Dirección Nacional del Trabajo**"[163], en la que la Corte Suprema, si bien consideró que se habían infringido las reglas sobre competencia absoluta, rechazó el recurso de queja, y procedió a corregir de oficio dicha infracción, al estimar que la decisión de los magistrados recurridos no era susceptible de ser corregida por medio del recurso de queja, toda vez que obedeció a un error en la interpretación de la norma que asignaba la competencia.[164]

Una postura similar se adoptó en "**Coña con Municipalidad de Coyhaique**"[165], donde la Corte Suprema, actuando de oficio, volvió a considerar que constituía una falta o abuso grave la infracción de las reglas de competencia absoluta, ordenando a la corte respectiva que corrigiera su actuar. A juicio del Máximo Tribunal, la falta o abuso se produjo al resolver una corte de apelaciones que era incompetente para conocer de un recurso de amparo económico, por considerar que el asunto era de competencia del TCP, a pesar de que el texto de la ley era claro al asignar la competencia sobre dicho recurso a las cortes de apelaciones. *"Que, según se desprende de lo anterior, el motivo en que se funda la resolución objetada excede la habilitación concedida a la Corte de Apelaciones por la ley, desde que la norma transcrita dispone, en términos perentorios, imperativos y carentes de excepción, que "deducida" la acción el tribunal debe proceder a investigar los hechos constitutivos de la infracción denunciada y continuar con la tramitación del procedimiento hasta su conclusión, mandato incompatible con la declaración de incompetencia en razón de la materia, sin perjuicio de lo que pueda resolverse en cuanto al fondo del asunto una vez agotada la indagación y previa vista de la causa".*

Si bien es claro que no existe una posición uniforme respecto de la procedencia o improcedencia del recurso de queja para denunciar la infracción de las reglas sobre competencia absoluta, lo que sí está claro es que dicha infracción

---

lugar en "Gasco GLP S.A. con Dirección del Trabajo", rol 15.438-2018, de 6 de septiembre de 2018.

163 Corte Suprema, rol 832-2018, de 18 de abril de 2018.

164 Este mismo criterio ha sido confirmado posteriormente por la Corte Suprema en las causas "Codelco Chile con Dirección del Trabajo", rol 6.458-2018, de 2 de agosto de 2018, y "HDI Seguros S.A. con Dirección Nacional del Trabajo", rol 22.249-2018, de 5 de noviembre de 2018.

165 Corte Suprema, rol 20.933-2018, de 12 de septiembre de 2018.

constituye una falta o abuso grave, especialmente si ello vulnera el derecho a la tutela judicial efectiva. Si la Corte Suprema acoge o no el recurso de queja, estará determinado por las circunstancias de cada caso.

2.2.2. *Reglas de la competencia relativa*

Una vez determinada la competencia absoluta del tribunal, procede determinar qué tribunal en particular, dentro de la clase de tribunales que tienen competencia absoluta, debe abocarse a conocer del asunto.[166] Eso es lo que se conoce como la competencia relativa, y se determina en consideración al factor territorio, según lo dispone el COT en sus artículos 135 y siguientes.

A diferencia de la competencia absoluta, bajo ciertas circunstancias las partes pueden disponer, y alterar, las normas de competencia relativa.[167] Por lo anterior es más difícil detectar infracciones a las normas de competencia relativa que absoluta, toda vez que si la demandante infringe las reglas sobre competencia relativa e interpone su acción ante un tribunal relativamente incompetente, dicho "vicio" podrá ser subsanado si su contraparte concurre ante dicho tribunal, y no alega la incompetencia como primera actuación, produciéndose lo que se conoce como la prórroga de la competencia. En este caso el tribunal en cuestión queda investido de todas las facultades para conocer y resolver el conflicto.

Sin perjuicio de lo anterior, en nuestra investigación tomamos conocimiento de un caso en el que la Corte Suprema acogió un recurso de queja en contra de los ministros de una corte de apelaciones, por la infracción de las reglas de la competencia relativa.

Ello ocurrió en "Pérez con Zona Franca de Iquique S.A."[168], donde la demandante interpuso una demanda por despido injustificado ante el juzgado del trabajo de la ciudad de Santiago, siendo que el tribunal competente era el de la ciudad de Iquique (en virtud del domicilio del demandado). Por ello el juez de Iquique, una vez que le fueron remitidos los antecedentes desde Santiago, declaró la caducidad de la acción por concluir que la misma había sido interpuesta (ante él) fuera del plazo legal para hacerlo. Ello en virtud de que el artículo 168 del CT dispone que para la procedencia de la acción de despido injustificado es menester que la demanda se presente dentro del plazo de sesenta días contados

166 Cfr. COLOMBO CAMPBELL, *ob. cit.*, p. 171.

167 Artículos 181 y siguientes del COT.

168 Corte Suprema, rol 22.754-2015, de 1 de febrero de 2016.

desde la fecha de la desvinculación, y ante tribunal competente. Dado que dicho plazo transcurrió sin que se presentara la demanda ante tribunal competente, el derecho del actor habría estado caducado cuando dicha demanda ingresó al tribunal que sí tenía competencia. Dicha caducidad fue confirmada por la corte de apelaciones respectiva. En contra de los ministros de la corte de apelaciones que dictaron la sentencia confirmatoria se interpuso recurso de queja, fundado en que la actora había cumplido con todos los requisitos del artículo 168, puesto que la competencia que ahí se exigía era la absoluta y no la relativa. Por lo tanto, y aunque el tribunal de Santiago hubiera sido relativamente incompetente, ello no bastaba para tener por no cumplido el requisito de competencia contenido en la norma en comento. El Máximo Tribunal acogió el recurso de queja, al concluir que los ministros recurridos incurrieron en grave falta o abuso al acoger la caducidad, porque la norma en cuestión exige la interposición de la demanda ante un tribunal que tenga competencia absoluta, aunque no tenga la relativa.

2.3. Contravención del principio de la congruencia procesal

El principio de congruencia es aquél que ordena al juez ajustar su decisión a los límites que le fueron fijados por las partes en sus acciones y defensas.[169] Este principio tiene una doble dimensión, ya que por un lado exige que el tribunal no se extienda más allá de los límites impuestos por las partes, y al mismo tiempo, que éste deba hacerse cargo de todos los aspectos del conflicto sometidos a su conocimiento.

Existen distintas formas por las que se puede infringir la regla en comento. Así ocurre, por ejemplo, cuando el tribunal da a la actora más de lo que pidió en su demanda, o le concede algo distinto de lo pedido. También existirá una sentencia incongruente cuando la misma no resuelva todo lo que se puso bajo conocimiento del tribunal, o bien cuando éste se extiende a puntos que no fueron sometidos a su decisión. Tal como lo ha señalado la Corte Suprema, "*una sentencia deviene en incongruente en caso que su parte resolutiva otorgue más de lo pedido por el demandante o no otorgue lo solicitado, excediendo la oposición del demandado o, lo que es lo mismo, se produce el señalado defecto si el fallo no resuelve los puntos objeto de la litis o se extiende a puntos que no fueron sometidos a la decisión del tribunal. De modo que en lo dispositivo de la sentencia el tribunal ha de decidir las acciones y excepciones, conforme a las argumentaciones que las respaldan...*".[170]

169 "Alcalde con SVS", Corte Suprema, rol 30.176-17, de 18 de junio de 2018.

170 "Alcalde con SVS", Corte Suprema, rol 30.176-17, de 18 de junio de 2018.

La jurisprudencia reciente de la Corte Suprema confirma que constituye una falta o abuso grave la infracción del principio de la congruencia. Si bien coincidimos con dicho criterio, el mismo no es de frecuente aplicación, puesto que nuestro ordenamiento procesal reconoce otros mecanismos ordinarios para denunciar y corregir la falta de congruencia de las sentencias (por ejemplo el recurso de apelación y el de casación en la forma), por lo que lo normal será que las infracciones que se cometan en ese sentido no sean impugnadas por medio del recurso de queja. Sin embargo, igual existen diversos casos de recursos de queja interpuestos y acogidos en relación al principio de congruencia.

2.3.1. Por extenderse a puntos distintos a los sometidos a su conocimiento, o por cambiar el contenido de la causa de pedir

En los autos "Fuentes con Chilectra S.A."[171] se interpuso una demanda fundada en una supuesta infracción de los artículos 12 y 23 de la LPC. En primera instancia el juez rechazó la demanda, por considerar que la demandada no incurrió en las infracciones denunciadas. Conociendo del recurso de apelación interpuesto por el consumidor, los ministros de la corte de apelaciones revocaron dicha sentencia y condenaron a la empresa por considerar que, si bien no hubo infracción de los artículos 12 y 23 de la LPC, sí la hubo respecto del artículo 25 de la misma ley. En contra de los ministros que dictaron dicha sentencia se interpuso recurso de queja, fundado en la infracción del principio de congruencia, por haber extendido su decisión a asuntos que no fueron sometidos a su conocimiento. La Corte Suprema acogió el argumento y el recurso de queja, al considerar que la sentencia de segunda instancia no se encontraba en armonía con lo que fue sometido por las partes al conocimiento y fallo del tribunal, lo que a su juicio constituyó una falta o abuso grave.

En "Salazar con Almacenes Paris"[172], las partes discutieron respecto del bloqueo de una tarjeta de crédito por parte de una casa comercial. Sin embargo, la corte de apelaciones respectiva, al conocer en segunda instancia del asunto, extendió su decisión al supuesto retraso en la entrega de un producto adquirido por el consumidor con la tarjeta de crédito bloqueada, algo que nunca fue objeto de la controversia. Ello a juicio de la Corte Suprema constituyó una infracción al principio de la congruencia, y por lo tanto una falta o abuso grave, lo que llevó al

171 Corte Suprema, rol 1.358-2006, de 25 de mayo de 2006.

172 Corte Suprema, rol 744-2008, de 1 de septiembre de 2008.

acogimiento del recurso de queja interpuesto. *"Que de la forma señalada, aparece efectivo lo reclamado por el quejoso, de modo que por haber incurrido los jueces de alzada en una grave falta o abuso, al fundamentar su revocación en un hecho ajeno a la controversia –que sólo puede ser enmendada por esta vía–, se accederá al acogimiento del recurso interpuesto"*.

En "**Multitiendas Corona S.A. con Otarola**"[173] una consumidora interpuso una querella infraccional y una demanda de perjuicios en contra de una empresa del retail, fundada en que cuando salía de una de sus tiendas se activó la alarma dispuesta para detectar el hurto de productos, tras lo cual los guardias la habrían acusado de ladrona, impidiéndole salir, y exigiéndole que fuera a un probador a desvestirse. Las acciones de la consumidora fueron desestimadas en primera instancia, porque a juicio del tribunal no resultaron probadas. Conociendo en segunda instancia del asunto, la corte de apelaciones respectiva revocó la sentencia y acogió las acciones de la consumidora, puesto que, a partir de un parte policial acompañado al proceso, tuvieron por acreditada otra infracción a la LPC, distinta a las denunciadas, consistente en que los guardias de la empresa le revisaron la cartera a la consumidora. En contra de los ministros que dictaron la sentencia se interpuso recurso de queja, fundado, entre otras cosas, en que los mismos se habrían extendido a asuntos que no fueron objeto de la discusión. Dicho recurso fue acogido por la Corte Suprema. *"SÉPTIMO: Que la decisión arriba transcrita constituye claramente una falta o abuso de la mayor entidad, puesto que, desde luego, el hecho que se tuvo por comprobado no corresponde siquiera a aquél que constituyó el objeto del reclamo y, por ende, el motivo del litigio, mismo que no resulta constitutivo del quebrantamiento que se tuvo por cometido"*.

En los autos arbitrales caratulados "**Conflicto entre Socios de Sociedad Paonil Inversiones Limitada**"[174], en la demanda se solicitó al tribunal arbitral que procediera a liquidar una sociedad en conformidad a las normas estatuarias y legislación aplicable. Sin embargo, el árbitro en su sentencia, al acceder a la liquidación, resolvió que la misma debía llevarse a efecto no sólo en conformidad a los estatutos sociales y a la legislación vigente, sino que además, de acuerdo a las "reglas establecidas" en la sentencia que estaba dictando. Dicha decisión fue confirmada por la corte de apelaciones respectiva. En contra de los ministros que dictaron la sentencia se interpuso recurso de queja, el cual fue acogido por la Corte Suprema al concluir que los mismos incurrieron en una falta o abuso grave

173 Corte Suprema, rol 4.318-2008, de 22 de octubre de 2008.

174 Corte Suprema, rol 4.553-2009, de 1 de octubre de 2009.

al confirmar la sentencia de primera instancia, en la que el árbitro se extendió a puntos que no le fueron solicitados por las partes, toda vez que nadie le pidió que dictara normas sobre liquidación sino que se limitara a liquidar la sociedad a partir de las normas ya existentes. Resolvió la Corte: *"Que siendo un imperativo legal, el que las sentencias se pronuncien conforme al mérito del proceso y resuelvan los puntos expresamente sometidos a juicio por las partes, no puede sino arribarse a la conclusión que el juez árbitro de única instancia, al resolver como lo hizo, incurrió ciertamente en la causal de nulidad formal prevista en el numeral 4° del artículo 768 del CPC, desde que, al decidir en la forma en que se ha dicho, se extralimitó de sus facultades, actuó fuera del ámbito de las atribuciones que les eran propias y se extendió a puntos no sometidos a su decisión (...) Que en razón de lo razonado precedentemente, es menester concluir que el proceder de los jueces recurridos ha importado ciertamente la comisión de una falta grave, toda vez que la simple comparación entre las pretensiones de las partes y lo resuelto por el juez árbitro debió llevarlos a reconocer la advertida incongruencia entre tales extremos, debiendo, en consecuencia, haber acogido el recurso de casación en la forma por la causal estatuida en el artículo 768 N° 4 del CPC y dictado la correspondiente sentencia de reemplazo conforme a derecho"*.

En la causa "Zagal con Autohaus S.A."[175], el demandante adquirió un automóvil a la demandada, sin que el mismo cumpliera con las características que le habían sido ofrecidas (diferencia en el sistema de frenos del vehículo). Por ello interpuso demanda solicitando que la empresa le entregara un vehículo que sí cumpliera con tales características. Dicha demanda fue acogida en primera instancia, pero luego revocada por la corte de apelaciones respectiva, puesto que a juicio de ésta había transcurrido mucho tiempo desde la venta del automóvil, y durante todo ese tiempo el mismo había permanecido en poder del comprador, por lo que no correspondía a esas alturas que se le entregara un vehículo nuevo. En reemplazo de lo anterior la corte ordenó a la empresa que le pagara una determinada suma de dinero al cliente. En contra de los ministros se interpuso recurso de queja, fundado en que habrían alterado el contenido de la demanda al descartar la pretensión y reemplazarla por otra que no fue solicitada. La Corte Suprema acogió el recurso de queja, concluyendo que los ministros recurridos *"alteran sin fundamento alguno la naturaleza de la indemnización pedida, ordenando el pago de una suma de dinero por un rubro que no se demandó, entregando argumentos que importan atribuir al actor responsabilidad en la dilación del presente proceso judicial, con lo que se apartan de los términos de la controversia y del texto expreso de la ley"*.

---

175 Corte Suprema, rol 2.968-2011, de 13 de julio de 2011.

En "**Liberty Compañía de Seguros Generales S.A. con Araneda y otro**"[176] sobre accidente vehicular, la aseguradora de uno de los accidentados interpuso una demanda en contra del otro chofer accidentado y de la empresa dueña del camión que este último manejaba. En la demanda se solicitó que se condenara a ambos, chofer y empresa, *"al pago de los daños y perjuicios causados al vehículo asegurado"*, sin explicitar que la misma se interponía de forma solidaria. El juez de primera instancia rechazó la demanda, por no haberse acreditado los requisitos de la responsabilidad extracontractual del artículo 2314 del CC. En segunda instancia la corte de apelaciones respectiva revocó dicha sentencia, y condenó solidariamente a ambos demandados. En contra de los ministros que dictaron la sentencia se interpuso un recurso de queja, el cual fue acogido por la Corte Suprema, al concluir que los mismos habían incurrido en falta o abuso grave al alterar con dicha sentencia el contenido de la disputa, puesto que al no haberse demandado expresamente la solidaridad, la corte no estaba facultada para declararla en su sentencia. *"Si bien es efectivo que toca al juez la aplicación del derecho en el caso concreto, son las partes las dueñas de la acción que eligen ejercer en una instancia determinada, encontrándose impedido el tribunal de enmendar tal ejercicio en forma posterior, ya que su intervención excesiva implica, la posibilidad cierta de afectar el derecho de alguna de las partes"*.

En los autos caratulados "**Parada con Inmobiliaria Plaza Santo Domingo S.A.**"[177] el dueño de un departamento recién adquirido interpuso demanda y querella infraccional en contra de la empresa inmobiliaria que se lo vendió, fundado en los artículos 2 letra e) y 23 de la LPC, por una inundación de aguas servidas que afectó su vivienda. En primera instancia su acción fue acogida, aplicándosele a la empresa una multa y condenándola al pago de una indemnización en favor de la actora. La corte de apelaciones respectiva, conociendo del asunto en segunda instancia, revocó la sentencia y rechazó las pretensiones del actor, apoyándose para ello en lo dispuesto en las normas contenidas en la LGUC y en el CC, en vez de en las normas de la LPC en las que se había fundado la acción. En contra de los ministros de la corte de apelaciones se interpuso un recurso de queja, el cual fue acogido por la Corte Suprema, por considerar que habían incurrido en falta o abuso grave al alterar la causa de pedir de la demandante, y con ello los límites de su competencia, sin que fuera posible escudar su actuar en el principio del *iura novit curia*, puesto que el mismo tiene como límite la imposibilidad de alterar con el mismo la causa de pedir.

---

176 Corte Suprema, rol 3.262-2012, de 3 de julio de 2012.

177 Corte Suprema, rol 28.557-2014, de 19 de enero de 2015.

En la causa "**Consumidores con Corporación Santo Tomás para el Desarrollo de la Educación y la Cultura Limitada**"[178] la Corte Suprema acogió un recurso de queja interpuesto en contra de los ministros de una corte de apelaciones, que anularon de oficio todo lo obrado en una serie de procedimientos tramitados de forma separada ante un juez de policía local. Ello, por considerar que dichos juicios debían haberse tramitado de forma conjunta, en virtud del procedimiento colectivo regulado en la LPC. A juicio del Máximo Tribunal, dicha decisión constituyó una falta o abuso grave, puesto que el contenido de la acción lo definieron cada uno de los demandantes al interponer sus demandas, sin que el tribunal hubiera estado facultado para modificarlo.

En "**Serrano con Espinoza**"[179] se discutió sobre las responsabilidades e indemnizaciones asociadas a un accidente del tránsito. La demanda interpuesta fue acogida en primera instancia, sin embargo, dicha decisión fue revocada por la corte de apelaciones respectiva, al concluir que el demandante carecía de legitimación activa para demandar, ello a pesar de que dicha defensa jamás fue invocada por la demandada en el proceso. En contra de los ministros que dictaron la sentencia revocatoria se interpuso recurso de queja, el cual fue acogido por la Corte Suprema, al considerar que los recurridos incurrieron en una falta o abuso grave, puesto que la falta de legitimación declarada no fue reclamada por la demandada, y acogerla importó una infracción al principio de congruencia. *"En tales condiciones, los recurridos no pudieron extender su sentencia a un asunto ajeno a la litis, pues al resolver del modo que lo han hecho, en desmedro de la parte demandante, acudieron a favor de uno de los litigantes, fallando un asunto que les estaba vedado, al no haber sido cuestionado, falta grave que acarreó la revocación del fallo de primer grado y, con ello, el íntegro rechazo de la demanda, por lo que corresponde a esta Corte adoptar las medidas dirigidas a enmendar la falta o abuso constatada, de la forma que se dirá en lo decisorio".*

En igual sentido fue resuelta la causa "**Durán con Montecinos**"[180] en la que la Corte Suprema concluyó que ciertos ministros incurrieron en una falta o abuso grave al infringir el principio de congruencia, puesto que acogieron una defensa invocada por el demandado sólo en sus alegatos orales, sin que hubiera sido promovida en instancias previas del litigio. A juicio del Máximo Tribunal el ámbito de la controversia queda fijado con la demanda y la contestación, sin

178 Corte Suprema, rol 8.778-2015, de 7 de septiembre de 2015.

179 Corte Suprema, rol 556-2015, de 18 de febrero de 2015.

180 Corte Suprema, rol 16.711-2017, de 31 de octubre de 2017.

que sea posible para las partes modificarlo en el transcurso del proceso, ni para el juez extenderse más allá de él al dictar su sentencia.

En los autos caratulados "**Melo con Ríos**"[181] se interpuso una demanda de indemnización de perjuicios sufridos en el marco de un accidente de tránsito, la cual fue acogida en primera instancia. El juez condenó al responsable del accidente al pago de ocho millones de pesos al afectado, que incluían los costos médicos y los de reparación de la moto del demandante. En contra de dicha sentencia se interpuso un recurso de apelación, solicitando únicamente que de la suma a la que fue condenado se descontaran los pagos y reembolsos que el demandante recibió en virtud del seguro obligatorio contratado para su vehículo. Conociendo del recurso, los ministros revocaron parcialmente la sentencia de primera instancia, y descontaron de la indemnización los costos médicos incurridos por el actor, por considerar que éstos habían sido muy elevados para la entidad del accidente y de los daños sufridos por éste. Ello, a pesar de que nadie les solicitó que lo hicieran. En contra de dichos ministros se interpuso recurso de queja, el cual fue acogido por la Corte Suprema, al concluir que los recurridos incurrieron en falta o abuso grave al apartarse del mérito del proceso, toda vez que en la apelación sólo se solicitó el descuento de los pagos recibidos por el demandante de la aseguradora asociados a los daños del vehículo, y no el descuento o disminución de los costos médicos.

En "**Sagredo con SKY Airlines**"[182], una persona compró un pasaje de avión, para que fuera usado por una tercera persona. Sin embargo el vuelo nunca se concretó por motivo de una huelga, lo que obligó a la compra de un nuevo pasaje en otra aerolínea. Ambos individuos, comprador y viajero, interpusieron demandas y querellas fundadas en una serie de infracciones a la LPC y al Código Aeronáutico. El comprador demandó el pago desembolsado por ambos pasajes, el original y el que debió pagar luego de la cancelación del vuelo, una indemnización de 250 UF en virtud del régimen compensatorio establecido en el Código Aeronáutico, y $5.000.000 por daño moral. El viajero, en tanto, demandó únicamente el pago de $5.000.000 por daño moral. En primera instancia se rechazó la demanda en todas sus partes, y sólo se aplicó una multa a la aerolínea por la infracción a la LPC. En segunda instancia se revocó parcialmente la sentencia, aumentándose el monto de la multa, y reconociéndose una indemnización de 100 UF a cada uno en virtud del régimen compensatorio del Código Aeronáutico. En contra de los

181 Corte Suprema, rol 45.844-2016, de 7 de diciembre de 2016.

182 Corte Suprema, rol 40.805-2017, de 5 de marzo de 2018.

ministros que dictaron dicha sentencia la aerolínea interpuso recurso de queja, fundado en que habrían concedido una indemnización que no fue solicitada. Ello puesto que el viajero que demandó sólo demandó el daño moral sufrido, mas no una compensación en virtud del Código Aeronáutico. La Corte Suprema acogió el recurso de queja. *"Sexto: Que, sin embargo, advirtiendo esta Corte que en la especie se ha otorgado esta segunda indemnización a quien no la solicitó en la demanda de autos, aparece palmariamente la falta o abuso grave denunciada, desde que la sola existencia de los mecanismos indemnizatorios detallados en el Código Aeronáutico impide su reconocimiento a quien ni siquiera los ha demandado, defecto que, por último, sólo puede ser corregido por medio de este arbitrio disciplinario".*

Finalmente, en "**Municipalidad de Las Condes con Sociedad Inmobiliaria e Inversiones Lago Azul S.A.**"[183] una municipalidad interpuso una demanda en contra de una empresa por la supuesta infracción a la LGUC, al modificar el interior de un inmueble y aumentar el número de dotaciones sanitarias del mismo, sin contar con los debidos permisos municipales. En primera instancia se acogió la demanda, sin embargo, dicha decisión fue posteriormente revocada por la corte de apelaciones respectiva, al considerar que la empresa ya había sido sancionada por esos mismos hechos, por lo que la decisión del tribunal de primera instancia importaba infringir el principio *non bis in idem*. En contra de los ministros que dictaron la sentencia revocatoria se interpuso recurso de queja, el cual fue acogido por la Corte Suprema, al concluir que los ministros recurridos incurrieron en falta o abuso grave, puesto que de los antecedentes de la causa quedaba en evidencia que para llegar a la conclusión a la que arribaron, tuvieron en consideración hechos y argumentos distintos a los discutidos y probados en el proceso.[184]

2.3.2. *Al omitirse pronunciamientos que le fueron solicitados expresamente por las partes*

En "Pardo con Konecta Chile S.A."[185], una trabajadora interpuso una demanda de nulidad de un finiquito laboral, por un supuesto vicio del consentimiento

183 Corte Suprema, rol 1.494-2018, de 24 de abril de 2018.

184 También se acogió un recurso de queja por infracción al principio de congruencia, al extenderse a puntos que no fueron sometidos a conocimiento del tribunal, en los autos caratulados "CPT con Ministros", rol 26.843 -2018, de 5 de marzo de 2019; y en "Castillo con Comercial Automotriz Miranda Spa", rol 995-2018, de 12 de abril de 2018.

185 Corte Suprema, rol 4.977-2012, de 21 de septiembre de 2012.

en el mismo, toda vez que lo habría firmado sin saber que no podía haber sido despedida por estar embarazada (fuero maternal). El tribunal de primera instancia acogió la demanda y declaró nulo el finiquito, fundado en que a la fecha del despido la trabajadora se encontraba con fuero maternal, derecho irrenunciable, y que firmó el finiquito sólo por desconocimiento de la normativa laboral. Al recurrir de nulidad ante la corte de apelaciones respectiva, la parte demandada denunció dos vicios de la sentencia de primera instancia. El primero, que la misma se había acogido con infracción del artículo 8 del CC, toda vez que la ley se presume conocida de todos. El segundo, que la sentencia no había cumplido con todos los requisitos para su dictación. Al conocer del recurso la corte de apelaciones respectiva lo rechazó, fundado en el primer argumento, sin emitir pronunciamiento alguno respecto del segundo, confirmando con ello la sentencia de primera instancia.

En contra de los ministros que dictaron la sentencia se interpuso recurso de queja, fundado en la infracción del artículo 8 del CC, y del principio de congruencia, puesto que los ministros recurridos omitieron pronunciarse respecto del segundo argumento que fundaba el recurso de nulidad (falta de requisitos de la sentencia). La Corte Suprema acogió ambos argumentos, y con ello el recurso de queja. Concretamente, respecto de la falta de pronunciamiento sobre uno de los argumentos, el Máximo Tribunal señaló que *"Respecto de este punto necesario resulta consignar que, efectivamente, se incurrió en este vicio de nulidad formal, puesto que se modificó la causa de pedir, toda vez que, la actora fundó la nulidad del finiquito en la existencia de un vicio de consentimiento al tiempo de suscribir este instrumento ante notario, sin embargo, el juez a quo no se pronuncia sobre este vicio, sino que hace lugar a la acción en atención a que la actora desconocía la legislación laboral, hecho no alegado por ella ni resultaba procedente tal argumentación, pues conforme al artículo 8 del CC, nadie puede alegar desconocimiento de la ley".*

En los autos "**Álvarez con Walmart Chile S.A.**"[186] un consumidor interpuso querella infraccional y demanda de perjuicios por la LPC en contra de un supermercado, por el robo de su vehículo desde los estacionamientos de la empresa. Ambas acciones fueron acogidas en primera instancia. En segunda instancia la corte de apelaciones confirmó la aplicación de la multa, pero revocó la parte indemnizatoria de la sentencia, al considerar que la misma no había sido lo suficientemente especificada en la demanda, ni acreditada por la actora en el proceso. En contra de los ministros que concurrieron al fallo se interpuso recurso

186 Corte Suprema, rol 21.914-2014, de 7 de enero de 2015.

de queja, fundado en la infracción del principio de congruencia, toda vez que en la demanda sí se especificaba con claridad la pretensión indemnizatoria, la cual además resultó probada en el proceso. La Corte Suprema acogió el recurso, por considerar que se había infringido dicho principio, y con ello incurrido en una falta o abuso grave, puesto que los ministros en cuestión no se pronunciaron respecto de todos los temas que fueron sometidos a su conocimiento, al excluir la decisión respecto de la acción civil interpuesta, la que sí había sido claramente especificada por el actor.

Finalmente, en los autos caratulados "**Constructora Riviera Limitada con Intendente de Valparaíso**"[187] los ministros de una corte de apelaciones rechazaron un recurso de reclamación administrativa interpuesto en contra de una resolución exenta emitida por el intendente de la región. Al hacerlo, sin embargo, se pronunciaron sólo respecto de uno de los argumentos expuestos en el recurso de reclamación, dejando el otro sin pronunciamiento, lo que fue considerado como una falta o abuso grave por la Corte Suprema, que resolvió que *"entre los axiomas rectores del proceso emerge el de la congruencia, relativo a la conformidad que ha de mediar entre la sentencia expedida por el órgano jurisdiccional y las pretensiones que los contendores han expuesto oportuna y formalmente en sus escritos fundamentales agregados al proceso (...) Vigésimo primero: Que del examen de la sentencia (...) los falladores sólo se hicieron cargo de uno de los capítulos en que la reclamante fundó su acción, y se contentaron con discurrir para desestimarla, aquella ilegalidad en que habría incurrido la autoridad al gravar nuevamente los mismos campos a utilidad pública. Empero, los magistrados nada dicen en relación al invocado quebrantamiento de normas ambientales..."*.

2.4. Infracción del principio dispositivo en materia civil

Otro de los pilares estructurales del procedimiento civil es el denominado principio dispositivo, que consiste en que tanto la iniciativa para iniciar un proceso como la responsabilidad de impulsarlo hasta su término recaen en las partes, de modo que son ellas quienes deben decidir si inician o no el litigio, y una vez iniciado, si le dan curso o no.[188] El fundamento legal de esta institución se encuentra en el artículo 10 del COT, que dispone que *"los tribunales no podrán ejercer su ministerio sino a petición de parte salvo en los casos en que la ley les faculte para proceder de*

187 Corte Suprema, rol 18.613-2015, de 5 de mayo de 2016.

188 Cfr. PALACIO (1979), pp. 253 y 254.

oficio". La Corte Suprema, explicando este principio, ha señalado que el mismo consiste en "*que la intervención del juez, tanto en el inicio del proceso, como durante el juicio, se encuentra condicionada a la actuación y requerimiento de las partes, es decir, que el impulso procesal radica en los intervinientes*".[189]

Pues bien, en la misma sentencia anterior la Corte Suprema decidió que cuando un tribunal vulnera el principio dispositivo, y se arroga facultades que no le corresponden en relación al impulso procesal, comete una falta o abuso grave. La infracción en cuestión consistió en que los ministros de una corte de apelaciones, una vez que tuvo lugar la vista de un recurso, de oficio procedieron a declarar que el mismo era inadmisible. A juicio del Máximo Tribunal ello constituyó una infracción al principio dispositivo, y una falta o abuso grave, puesto que esa declaración de inadmisibilidad sólo pudieron haberla efectuado de haber mediado una solicitud de alguna de las partes, lo que en la especie no sucedió.[190]

2.5. Faltas o abusos graves cometidos en el acto de dictación de la sentencia

Si bien las faltas o abusos graves que motivan los recursos de queja siempre se materializan en el contenido de las sentencias, existen una serie de casos en los que esas faltas o abusos no se refieren al fondo de lo resuelto, sino que más bien a la forma en la que se dictan las sentencias. Ejemplos de ello son, por ejemplo, la presencia de pasajes contradictorios, la falta de fundamentación de las sentencias, los errores de formato, confusiones de nombres, entre otros.

2.5.1. Falta de fundamentación de las sentencias

El deber de fundamentación de las sentencias consiste en que el juez, al dictar su sentencia, debe exponer con detalle las razones por las cuales decidió la controversia de la forma en que lo hizo, haciéndose cargo de todos los argumentos vertidos por las partes a lo largo del proceso y de la prueba aportada por ellas en sustento de sus pretensiones.

Esta obligación de los órganos jurisdiccionales es importante por distintas razones. En primer lugar, porque busca asegurar que los conflictos judiciales sean resueltos en conformidad a la ley, libres de toda irregularidad y arbitrariedad.[191]

---

189 "Cordero con Fisco de Chile", rol 7.283-2011, de 23 de enero de 2011.

190 "Cordero con Fisco de Chile", rol 7.283-2011, de 23 de enero de 2011.

191 Llegando a ser catalogado como "*una de las garantías procesales más indiscutidas*", en ROMERO SEGUEL (2000), p. 571.

Ello permite por un lado que las partes tengan la certeza de que todos sus argumentos fueron escuchados y debidamente ponderados, y por otro, que la sociedad en general se asegure que los jueces ajustan su actuar a derecho, y no a otros intereses o presiones que pudieran tener o recibir. Tal como lo señala Alsina "*[L]a sentencia no sólo debe resolver la cuestión sometida a la decisión del juez, sino que también debe llevar al ánimo de los litigantes la convicción de que han sido considerados todos los aspectos de la misma y tomadas en cuenta sus respectivas alegaciones. Ello sólo se consigue con la motivación de la sentencia o sea la exposición de los fundamentos que han determinado la decisión, lo cual, por otra parte, es de esencia en un régimen republicano en el que el juez ejerce la jurisdicción por delegación de la soberanía que reside originariamente en el pueblo y que tiene derecho a controlar sus actos*".[192]

En segundo lugar, la fundamentación de las sentencias es elemental para el funcionamiento de los medios de impugnación.[193] Una sentencia que no se fundamenta no puede ser debidamente impugnada en lo resuelto. Si la parte agraviada ignora las razones que llevaron al tribunal a decidir de la forma en que lo hizo, no estará en condiciones de argumentar en contra de esas razones ante el tribunal superior. Tal como lo ha resuelto la Corte Suprema, "*el señalado deber de los jueces asume una finalidad persuasiva respecto de las partes, en cuanto, al exponer el fallo las razones de carácter fáctico y jurídico, quedarán éstas en situación de comprender la exactitud y corrección de tales razonamientos y que la decisión a la que sirven de sustento o asidero constituye expresión genuina de la ley; y, en la eventualidad de que tal convicción no llegue a producirse, cuenten con los elementos de juicio necesarios para impugnar lo resuelto, utilizando los medios recursivos idóneos al efecto*".[194]

El deber de fundamentar las sentencias se encuentra regulado en distintos pasajes de nuestro ordenamiento jurídico. En términos generales encontramos el Auto Acordado de la Corte Suprema sobre la forma de las sentencias, de 30 de septiembre de 1920, que entre sus numerales 5 al 11 impone a los jueces una serie de obligaciones relacionadas con este tema.[195] En términos particulares, en

192 ALSINA (1957), p. 255.

193 Cfr. ROMERO SEGUEL (2000), p. 577.

194 "Quality Fiber Constructions Chile S.A. con Cicsa Ingeniería Construcción Limitada", rol 3.661-2011, de 1 de septiembre de 2009. En igual sentido se pronunció la Corte Suprema en la causa "Sernac con Banco de Chile", rol 3.627-2011, de 17 de junio de 2011.

195 "*Que las sentencias definitivas (...) Contendrán: (...) 5° Las consideraciones de hecho que sirvan de fundamento al fallo. Se establecerán con precisión los hechos sobre que versa la cuestión que debe fallarse, con distinción de los que hayan sido aceptados o reconocidos por las partes y de*

tanto, existen otras tantas disposiciones que exigen a los tribunales la debida fundamentación de sus sentencias, tales como el artículo 170 del CPC[196], el artículo 66 de la Ley que regula a los Tribunales de Familia[197], el artículo 459 del CT[198], entre otros. Por la importancia de este deber, y las garantías que el mismo otorga tanto a los litigantes como al ordenamiento en general, es que su infracción constituye una falta o abuso grave de parte del tribunal. Así lo ha confirmado la Corte Suprema en distintas ocasiones.

---

aquellos respecto de los cuales haya versado la discusión. 6° Enseguida, si no hubiere discusión acerca de la procedencia legal de la prueba, los hechos que se encuentren justificados con arreglo a la ley y los fundamentos que sirvan para estimarlos comprobados, haciéndose en caso necesario la apreciación correspondiente de la prueba de autos conforme a las reglas legales. 7° Si se suscribe cuestión acerca de la procedencia de la prueba producida, la exposición de los fundamentos que deben servir para aceptarla o rechazarla, sin perjuicio del establecimiento de los hechos en la forma expuesta en los párrafos precedentes para los fines consiguientes. 8° Establecidos los hechos, las consideraciones de derecho aplicables al caso. 9° La enunciación de las leyes o en su defecto de los principios de equidad con arreglo de los cuales se pronuncia el fallo. 10° Tanto respecto de las consideraciones de hecho como de las de derecho, el Tribunal observará al consignarles el orden lógico que el encadenamiento de las proposiciones requiera, y al efecto, se observarán, en cuanto pueda ser aplicable a tribunales unipersonales, lo dispuesto en el artículo 186 del CPC. 11° La parte resolutoria del fallo deberá comprender todas las acciones y excepciones que se hayan hecho valer en el juicio, expresando de un modo determinado y preciso las acciones, peticiones y excepciones que se acepten o rechacen. Podrá omitirse la resolución de aquellas acciones y excepciones que fueren incompatibles con las aceptadas; en este caso el Tribunal deberá exponer los motivos que hubiere tenido para considerarlas incompatibles".

196 *"Las sentencias definitivas (...) contendrán: (...) 4°. Las consideraciones de hecho o de derecho que sirven de fundamento a la sentencia; 5°. La enunciación de las leyes, y en su defecto de los principios de equidad, con arreglo a los cuales se pronuncia el fallo; y 6°. La decisión del asunto controvertido. Esta decisión deberá comprender todas las acciones y excepciones que se hayan hecho valer en el juicio; pero podrá omitirse la resolución de aquellas que sean incompatibles con las aceptadas".*

197 "La sentencia definitiva deberá contener: (...) 3) Una síntesis de los hechos y de las alegaciones de las partes; 4) El análisis de la prueba rendida, los hechos que estime probados y el razonamiento que conduce a esa conclusión; 5) Las razones legales y doctrinarias que sirvieren para fundar el fallo; 6) La resolución de las cuestiones sometidas a la decisión del juzgado...".

198 La sentencia definitiva deberá contener: (...) 3.- Una síntesis de los hechos y de las alegaciones de las partes; 4.- El análisis de toda la prueba rendida, los hechos que estime probados y el razonamiento que conduce a esta estimación; 5.- Los preceptos constitucionales, legales o los contenidos en tratados internacionales ratificados por Chile y que se encuentren vigentes, las consideraciones jurídicas y los principios de derecho o de equidad en que el fallo se funda; 6.- La resolución de las cuestiones sometidas a la decisión del tribunal, con expresa determinación de las sumas que ordene pagar o las bases necesarias para su liquidación, si ello fuere procedente...".

En los autos "**Sernac con Sociedad de Créditos Comerciales S.A.**"[199] un consumidor adquirió un producto por $121.700 pesos en una multitienda, precio que debía ser pagado en 24 cuotas mensuales. Al término del plan de pago, el precio final pagado, sumados los intereses, fue de $215.774 pesos. Frente a lo anterior el consumidor interpuso denuncia ante el juzgado de policía local competente, alegando el cobro de un interés superior al máximo convencional, lo que a su juicio constituía una infracción al artículo 39 de la LPC. En primera instancia el juez rechazó la demanda por considerar que no se había cometido la infracción denunciada, dado que los intereses cobrados se ajustaban a la ley. Sin embargo, en segunda instancia la corte de apelaciones respectiva revocó dicha decisión y sancionó a la empresa denunciada. A juicio de los ministros bastaba con mirar los números involucrados en el conflicto para revocar la sentencia, toda vez que el monto cobrado con intereses era a todas luces superior al máximo convencional, puesto que llegaban casi al 100% del precio inicial del producto. En contra de dichos ministros se interpuso recurso de queja, fundado en que los mismos habrían arribado a su conclusión sin haber efectuado cálculo alguno, limitándose a decidir la controversia a partir de lo que a ellos parecía obvio, sin detenerse a efectuar el cálculo matemático que la decisión de la controversia requería. Algo que era esencial en atención a la naturaleza de lo discutido. El recurso fue acogido por la Corte Suprema, al concluir que los recurridos actuaron con falta o abuso grave al arribar a su decisión a partir de simples especulaciones y conjeturas, lo que constituía una infracción al deber de fundamentar la sentencia.

En la causa "**Sernac con Cencosud Supermercados S.A.**"[200] se interpuso denuncia y demanda por infracción a la LPC en contra de una empresa del retail, por su responsabilidad en el robo sufrido por un consumidor en los estacionamientos que dicha empresa ofrece a sus clientes. En primera instancia ambas pretensiones fueron rechazadas, puesto que no se acreditó la existencia de un contrato que generara términos, condiciones y modalidades propias de la prestación de un servicio de estacionamiento, ni tampoco de negligencia por parte de la empresa, a lo que se agregó el hecho de que el consumidor afectado realizó compras en distintos locales que compartían el estacionamiento, lo que impedía radicar en uno de ellos la infracción denunciada. En segunda instancia la

199 Corte Suprema, rol 3.550-2006, de 16 de noviembre de 2006. En un sentido similar se pronunció el Máximo Tribunal en la causa "Ilustre Municipalidad de Providencia con Ski Charities Chile", rol 22.368-2014, de 30 de octubre de 2014.

200 Corte Suprema, rol 2.919-2010, de 14 de julio de 2010.

corte de apelaciones revocó la sentencia, y condenó a la empresa al pago de una multa, al considerar factible suponer que el servicio de estacionamientos era un servicio suplementario al del supermercado, dispuesto como estrategia comercial para atraer clientes, y cuyo precio lo pagaba el consumidor dentro de las compras efectuadas en el supermercado. En contra de los ministros que concurrieron al fallo revocatorio se interpuso recurso de queja, el cual fue acogido por la Corte Suprema, al concluir que los recurridos actuaron con falta o abuso grave, puesto que infringieron su deber de fundamentar la sentencia, ya que para arribar a su conclusión, y revocar la sentencia de primera instancia, se basaron en "*meras aseveraciones desprovistas de asidero en la causa*".

En la causa "Quality Fiber Constructions Chile S.A. con Cicsa Ingeniería Construcción Limitada"[201] se discutió sobre la procedencia y monto de la indemnización establecida en el inciso final del artículo 4° de la Ley 19.983, modificada por la Ley 20.323, que regula la Transferencia y Otorga Mérito Ejecutivo a Copia de la Factura. Concretamente, una parte interpuso denuncia en contra de la otra por no haber recibido esta última las cuartas copias de una serie de facturas emitidas en el marco de un contrato suscrito entre ambas, solicitando una indemnización de entre dos y cinco veces el monto de las facturas en cuestión según autoriza la ley del ramo (el monto contenido en las facturas ascendía a más de mil millones de pesos). El juez de policía local acogió la denuncia en primera instancia y condenó a la denunciada al pago del doble del valor de las facturas (más de dos mil millones de pesos), al tener por acreditado que la denunciada se negó a recibir las cuartas copias antes mencionadas, lo que constaba en un certificado notarial levantado en el momento en que la denunciante intentó hacer entrega de las referidas copias a la denunciada. La sentencia fue confirmada por la corte de apelaciones respectiva. En contra de los ministros que dictaron la sentencia de segunda instancia se interpuso recurso de queja, el cual fue acogido por la Corte Suprema por considerar, entre otras cosas, que se habían infringido las reglas sobre fundamentación de las sentencias, al no expresar los razonamientos en los que se apoyó la decisión. A juicio del Máximo Tribunal, "*al establecerse por el ordenamiento legal la obligación de fundamentar las sentencias, se pretende que éstas se expidan con arreglo a los criterios de racionalidad y de sujeción a la ley, descartándose con ello preventivamente cualquier asomo de arbitrariedad o despotismo judicial. Al mismo tiempo, se considera que el señalado deber de los jueces asume una finalidad persuasiva respecto de las partes, en cuanto, al exponer el fallo las razones*

201 Corte Suprema, rol 3.661-2011, de 1 de septiembre de 2009.

de carácter fáctico y jurídico, quedarán éstas en situación de comprender la exactitud y corrección de tales razonamientos y que la decisión a la que sirven de sustento o asidero constituye expresión genuina de la ley; y, en la eventualidad de que tal convicción no llegue a producirse, cuenten con los elementos de juicio necesarios para impugnar lo resuelto, utilizando los medios recursivos idóneos al efecto".

En la causa "Sernac con Banco de Chile"[202], la Corte Suprema resolvió que los ministros de una corte de apelaciones incurrieron en una falta grave al dictar su sentencia, toda vez que en ella se limitaron a enumerar las normas en las que supuestamente fundaban su decisión, sin explicarlas ni analizarlas, omitiendo además cualquier mención a los hechos que fueron objeto de la disputa. *"La Corte restringió su decisión a la simple enunciación de normas legales que recogen las reglas generales y excepciones de competencia, además de las normas impertinentes ya mencionadas sin explicación alguna, de modo que no ha señalado las razones por las cuales, de acuerdo a la discusión sometida a su conocimiento, ha acogido los planteamientos de uno u otro interviniente o, si tal vez ha resuelto por otros motivos, omisión que por sí sola constituye una grave falta que debe ser corregida por este tribunal".*

En "Multitiendas Corona S.A. con Inspección Provincial del Trabajo de Temuco"[203] se reclamó judicialmente en contra de una multa impuesta a una empresa, por no haber pagado el bono de reemplazo en huelga a un grupo de trabajadores. En primera instancia dicho reclamo fue rechazado, por lo que la demandante interpuso un recurso de nulidad ante la corte de apelaciones respectiva. La corte de apelaciones rechazó el recurso, y confirmó la sentencia recurrida, limitándose a señalar en breves términos que los reclamos eran improcedentes, y que compartía la interpretación de la ley efectuada por el tribunal de primera instancia. En contra de los ministros se dedujo recurso de queja, fundado en la falta de fundamentación de la sentencia. La Corte Suprema acogió el recurso al concluir que los recurridos incurrieron en falta o abuso grave al no fundamentar debidamente su sentencia, sin que fuera suficiente con declarar que las causales debían ser desestimadas, ni con afirmar que se compartían los criterios empleados por el tribunal inferior. A juicio del Máximo Tribunal, los recurridos debieron, al menos, explicar las razones por las que consideraban que la interpretación y decisión del inferior era correcta.

---

202 Corte Suprema, rol 3.627-2011, de 17 de junio de 2011.

203 Corte Suprema, rol 1.143-2012, de 18 de abril de 2012.

Finalmente, en los autos caratulados "**Constructora Riviera Limitada con Intendente de Valparaíso**"[204] se interpuso un recurso de reclamación ante la corte de apelaciones respectiva, en contra de una resolución exenta emitida por el intendente de la región. Dicha reclamación fue rechazada al considerar que el acto administrativo impugnado carecía de ilegalidades. Sin embargo, en la sentencia no se hizo referencia a la prueba rendida por las partes en sustento de sus pretensiones. Conociendo de un recurso de queja interpuesto en contra de los ministros que concurrieron al fallo, la Corte Suprema consideró como falta o abuso grave el que el tribunal no mencionara, ni mucho menos ponderara, la prueba rendida por las partes en el expediente, lo que constituyó una infracción al deber de fundamentar las sentencias judiciales.

2.5.2. Contener la sentencia pasajes contradictorios

También en relación con la dictación de las sentencias, la Corte Suprema ha considerado una falta o abuso grave que una decisión judicial contenga pasajes contradictorios, lo que ocurre cuando en una misma sentencia se deciden distintas cuestiones, y esas distintas decisiones se oponen entre sí, anulándose. Tal como lo ha señalado el Máximo Tribunal, existen pasajes contradictorios en una sentencia cuando *"lo resuelto de una parte sea en la práctica imposible de cumplir porque a ello se opone lo ordenado en otra. Es decir, deben existir dos o más dictámenes o deliberaciones que recíprocamente se destruyan"*.[205]

Atendido lo elemental que resulta el principio de no contradicción, resulta intolerable que un fallo contenga pasajes contradictorios. Las cosas no pueden ser y no ser al mismo tiempo, existir y no existir, ser falsas y verdaderas. Ello es contrario a las reglas de la lógica más elemental. Por lo tanto, la presencia de pasajes contradictorios en una sentencia constituye una falta o abuso, que será susceptible de ser impugnada mediante recurso de queja, en la medida en que concurran el resto de los requisitos que impone la ley.

Un caso en que se acogió un recurso de queja fue en los autos "**Ramírez con Martínez**"[206], donde la Corte Suprema consideró como una falta o abuso grave por parte de los ministros de una corte de apelaciones el que una sentencia dictada por ellos contuviera pasajes contradictorios, lo que a la larga implicó que

204 Corte Suprema, rol 18.613-2015, de 5 de mayo de 2016.

205 "Bitar con Trigo", rol 27.487-14, de 21 de julio de 2015.

206 Corte Suprema, rol 4.367-2010, de 26 de agosto de 2012.

la sentencia quedara sin ningún sustento, por haberse anulado entre sí sus motivaciones.[207] Asimismo en la causa "**Sociedad Concesionaria Costanera Norte S.A. con Rozas**"[208], una corte de apelaciones confirmó una sentencia de primera instancia que acogió una denuncia interpuesta en contra de un conductor, por las infracciones que éste habría cometido respecto de la ley del tránsito, pero que al mismo tiempo rechazó una demanda por los daños ocasionados a la autopista con la infracción, esto último por considerar la corte que el monto de los perjuicios no fue acreditado en el proceso. En contra de los ministros que dictaron la sentencia se interpuso un recurso de queja, fundado entre otras cosas, en que existía una contradicción de su parte al acoger la denuncia infraccional y al mismo tiempo rechazar la demanda de perjuicios, toda vez que ambas se fundaron en los mismos hechos. Así, a juicio de la recurrente, no se podía haber acogido una y descartado la otra, porque ello implicaría incurrir en una contradicción. La Corte Suprema acogió dicho recurso, por considerar que *"la decisión de los recurridos contiene reflexiones antinómicas para resolver un aspecto de la controversia, toda vez que obviando la realidad fáctica que el propio tribunal dio por comprobada para efectos de sancionar al conductor del móvil en lo infraccional, desconoce esos sucesos para sustentar el rechazo de la demanda civil, proceder que amerita acoger el recurso de queja intentando a fin de enmendar la falta que se ha manifestado (...)"*.

2.5.3. *Por tener la sentencia defectos de formato*

Finalmente, la Corte Suprema ha considerado como una falta o abuso de parte del tribunal, que dicte una sentencia incurriendo en errores de formato. Concretamente, en la causa "**Ortega con Universidad Tecnológica de Chile Inacap**"[209] una corte de apelaciones, al dictar su sentencia rechazando un recurso de nulidad, lo hizo incluyendo párrafos completos que pertenecían a otra sentencia, dictada en un procedimiento diverso que no tenía nada que ver con el proceso en cuestión. Ello implicó que parte importante de la sentencia se refiriera a hechos y el derecho de una disputa distinta, quedando descontextualizada la decisión adoptada. En contra de los ministros que dictaron la sentencia se interpuso recurso de queja, el cual fue rechazado por la Corte Suprema, puesto que al conocer del mismo

---

207 Si bien en este caso el recurso de queja se declaró inadmisible, la Corte Suprema hizo uso de sus facultades disciplinarias para corregir de oficio la falta o abuso grave que tuvo por configurada.

208 Corte Suprema, rol 8.467-2010, de 23 de marzo de 2011.

209 Corte Suprema, rol 14.936-2018, de 14 de agosto de 2018.

ya se habían subsanado los defectos denunciados, y se había ordenado que otra sala de la corte de apelaciones respectiva volviera a conocer del asunto. Eso sí, ello no impidió que el Máximo Tribunal considerara el actuar de dichos ministros como una falta o abuso.

2.6. Violación de las reglas que regulan la prueba

La etapa probatoria del procedimiento está destinada a que las partes aporten las evidencias en las que apoyan sus alegaciones o defensas. La importancia de esta etapa procesal radica en que dichas evidencias permiten al juez comprobar la veracidad de los hechos que conforman el conflicto, un requisito elemental en la labor de administrar justicia, puesto que la decisión de un conflicto no pasa por los dichos vertidos por las partes en el expediente, sino que por los hechos que ellas lograron probar.[210] Como enseña Couture, *"como el juez es normalmente ajeno a esos hechos sobre los cuales debe pronunciarse, no puede pasar por las simples manifestaciones de las partes, y debe disponer de medios para verificar la exactitud de esas proposiciones. Es menester comprobar la verdad o falsedad de ellas, con el objeto de formarse convicción a su respecto"*.[211]

Tal es la importancia de la actividad probatoria, que la misma ha sido considerada como una parte elemental del debido proceso y la bilateralidad de la audiencia[212], y ha llevado a la introducción de una serie de normas que resguardan su ejercicio, tanto en lo que se refiere a la aportación de prueba por las partes, como al uso que el tribunal hace de ella al decidir la controversia. Según se explica a continuación la infracción de estas normas constituye una falta o abuso, y podría llevar al acogimiento de un recurso de queja. Así lo ha confirmado en distintas ocasiones la Corte Suprema.

2.6.1. Infracción de las reglas sobre valoración de la prueba

La valoración de la prueba consiste en determinar la eficacia de los medios probatorios acompañados por las partes, como también, el peso que cada uno de ellos tiene en la decisión final del juzgador.[213] Históricamente los métodos más

---

210 RODRÍGUEZ PAPIC (2009), p. 91.

211 COUTURE, *ob. cit.*, p. 178.

212 Cfr. EVANS DE LA CUADRA, *ob. cit.*, p. 144.

213 Cfr. MONTERO AROCA (2007), p. 602.

importantes de valoración de la prueba han sido el sistema de prueba legal y el sistema de prueba libre.

El de prueba legal se caracteriza porque el valor de las probanzas es asignado expresamente por la ley.[214] El sistema de prueba libre, en tanto, es aquel que reconoce al tribunal la facultad de determinar el valor que le otorga a cada medio de prueba.[215] Sin embargo, últimamente ha tomado fuerza en nuestro país la figura de la sana crítica, un sistema de valoración de la prueba que es intermedio a los dos ya mencionados[216], y que si bien le reconoce al juez libertad al momento de valorar la prueba, ese ejercicio debe hacerlo con arreglo a ciertos límites, que son las reglas de la lógica, las máximas de la experiencia y los conocimientos científicamente afianzados.[217] Según se explica a continuación, la infracción a las reglas de valoración de la prueba ha sido considerada por la Corte Suprema como una falta o abuso grave en distintas ocasiones.

En la causa "**Paredes con Cine Hoyts SpA**"[218] un cliente de un cine interpuso una demanda de indemnización de perjuicios en contra de éste, por los daños que sufrió al caerle encima un cartel de publicidad que se desprendió del techo mientras estaba dentro de sus dependencias. Los perjuicios demandados fueron el daño emergente y el daño moral. En primera instancia se accedió íntegramente a sus pretensiones. En segunda instancia, sin embargo, la corte de apelaciones revocó la condena por daño moral, y redujo aquella por daño emergente, fundada en que no existirían antecedentes suficientes para tener por acreditados los daños en cuestión. En contra de tales ministros se interpuso recurso de queja, fundado en una supuesta infracción a las reglas de la sana crítica. La Corte Suprema acogió el recurso, puesto que a su juicio los recurridos, para resolver como lo hicieron, se alejaron de ciertos antecedentes probatorios que constaban en el proceso, y que demostraban la procedencia de ambas pretensiones, lo que configuró una infracción a las reglas de la sana crítica, y por lo tanto, una falta o abuso grave.

En la causa "**Latorre con Megavisión S.A.**"[219] un canal de televisión fue demandado en sede laboral por una de sus presentadoras de noticias, por el pago de una serie de prestaciones laborales que se encontrarían pendientes. En su defensa, el demandado alegó que el vínculo que existía entre él y la demandante

214 Cfr. TARUFFO (2008), pp. 133 a 137.

215 Cfr. Ibid.

216 Cfr. GONZÁLEZ CASTILLO (2006), p. 95.

217 "Paredes con Cine Hoyts SpA", rol 8.426-2015, de 11 de agosto de 2015.

218 Corte Suprema, rol 8.426-2015, de 11 de agosto de 2015.

219 Corte Suprema, rol 5.639-2011, de 30 de septiembre de 2011.

no era de carácter laboral, sino que de carácter civil, lo que se desprendería de una serie de antecedentes probatorios, tales como los contratos a honorario suscritos sucesivamente a lo largo de varios años entre ellos, las boletas de honorario emitidas por la locutora, entre otros, todos los cuales fueron reconocidos por la actora en el proceso. Sin perjuicio de lo anterior, el tribunal de primera instancia acogió la demanda laboral y condenó al canal a pagar las sumas demandadas, por concluir que el vínculo que había existido entre las partes era de carácter laboral. Dicha decisión fue confirmada posteriormente por la corte de apelaciones respectiva. En contra de los ministros que dictaron el fallo se dedujo recurso de queja, fundado entre otras cosas, en la infracción a las reglas de la sana crítica, y concretamente, a las máximas de la lógica y de la experiencia. La Corte Suprema acogió el recurso, al concluir que los recurridos incurrieron en la falta o abuso grave denunciada, toda vez que los antecedentes que constaban en el proceso, confesión incluida, dejaban en evidencia que el vínculo que unía a ambas partes era civil y no laboral, por lo que valorar la prueba como lo hicieron, implicó una infracción a las reglas de la sana crítica.

En los autos "**Sernac con Supermercados San Francisco Buin S.A.**"[220] se discutió sobre quién debía responder por los daños sufridos por un consumidor al que le robaron el automóvil en un estacionamiento ubicado en un centro comercial. El consumidor sostuvo que la responsable era la empresa dueña del supermercado en el que estaba comprando al momento del robo, mientras que la empresa demandada afirmó que la responsable era la empresa dueña del centro comercial en el que se encontraban tanto los estacionamientos como el supermercado. A juicio de la demandada dado que en el centro comercial existían muchos otros vendedores, y que los consumidores de todos ellos utilizaban los estacionamientos, no podía considerarse que fuera ella y no la empresa dueña del centro comercial, quien le debía responder al consumidor. Conociendo en segunda instancia del asunto, una corte de apelaciones resolvió que la demandada debía considerarse como proveedora del servicio de estacionamientos, toda vez que ella se aprovechaba de éstos para atraer clientes. Dado que la demandante utilizó el estacionamiento para comprar en el supermercado de la demandada, esta última debía responder por los daños. En contra de los ministros que dictaron la sentencia se interpuso recurso de queja, el cual fue acogido por la Corte Suprema, que concluyó que los recurridos habían incurrido en falta o abuso grave al infringir las reglas de la sana crítica, puesto que ignoraron una serie de antecedentes probatorios que

220 Corte Suprema, rol 5.533-2008, de 14 de mayo de 2009.

daban cuenta de que el estacionamiento era ofrecido, atendido y custodiado por el mall y no por el supermercado, lo que necesariamente debió haberlos llevado a rechazar la demanda de autos.

En "**Valenzuela con Moche Peruvian Bar**"[221], se interpuso un recurso de queja en contra de los ministros de una corte que revocaron una sentencia de primera instancia, en la que se había condenado a un restaurant al pago de una multa y de una indemnización de perjuicios, por la intoxicación con salmonella de uno de sus clientes. El recurso se fundó en que los ministros respectivos ignoraron una serie de antecedentes probatorios que constaban en el proceso, lo que los llevó a concluir que la demandante no había logrado acreditar que contrajo la salmonella en el restaurant. Conociendo del recurso, la Corte Suprema lo acogió, al concluir que efectivamente se habían desatendido una serie de antecedentes probatorios que habían sido aportados por las partes al proceso, y que demostraban que el cliente se contagió en ese restaurante, lo que constituyó una infracción a las reglas sobre valoración de la prueba.

De los fallos anteriores se desprende una situación bastante particular, puesto que, de una forma u otra, en ellos la Corte Suprema se abocó a realizar una labor que le está vedada –valoración de la prueba– particularmente por tratarse de recursos de queja. Si bien lo que se denunció en los respectivos recursos de queja fueron supuestas faltas o abusos graves de los tribunales, lo cierto es que las distintas sentencias demuestran que en ellas en realidad no existió una infracción a las reglas de valoración de la prueba, sino que más bien una diferencia de criterios entre las cortes de apelaciones y la Corte Suprema respecto de las conclusiones alcanzadas a partir del ejercicio de valoración. Así lo confirman frases tales como "*analizando la prueba rendida en el proceso*"; "*del mérito de los antecedentes probatorios rendidos en el juicio*"; "*que la prueba rendida en los autos daba cuenta que*" o que "*de los antecedentes de la causa (…) no emanan pruebas múltiples, graves, precisas, concordantes y conexas*", que forman parte de dichas sentencias.

Lo anterior es complejo, puesto que en la práctica, en estos casos los recursos de queja constituyeron una nueva instancia para revisar y discutir tanto los hechos como el derecho, algo que se opone a varias de las características del arbitrio en estudio, como son la excepcionalidad, el carácter eminentemente disciplinario, entre otras.

Sin embargo, existen múltiples casos en los que la Corte Suprema se ha apartado de la postura anterior, negándose a acoger los recursos de queja en los

221 Corte Suprema, rol 154-2018, de 18 de octubre de 2018.

que se cuestiona la labor apreciativa de la prueba por parte del tribunal inferior (de hecho son la mayoría). En todos ellos señala expresamente que atendida la naturaleza y características del recurso, no le corresponde entrar a revisar las valoraciones efectuadas por sus inferiores. Ejemplos de lo anterior son los fallos dictados en "**Conaf con Hidroeléctrica Ñuble SpA**"[222], donde la Corte Suprema resolvió *"Que, como ha sido repetidamente resuelto por este Tribunal, el ejercicio de este recurso disciplinario no tiene lugar en los casos en que se enfrenta una diferencia de opiniones entre las partes y los tribunales, en relación a la valoración de los elementos de convicción o a la interpretación jurídica de las normas sustantivas o procesales…"*. Un criterio similar se adoptó en "**Sernac con Inmobiliaria Socovesa Santiago S.A.**"[223], al resolver que *"la decisión de los recurridos, contrastada con las argumentaciones de la quejosa, claramente representa una legítima diferencia en la determinación de si los hechos establecidos en el fallo mediante el sistema de sana crítica (…) diferencia que no llega a constituir una falta o abuso grave que amerite la interposición de un recurso de la naturaleza de que se trata"*.[224]

Si bien este segundo criterio es el mayoritario, y el que más se adecúa a la naturaleza, características y objetivos del recurso de queja, inevitablemente existirán casos en los que el tribunal superior que conoce de ese recurso deberá valorar la prueba, y por lo tanto convertirse en la práctica en una tercera instancia. Desde el minuto en que la ley autoriza a dichos tribunales a ejercer una actividad jurisdiccional en el contexto de un control disciplinario, lo lógico es que a ese tribunal superior se le reconozcan todas las herramientas para poder ejercer su jurisdicción de forma adecuada, incluida la de valorar nuevamente la prueba rendida. Lo importante es que esos casos sean los menos posibles, y que dicha "tercera instancia" sólo se gatille cuando efectivamente haya habido una violación de las reglas reguladoras de la prueba, y no una mera diferencia de criterios al momento de su apreciación.

2.6.2. *Ignorar en todo o en parte la prueba rendida en el proceso*

Dentro de los requisitos con los que debe cumplir una sentencia judicial se encuentra la exposición de los medios de prueba aportados por las partes, y el razonamiento del tribunal respecto de los mismos. El Autoacordado de la Corte

222 Corte Suprema, rol 2.522-2018, de 29 de mayo de 2018.

223 Corte Suprema, rol 39.731-2017, de 23 de enero de 2018.

224 Pronunciamientos similares se encuentran en "Harambillet con Punto Ticket S.A.", rol 40.741-2017, de 8 de febrero de 2018; en "Bugueño con Abengoa Chile S.A.", rol 42.417-2017, de 2 de enero de 2018; entre otros.

Suprema sobre la Forma de las Sentencias, de 30 de septiembre de 1920, dispone que las sentencias definitivas deberán contener, entre otras cosas, *"los hechos que se encuentren justificados con arreglo a la ley y los fundamentos que sirvan para estimarlos comprobados, haciéndose en caso necesario la apreciación correspondiente de la prueba de autos conforme a las reglas legales"*. De ello se sigue que al hacerse cargo de la prueba rendida, el tribunal no sólo está obligado a señalar los medios de prueba que fueron acompañados, sino que también a especificar la forma en que los mismos influyeron o no influyeron en la decisión adoptada. Según veremos a continuación no hacerlo ha sido considerado por la Corte Suprema como una falta o abuso grave.

En la causa "**Multitiendas Corona S.A. con Otarola**"[225], en que se discutió sobre las supuestas infracciones a la LPC en las que habría incurrido una empresa del retail, a partir de la reacción que algunos de sus guardias tuvieron en contra de una consumidora luego de que a ésta se le activaran las alarmas anti hurto dispuestas en la puerta del establecimiento. La consumidora afectada, como medio de prueba, acompañó un parte policial levantado luego del incidente, en el que sólo constaba su versión de los hechos. El tribunal de primera instancia rechazó la demanda por falta de pruebas. La corte de apelaciones respectiva, sin embargo, revocó dicha sentencia y condenó a la empresa, basada en el parte policial acompañado por la consumidora, y sin hacer referencia a otra prueba aportada al proceso por la demandada. En contra de los ministros que dictaron la sentencia en segunda instancia se interpuso recurso de queja, el cual fue acogido por la Corte Suprema, al concluir que ellos incurrieron en falta o abuso grave al no ponderar toda la prueba que constaba en el expediente, sino que sólo el parte policial aportado por la demandante, el que por lo demás, había sido completado sólo con su versión de los hechos.[226]

Una situación similar se produjo en "**Lagos con Paillamilla**"[227], en la que se acogió un recurso de queja interpuesto en contra de los ministros de una corte de apelaciones, que no consideraron en su sentencia una confesión expresa dada en el juicio por la parte demandada, que sustentaba las pretensiones de la demandante.

Se hace presente que el deber del tribunal de ponderar la prueba rendida, no se satisface con la mera enunciación en la sentencia de los medios de prueba

225 Corte Suprema, rol 4.318-2008, de 22 de octubre de 2008.

226 En igual sentido se resolvió "Álvarez con Walmart Chile S.A.", rol 21.914-2014, de 7 de enero de 2015.

227 Corte Suprema, rol 5.104-2013, de 28 de octubre de 2013.

existentes en el proceso. Lo que exige el Autoacordado respectivo es que los medios de prueba sean ponderados, y ello exige una explicación respecto de la forma en que influyeron o no en la decisión adoptada. En ese sentido, existen pronunciamientos de la Corte Suprema en los que la mera enunciación de los medios de prueba ha sido considerada una falta o abuso grave de parte de los magistrados que dictan la sentencia.

En ese sentido, en los autos "**Soto con Banco Estado**"[228] se acogió un recurso de queja interpuesto en contra de los ministros de una corte de apelaciones que, pronunciándose sobre una apelación deducida en contra de una sentencia de primera instancia, la revocaron, y al hacerlo omitieron efectuar un análisis detallado de gran parte de la prueba que constaba en el proceso, limitándose únicamente a enumerarla en el fallo. *"SÉPTIMO: Que el análisis del fallo en que incide este recurso, conduce a la conclusión de que el mismo se encuentra desprovisto de consideraciones respecto de la abundante prueba documental presentada por la propia actora, la que sólo es mencionada al reproducir parcialmente el veredicto de primer grado, sin que se advierta una reflexión atenta de la misma por parte de los juzgadores, quienes se refieren a ella en forma aislada, sin llegar a relacionarla como lo dispone la sana crítica, que exige fijar los hechos y circunstancias que se tuvieron por probados, haciéndose cargo de todos los elementos de convicción aportados al juicio".*

2.6.3. *Cambiar el contenido de la prueba*

El tribunal está llamado a apreciar la prueba que rindieron las partes, pero no a definir el contenido de la misma. En ese sentido un tribunal no puede atribuir una confesión a quien no la prestó, alterar la declaración de un testigo ni tampoco el contenido de un documento. Según hemos señalado, es un principio básico del derecho procesal que el tribunal juzgue de acuerdo al mérito del proceso, lo que implica no sólo atenerse a las alegaciones y defensas de las partes, sino que también a las pruebas aportadas, y al contenido preciso de las mismas. Es por ello que constituye una falta o abuso grave que un tribunal altere el contenido de la prueba rendida en el juicio, sobre todo si posteriormente funda su decisión en esa prueba.

En la causa "**Ramírez con Martínez**"[229], relacionada con un accidente de tránsito, la corte de apelaciones respectiva procedió a alterar el contenido de

228 Corte Suprema, rol 40.652-2016, de 5 de septiembre de 2016.
229 Corte Suprema, rol 4.367-2010, de 26 de agosto de 2012.

distintas pruebas aportadas por las partes al juicio. Entre otras cosas, cambió el rol que jugó cada uno de los afectados por el accidente, y asignó una declaración judicial a una parte distinta a la que en realidad la había prestado en el proceso. Y lo que es más grave aún, todo ello llevó a que fuera revocada la sentencia dictada en primera instancia, en la que el juez sí se había estado al contenido correcto de la prueba. Todo lo anterior constituyó una falta o abuso grave, que llevó al acogimiento del recurso de queja.

2.6.4. *Indemnizar daños que no fueron acreditados por quien los perseguía*

Uno de los principios elementales de la responsabilidad civil es que los daños, para ser indemnizados, deben ser acreditados por quien los reclama.[230] Esta regla rige tanto para la responsabilidad contractual[231] como para la extracontractual[232], y sea que se trate de daños patrimoniales o extrapatrimoniales. Tal como señala Fueyo, *"todo daño debe probarse, sea patrimonial, sea extrapatrimonial. El método y el objeto sobre que recae la prueba, y su extensión, serán diferentes según la clase de daño; pero esa es una cuestión aparte y no hace excusable la prueba que se ha de rendir en todo caso"*.[233] De lo anterior se sigue que un tribunal está impedido de conceder la indemnización de un perjuicio, si es que el mismo no fue suficientemente acreditado en el proceso, y en caso de hacerlo, incurrirá en una falta o abuso grave.

En la causa "Soto con CAR S.A."[234] se interpuso una denuncia por infracción a la LPC y una demanda de indemnización por daño moral, por ciertas infracciones a dicha ley en la que habría incurrido una empresa. En lo que aquí importa, la empresa habría enviado al cliente a Dicom por una deuda que éste mantenía pendiente, lo que le habría ocasionado daño moral. En primera instancia se acogieron la denuncia y la demanda, y se condenó a la empresa al pago de una multa a beneficio fiscal, y de una indemnización de $500.000 por daño moral. Conociendo en segunda instancia del asunto, una corte de apelaciones confirmó la sentencia, al estimar que el daño moral era evidente (por haberse enviado al cliente a Dicom), y que no requería prueba. En contra de los ministros que

230 Cfr. ABELIUK MANASEVICH (2014), p. 952.

231 Cfr. RODRÍGUEZ GREZ (2003), p. 252.

232 Cfr. BARROS BOURIE (2006), p. 236.

233 FUEYO LANERI (1990), pp. 105 y 106.

234 Corte Suprema, rol 6.167-2007, de 20 de mayo de 2008.

dictaron la sentencia se interpuso recurso de queja, fundado entre otras cosas, en haber concedido una indemnización que no resultó probada en el juicio. La Corte Suprema acogió el recurso, al concluir que constituye una falta o abuso grave conceder la indemnización de perjuicios que no fueron probados por quien los pretende, sin que fuera posible para los magistrados recurridos obviar la necesidad de esa prueba, como lo hicieron en su sentencia.

Una situación similar tuvo lugar en los autos caratulados "**Zúñiga con Clínica Alemana de Temuco S.A.**"[235], en los que una persona interpuso demanda y querella en contra de un hospital, por su supuesta infracción a la LPC. Concretamente, el recinto de salud habría cancelado ciertas prestaciones médicas ordenadas por uno de sus doctores, por una deuda pendiente que mantenía el paciente con el hospital. En primera instancia se acogieron las acciones, y se condenó al hospital al pago de una multa y de una indemnización de perjuicios. Dicha sentencia fue confirmada por la corte de apelaciones. En contra de los ministros que confirmaron la sentencia se interpuso recurso de queja, el cual fue acogido por la Corte Suprema al considerar que se había condenado al hospital a pagar perjuicios que no fueron acreditados.

Finalmente, en "**Novoa con Microgeo S.A.**"[236] un consumidor interpuso una demanda por daño emergente y daño moral en contra de una empresa que le vendió un equipo de GPS, el cual habría presentado defectos de funcionamiento. En primera instancia se rechazaron ambas pretensiones. En segunda instancia, la corte de apelaciones respectiva revocó la sentencia y condenó a la demandada al pago de $11.000.000 de pesos por daño emergente y $4.000.000 de pesos por daño moral, esta última cifra fijada prudencialmente por los ministros, a partir de los contratiempos y disgustos que a juicio de ellos sufrió el demandante. En contra de los ministros que dictaron el fallo se interpuso recurso de queja, el cual fue acogido por la Corte Suprema al considerar que dichos ministros cometieron falta o abuso grave al conceder la indemnización por daño moral, puesto que la misma no fue acreditada en el proceso, sin que fuera suficiente para hacerlo la sola consideración de las contrariedades o disgustos sufridos por el demandante a causa de las fallas experimentadas por el producto.

235 Corte Suprema, rol 22.184-2016, de 22 de junio de 2016.

236 Corte Suprema, rol 36.734-2017, de 15 de enero de 2018.

2.6.5. *Alterar la carga de la prueba de las partes*

Las reglas sobre la carga de la prueba tienen por objeto definir a cuál de las partes del proceso corresponde probar cada uno de los hechos que ahí se discuten, para lograr el éxito de sus respectivas pretensiones. En nuestro ordenamiento jurídico es el legislador quien se encarga de distribuir la carga de la prueba y la regla general se encuentra contenida en el artículo 1698 del CC, que dispone que *"incumbe probar las obligaciones o su extinción al que alega aquéllas o ésta"*. Sin embargo en los distintos procedimientos existen una serie de otras normas que cumplen la misma finalidad.[237]

Las reglas sobre la carga de la prueba afectan tanto a las partes como al tribunal.[238] Desde el punto de vista de las partes, tener la carga de la prueba consiste en la necesidad de probar un determinado hecho para lograr el éxito de sus pretensiones. Así, si una parte debía probar un hecho y no lo prueba, sea porque no lo intentó o porque lo intentó y no pudo, la consecuencia será que las pretensiones que se apoyan en ese hecho no podrán prosperar, puesto que como se ha dicho, las decisiones judiciales se basan sobre hechos probados y no sobre hechos afirmados. Tal como señala Peñailillo, la parte *"puede llevar prueba o no, pero si no lo hace, siendo necesario para demostrar los actos o hechos fundantes, verá fracasar sus peticiones. Así, lo que en un sentido constituye una facultad, en otro es una obligación, en cuanto conminación bajo consecuencia adversa"*.[239] Desde el punto de vista del tribunal, en tanto, las reglas de la carga de la prueba le imponen ciertas obligaciones a la hora de dictar su sentencia, puesto que deberá definir, de acuerdo a la ley, a qué parte tocaba probar un determinado hecho, y en caso de que el mismo no resulte probado, radicar en esa parte las consecuencias negativas de su omisión.[240] Según veremos a continuación, la Corte Suprema ha decidido en distintas ocasiones que un tribunal comete falta o abuso grave cuando infringe las reglas de la carga de la prueba.

---

237 Por ejemplo el artículo 700 del CC presume dueño al poseedor de la cosa, el artículo 1547 del mismo cuerpo legal impone al deudor la carga de probar que actuó con diligencia, el artículo 144 número 5 del DL 2.222 que presume que el derrame o vertimiento de sustancias contaminantes del medio ambiente marino produce daño ecológico. Y como estos existen otros muchos ejemplos.

238 Cfr. PALOMO VELEZ (2013), pp. 447-464.

239 PEÑAILILLO ARÉVALO (1993), p. 49.

240 Cfr. PALOMO VELEZ, *ob. cit.*, p. 452.

En la causa "**Olivares con Empresa Frontel S.A.**"[241] un consumidor demandó a una empresa eléctrica por los daños sufridos en sus electrodomésticos a causa de un corte del suministro eléctrico. En primera instancia la demanda fue acogida. La corte de apelaciones respectiva, sin embargo, revocó la sentencia y rechazó la demanda, por concluir que el consumidor no había logrado acreditar que la empresa infringió su deber de diligencia y cuidado. En contra de los ministros que dictaron la sentencia revocatoria se interpuso recurso de queja, fundado en que los mismos habían alterado la carga de la prueba, puesto que exigieron al consumidor acreditar el deber de diligencia del proveedor, siendo que era este último quien debía acreditar su propia diligencia. La Corte Suprema acogió el recurso, por considerar que los recurridos, al imponer al consumidor afectado la carga de probar que el proveedor de electricidad no había actuado de forma diligente, incurrieron en una falta o abuso grave, toda vez que era a la empresa a quien correspondía demostrar su diligencia.

En "**Rozas y otro con Administradora de Supermercado Hiper Líder Limitada**"[242] una consumidora interpuso una demanda y querella infraccional en contra de una empresa del retail, por los daños que sufrió su vehículo cuando estaba estacionado en el estacionamiento del supermercado. En primera instancia se acogieron las acciones y la empresa fue condenada al pago de una multa y a indemnizar el daño moral sufrido por la consumidora. En segunda instancia dicha sentencia fue revocada, puesto que a juicio de la corte de apelaciones respectiva, la demandante no logró acreditar que la demandada había infringido el deber de diligencia en materia de seguridad que le imponía el artículo 23 de la LPC. En contra de los ministros que dictaron la sentencia de segunda instancia se interpuso recurso de queja, el cual fue acogido por la Corte Suprema, al considerar que con lo resuelto se había alterado la carga de la prueba, puesto que no correspondía exigir al consumidor acreditar algo que según la ley tocaba probar al proveedor, lo que constituyó una falta o abuso grave.

2.7. La vulneración de la cosa juzgada

Otro conjunto de normas procesales cuya infracción constituye una falta o abuso grave, es el de las que regulan la institución de la cosa juzgada. Esta figura, a grandes rasgos, busca evitar que un asunto que ya fue conocido y resuelto por

241 Corte Suprema, rol 8.126-2009, de 26 de abril de 2010.
242 Corte Suprema, rol 26.864-2014, de 15 de abril de 2015.

un tribunal, sea revisado nuevamente por el mismo o por otro tribunal[243], a fin de resguardar la certeza y estabilidad jurídica de aquellos que se vieron envueltos en el pleito. Tal como lo ha señalado la Corte Suprema, *"la cosa juzgada es una institución de orden público y constituye uno de los fundamentos necesarios del régimen jurídico al asegurar la certidumbre y estabilidad de los derechos que ella consagra"*.[244]

La importancia de este principio queda de manifiesto al revisar los mecanismos dispuestos para su protección. Por ejemplo, el CPC incluye la infracción a la cosa juzgada como una de las causales del recurso de casación en la forma (artículo 768 N° 6), y del recurso de revisión (artículo 810 N° 4). El procedimiento de familia también lo considera como causal de casación en la forma, según se desprende del artículo 67 N° 6 letra b) de la ley 19.968. En el procedimiento laboral, en tanto, una de las causales del recurso de nulidad es la infracción al principio de cosa juzgada, en virtud de lo dispuesto en el artículo 478 letra f) del CT. Es por ello que la infracción de las reglas de la cosa juzgada por parte del tribunal constituye una falta o abuso. Eso sí, dada la existencia de otros mecanismos para denunciar este vicio, no son frecuentes los recursos de queja interpuestos en la materia.

Una excepción encontramos en la causa "**Cordero con Fisco de Chile**"[245], en la que el Máximo Tribunal acogió un recurso de queja interpuesto en contra de los ministros de una corte de apelaciones que, en la tramitación de un recurso de apelación, y después de haber decretado autos en relación y efectuado la vista de la causa, procedieron a declarar inadmisible el recurso. A juicio de la Corte Suprema el actuar de los recurridos constituyó una falta o abuso grave, puesto que entre otras cosas vulneró el efecto de cosa juzgada que produjo la resolución que ordenó traer los autos en relación, y que tuvo por admisible el recurso de apelación en cuestión. El haber declarado admisible el recurso implicaba que dicha admisibilidad no podía volver a ser revisada, y haberlo hecho fue considerado como una falta o abuso grave, que culminó con el acogimiento del recurso de queja interpuesto.

En materia laboral, en los autos "**Corporación Municipal de Quinchao con Corte de Apelaciones**"[246], la Corte Suprema acogió un recurso de queja interpuesto en contra de los ministros de una corte de apelaciones que acogieron un recurso de nulidad y rechazaron la demanda, por considerar que la acción había

---

243 Cfr. ROMERO SEGUEL (2002), p. 7.

244 Corte Suprema, 9 de mayo de 1958, RDJ, t. 55, secc. 1, p. 71.

245 Corte Suprema, rol 7.283-2011, de 23 de enero de 2011.

246 Corte Suprema, rol 25.177-2018, de 2 de enero de 2019.

caducado, a pesar de que dicha caducidad ya había sido rechazada por el tribunal de primera instancia en la audiencia preliminar del juicio, quedando zanjado en esa oportunidad el tema. De hecho, la parte afectada por esa decisión (y que posteriormente interpuso la nulidad), no impugnó la decisión en cuestión, la que por lo tanto quedó protegida por el efecto de cosa juzgada. A juicio del Máximo Tribunal, la vulneración del efecto de cosa juzgada constituyó una falta o abuso grave, suficiente para acoger el recurso de queja interpuesto.

2.8. Infracción de las reglas sobre plazos

También constituye una falta o abuso grave, y podría motivar la interposición del recurso de queja, la infracción a las normas que regulan los plazos procesales. Dentro de esas infracciones se encuentran, por ejemplo, el conteo equivocado de los días que componen el plazo, aplicar un plazo distinto al establecido en la ley, aplicar una regla de cómputo distinta a la que corresponde, entre otras. Atendida la sensibilidad que tienen los plazos en los procedimientos, y las graves consecuencias que su incumplimiento generalmente ocasiona, es lógico que la vulneración por parte del tribunal de las normas que los regulan, sea considerada como una falta o abuso. Así como la regla de la preclusión procesal opera con todo rigor sobre los litigantes, parece razonable que el mismo rigor sea impuesto a los tribunales para asegurarse que ellos apliquen de forma adecuada las normas sobre plazos.

En la causa "**Agrícola San Isidro Limitada con DGA**"[247] un particular interpuso una reclamación ante una corte de apelaciones en contra de una resolución dictada por la DGA, dentro del plazo de treinta días que dispone el artículo 137 del Código de Aguas. Dado que dicha norma no especifica si se trata de días hábiles o corridos, la recurrente consideró que el plazo era de días hábiles, ya que a su juicio resultaban aplicables las normas supletorias del CPC. No obstante lo anterior, la corte de apelaciones respectiva declaró inadmisible el recurso por extemporáneo, puesto que a su juicio las normas supletorias aplicables eran las del CC, artículo 50, que dispone que los plazos son de días corridos. Conociendo de un recurso de queja interpuesto en contra de los ministros que declararon la inadmisibilidad, la Corte Suprema consideró que los mismos incurrieron en falta o abuso grave al obrar como lo hicieron, puesto que a su juicio a falta de una ley específica sobre la materia, la norma aplicable en relación a los plazos era la

247 Corte Suprema, rol 5.576-2012, de 4 de octubre de 2012.

contenida en la ley 19.880, que regula los procedimientos administrativos, y que señala que los plazos son sólo de días hábiles, excluyéndose por lo tanto los días sábados, domingos y festivos.

En la causa "**Huillin con PM Construcción e Ingeniería S.A.**"[248] el tribunal de primera instancia rechazó por extemporánea una demanda, debido a que computó de forma incorrecta el plazo. En simples palabras, contó mal los días del plazo. La corte de apelaciones respectiva confirmó la sentencia de primera instancia. En contra de los ministros que confirmaron el fallo se interpuso un recurso de queja, el cual fue acogido por la Corte Suprema, que consideró que si bien se habían utilizado las reglas adecuadas sobre plazos, ellas habían sido mal aplicadas, lo que constituyó una falta o abuso grave. Tal como se desprende del fallo en cuestión, fue esencial para el acogimiento del recurso de queja el hecho de que con la extemporaneidad declarada, se privara al demandante de su derecho a la tutela judicial efectiva.[249]

Finalmente, en "**Condominio Doña Isabel con Inspección Comunal del Trabajo de Talagante**"[250] la DT aplicó una serie de multas a una empresa, la cual presentó un recurso de reconsideración administrativa solicitando que las mismas quedaran sin efecto. Dicho recurso fue desestimado por la DT, lo que fue notificado a la empresa con fecha 10 de octubre, comenzando ese día a correr el plazo de 15 días para presentar el recurso de reclamación judicial del artículo 512 del CT. Con fecha 26 de octubre del mismo año la sociedad interpuso el recurso, el cual fue rechazado de oficio por el tribunal, por considerar que la acción había caducado. A su juicio, dado que la norma en cuestión dispone que el recurso debe interponerse dentro de 15 días desde notificado el acto administrativo que se impugna, sin especificar si se trata de días hábiles o corridos, debía entenderse que es de días corridos, puesto que en otros pasajes del mismo cuerpo legal en que se establecen plazos de días hábiles, el legislador lo señala expresamente. Así, al no haber una disposición expresa respecto de que el plazo es de días hábiles, debe entenderse que el mismo es de días corridos. Dicha decisión fue confirmada por la corte de apelaciones. En contra de los ministros que dictaron la sentencia de segunda instancia se interpuso recurso de queja, el cual fue acogido por la Corte Suprema, por considerar que los recurridos incurrieron en falta o abuso grave al decidir como lo hicieron, puesto que a su juicio el plazo era de días hábiles y

248 Corte Suprema, rol 34.196-2015, de 12 de enero de 2016.

249 En igual sentido se resolvió "Barahona con CDE", rol 2.427-2018, de 25 de abril de 2018.

250 Corte Suprema, rol 5.129-2017, de 9 de mayo de 2017.

no corridos. Si bien la ley nada dice al respecto, el Máximo Tribunal consideró que cualquier interpretación legal que limite –en vez de promover– el derecho a la tutela judicial efectiva, constituye una falta o abuso grave, puesto que en caso contrario la misma aparecería *"despojada de la razonabilidad y justificación que precisaría para ser aceptada como admisible a la luz de lo dispuesto en el N° 26 del artículo 19 de la Carta Fundamental…"*.

2.9. Incorrecta aplicación de las normas sobre legitimación

La legitimación procesal consiste en la relación que existe entre el demandante y el demandado con la cuestión discutida en el proceso.[251] Tendrán legitimación activa y pasiva aquellos demandantes y demandados que sean titulares del derecho en disputa, y la ausencia de esa legitimación deberá llevar necesariamente a que la acción interpuesta no pueda prosperar.[252] La idea detrás de este principio es que los efectos de la sentencia definitiva se radiquen en quienes corresponda que se radiquen[253], evitando así que un demandante se beneficie o enriquezca con ella sin tener derecho a hacerlo, o que un demandado sea gravado o condenado cuando no corresponde que lo sea. Tal como lo ha señalado la Corte Suprema, *"la legitimación se vincula con la titularidad de la situación controvertida en un juicio y es un presupuesto de fondo de procedencia de la acción; es decir, una exigencia cuya falta determina ineludiblemente que no se pueda conceder la petición de tutela jurisdiccional solicitada en el proceso"*.[254]

Pues bien, la infracción de las reglas de legitimación por parte de un tribunal, ya sea porque se acoge una demanda interpuesta por quien no tenía legitimación para demandar, o en contra de quien no tenía legitimación pasiva para ser demandado, constituye una falta o abuso. Así lo ha decidido la Corte Suprema en distintas ocasiones.

En la causa "**Cordero con Automotora Comercial Costabal y Echenique S.A.**"[255] el demandante interpuso una querella infraccional y demanda de perjuicios en contra de una empresa automotora, fundada en que ésta le vendió a su hermana un vehículo que se incendió al poco tiempo de comprado. El tribunal

---

251 Cfr. ROMERO SEGUEL (1998), p. 400.

252 Cfr. ROMERO SEGUEL (2014), Tomo I, p. 90.

253 Corte Suprema, "Montanari y otros con Ministerio de Obras Públicas", rol 88.987-2016, de 9 de noviembre de 2017, considerando cuarto.

254 "Silva con Salmones Caleta Bay S.A.", rol 1.839-2012, de 19 de diciembre de 2012.

255 Corte Suprema, rol 2.872-2017, de 27 de abril de 2017.

de primera instancia acogió la querella infraccional y aplicó una multa a la empresa, acogiendo además parcialmente la demanda de perjuicios. Conociendo de un recurso de apelación, una corte de apelaciones confirmó la sentencia, y además agregó una indemnización por daño moral que había sido rechazada en primera instancia. En contra de los ministros se interpuso un recurso de queja, el cual fue acogido por la Corte Suprema, toda vez que el hecho de que el vehículo accidentado perteneciera a la hermana del demandante, imponía a ella, y no a éste, la carga de interponer la demanda, puesto que era ella la titular del derecho litigioso, y por lo tanto quien tenía legitimación para demandar.

En la causa "**CDE con CPT**"[256], el CPT ordenó al Ministerio de Minería hacer entrega de una serie de antecedentes relacionados con el Fondo Nacional de Desarrollo Regional. El Ministerio en cuestión se negó a hacerlo, fundado en la causal de eximición del artículo 21 N° 1 de la Ley de Transparencia, cual es, que el requerimiento de información sea de carácter genérico, referido a un elevado número de actos administrativos o sus antecedentes, o cuya atención necesite distraer indebidamente a los funcionarios del cumplimiento regular de sus labores habituales. Frente a dicha negativa, el solicitante recurrió de amparo ante el Consejo Directivo del CPT, el cual acogió el amparo y ordenó al Ministerio que entregara la información. Frente a lo anterior el Ministerio presentó un reclamo de ilegalidad ante la corte de apelaciones respectiva, el cual fue acogido por ésta. En contra de los ministros que acogieron el reclamo se interpuso un recurso de queja, el cual fue acogido por la Corte Suprema, fundado en la infracción de las reglas sobre legitimación activa en la que incurrieron dichos ministros. A juicio del Máximo Tribunal, el artículo 28 de la ley del ramo, en el que se fundó el reclamo de ilegalidad, dispone expresamente que cuando un órgano de la Administración se excusa de entregar información fundado en la causal contenida en el artículo 21 N° 1 de la Ley de Transparencia, después no tiene derecho a presentar el reclamo. Dado que esa fue la causal invocada por el Ministerio en cuestión, éste no tenía derecho –no estaba legitimado– para interponer el reclamo de ilegalidad.

En "**AFP Provida con CDE**"[257] se interpuso demanda en contra del CDE, por los supuestos incumplimientos del Ejército de Chile en el pago de las cotizaciones previsionales de unos soldados. Ello fundado en que el CDE era el representante del Fisco y por lo tanto también del Ejército de Chile. La demanda fue acogida en primera instancia, lo cual fue confirmado por la corte de apelaciones respectiva.

256 Corte Suprema, rol 35.846-2017, de 15 de febrero de 2018.

257 Corte Suprema, rol 4.284-2011, de 29 de julio de 2011.

En contra de los ministros que dictaron el fallo se interpuso un recurso de queja, fundado en que el CDE había sido demandado por sí, y no en representación del Fisco ni del Ejército, por lo que de seguirse adelante con la ejecución, y cobrarse forzosamente la obligación, sería el CDE y no el Fisco o el Ejército, quien debería asumir las consecuencias patrimoniales de la sentencia condenatoria, algo improcedente por no tener aquél relación alguna con la cuestión debatida en el proceso, ni con las obligaciones sobre las que ahí se discutía. El recurso fue acogido por la Corte Suprema basada en ese mismo argumento.

2.10. Infracción a las normas sobre la intervención de terceros en el juicio civil

Las partes del proceso son el sujeto activo y pasivo de la acción.[258] Al sujeto activo, que es la parte que interpone la demanda, se le llama demandante, y al sujeto pasivo, o aquél en cuya contra se interpone la demanda, se le llama demandado.[259] Por otro lado, los terceros en una relación procesal son aquellos que no son parte en ella[260], y podrán distinguirse según tengan o no algún tipo de interés en la cuestión discutida.[261] Así son terceros absolutos (también llamados terceros en sentido vulgar[262]), aquellos que no tienen interés alguno en el pleito, y que por lo tanto no se verán afectados por la sentencia que en él se dicte.[263] Son terceros relativos (también llamados en sentido técnico[264]) aquellos que sin ser parte en el proceso, tienen un interés directo en lo que en él se discute, y por lo tanto se verán afectados por la sentencia que dicte el tribunal.[265]

Porque un tercero puede verse afectado por la sentencia que se dicte en un proceso en el que no es parte, es que el ordenamiento reconoce una serie de mecanismos para resguardar sus intereses, y concretamente, para asegurarle la posibilidad de intervenir en dicho proceso.[266] En materia civil, según la relación que tenga con el objeto del litigio, el tercero relativo puede ser principal, coadyuvante

258 Cfr. CHIOVENDA (1925), p. 7.
259 Cfr. CASARINO VITERBO, *ob. cit.*, p. 24.
260 Cfr. ROMERO SEGUEL (2014), Tomo II, p. 186.
261 Cfr. ROMERO SEGUEL (2009), pp. 203 y 204.
262 Cfr. ROMERO SEGUEL (2014), Tomo II, p. 187.
263 Ibid.
264 Ibid.
265 Ibid.
266 Ibid, p. 188.

o independiente[267], y las distintas formas que tienen de involucrarse en el juicio se encuentran reguladas en los artículos 22, 23 y 24 del CPC. Por lo tanto, parece razonable que si a un tercero que tiene derecho a intervenir en un proceso se le impide hacerlo, éste pueda denunciar dicha situación por medio de un recurso de queja. Y así lo ha resuelto la Corte Suprema en distintos casos.

En "**Zaror con Dirección Nacional de Vialidad**"[268] el dueño de un terreno aledaño a una autopista en la que se realizaban trabajos de acceso a un casino de juegos, inició un procedimiento judicial en contra del Director Nacional de Vialidad y del Fisco de Chile. El motivo de su demanda era la perturbación que estaba sufriendo en su propiedad fruto de los trabajos realizados en la autopista, sin que hubiera mediado acto de expropiación alguno. En el contexto del juicio fueron decretadas diversas medidas precautorias que paralizaron las obras. Atendida la paralización ordenada por el tribunal, la empresa dueña del casino solicitó intervenir como tercero coadyuvante de los demandados, en virtud de lo dispuesto en el artículo 23 del CPC. Al conocer de la solicitud, el tribunal accedió a ella, y aceptó como tercero coadyuvante a la empresa. Sin embargo, la demandante interpuso recurso de reposición en contra de dicha resolución, a fin de que la empresa fuera excluida del proceso, fundado en que a su juicio esta última no tenía derechos comprometidos en el juicio, sino que meras expectativas. El tribunal acogió el recurso de reposición, y revocó la calidad de tercero coadyuvante a la empresa. La corte de apelaciones respectiva confirmó dicho criterio. En contra de los magistrados que dictaron la sentencia confirmatoria se interpuso recurso de queja, fundado en la infracción del artículo 23 del CPC. Resolviendo el recurso de queja, la Corte Suprema entendió que dichos magistrados habían incurrido en una falta o abuso grave al considerar que el tercero excluido sólo tenía meras expectativas en el litigio y no derechos comprometidos, puesto que era evidente que sí tenía derechos, los cuales catalogó "en gestación". En vista de lo anterior, correspondía dejar intervenir al tercero, para que este impetrara *"las providencias necesarias para conservar y llegar a adquirir el derecho principal y definitivo"*, constituyendo una falta o abuso grave no habérselo permitido.

El caso opuesto se produjo en la causa "**Varela con Serviu**"[269], donde una corte de apelaciones pretendió imponer los efectos de una sentencia a un tercero que no había sido emplazado en el juicio. Dicha resolución fue considerada por

267 Cfr. ROMERO SEGUEL (2002), p. 27.

268 Corte Suprema, rol 3.882-2009, de 4 de noviembre de 2009.

269 Corte Suprema, rol 6.113-2009, de 26 de mayo de 2010.

la Corte Suprema como una falta o abuso grave, y si bien no se pronunció respecto del recurso de queja interpuesto, actuando de oficio procedió a dejar sin efecto la sentencia de segunda instancia, puesto que a su juicio la misma dejaba *"al tercerista de prelación en la imposibilidad de impugnar una decisión que le es del todo inoponible, por incidir en un juicio en que no fue emplazado y que trasciende de la jurisdicción del tribunal, toda vez que pretende proyectar los efectos de una acción personal de nulidad sobre terceros ajenos al contrato que le sirve de antecedente"*.

2.11. Faltas o abusos cometidos en relación a los recursos procesales

Todo juez está expuesto a cometer errores en su labor de administrar justicia. Para hacer frente a esos errores, el legislador incorpora una serie de mecanismos para que las partes puedan denunciarlos y solicitar su corrección, ya sea al tribunal que dictó la resolución en la que se cometió el error, o a su superior jerárquico.[270] Estos mecanismos se conocen como medios de impugnación.[271]

Dentro de los medios de impugnación que existen, los más relevantes son los recursos.[272] Nuestro ordenamiento jurídico, en las distintas áreas del derecho, contiene una serie de recursos dispuestos en favor de las partes para que cuando se vean agraviadas por una determinada resolución, puedan provocar que la misma sea revisada y eventualmente modificada por el órgano jurisdiccional que la dictó o por su superior jerárquico. La regulación de los recursos se encuentra contenida en distintos pasajes legales, los que abarcan aspectos tales como las causales de interposición, la forma de interponerlos, la admisibilidad de los mismos, la actitud a adoptar por el tribunal frente a su presentación, su tramitación, la forma de conocer de ellos y resolverlos, entre otros.

La infracción de las normas que regulan los recursos por parte del tribunal constituye una falta o abuso, y su gravedad estará determinada por las circunstancias propias de cada caso. Reiterando lo que ya se dijo al estudiar la infracción del derecho constitucional a recurrir, es un atentado contra el debido proceso el privar a un litigante de un medio de impugnación que le ha sido reconocido expresamente por la ley.

270 Cfr. MOSQUERA RUIZ y MATURANA MIQUEL, *ob. cit.*, p. 18.
271 Cfr. Ibid, p. 17.
272 Cfr. TARIGO (1998), p. 223.

2.11.1 En el control de admisibilidad de los recursos

Muchos de los recursos que establece nuestro ordenamiento reconocen en su tramitación una etapa de admisibilidad, cuyo objetivo es asegurar que prosperen en su curso sólo aquellos que cumplen con los requisitos de interposición establecidos en la ley. Algunos ejemplos son el artículo 201 del CPC para el recurso de apelación, el artículo 776, 778, y otros del mismo cuerpo legal para el recurso de casación, el artículo 480 del CT para el recurso de nulidad, el artículo 549 letra a) del COT en relación al recurso de queja, entre otros casos. Pues bien, la Corte Suprema ha resuelto en distintas ocasiones que comete falta o abuso el tribunal que infringe las reglas sobre admisibilidad de un recurso, y fruto de ello acoge a trámite un recurso que es inadmisible, o por el contrario se niega a acoger a trámite un recurso que es admisible.

En la causa "**Bravo con Canal**"[273] un juez de policía local impuso a un individuo una multa y además le suspendió su licencia de conducir, producto de ciertas infracciones a la ley del tránsito. En contra de dicha sentencia el afectado interpuso un recurso de apelación, el cual fue declarado inadmisible por la corte de apelaciones respectiva, fundado en el artículo 33 de la ley 18.287, que dispone que son inapelables las resoluciones dictadas por los juzgados de policía local cuando ellas sólo impongan multas. En contra de los ministros que declararon la inadmisibilidad se interpuso un recurso de queja, fundado en que la norma invocada dispone que son inapelables las resoluciones cuando ellas sólo impongan multas, situación que no se configuró en este caso, toda vez que junto con una multa se decretó la suspensión de la licencia de conducir. La Corte Suprema acogió el recurso de queja, por haberse infringido la norma en comento, y en base a ello declarado inadmisible un recurso que era a todas luces admisible.

En los autos "**Cordero con Fisco de Chile**"[274], se declaró inadmisible en segunda instancia un recurso de apelación. A juicio de la corte de apelaciones respectiva, el recurso no cumplía con todos los requisitos de interposición contenidos en el artículo 189 del CPC, puesto que contenía "peticiones confusas" y por lo tanto carecía de las "peticiones concretas" que exige la norma antes señalada para este recurso. En contra de los ministros que declararon la inadmisibilidad se interpuso un recurso de queja, que fue acogido por la Corte Suprema, al considerar que los recurridos incurrieron en falta o abuso grave, toda vez que el recurso de apelación

---

273 Corte Suprema, rol 2.217-2007, de 4 de julio de 2007.

274 Corte Suprema, rol 7.283-2011, de 23 de enero de 2011.

sí cumplía con todos los requisitos de interposición, incluyendo las pretensiones concretas que perseguía con el mismo.

En "Quezada con Lecalenier y otro"[275] se rechazó la demanda en primera instancia. En su sentencia, eso sí, el juez de primera instancia omitió pronunciarse respecto de cierta prueba que había sido rendida, limitándose a señalar que la misma se había extraviado, y que por lo tanto no pudo ser apreciada. En contra de la sentencia, la demandante interpuso de forma conjunta recursos de casación en la forma y de apelación. Para el primero señaló expresamente que lo fundaba en la infracción al artículo 768 N° 5 en relación con el artículo 170 N° 4 ambos del CPC, por no haber considerado el tribunal en su sentencia la prueba que se declaró extraviada. Para el recurso de apelación, en tanto, el recurrente solicitó escuetamente que se tuvieran por reproducidos los argumentos expuestos para el recurso de casación. La corte de apelaciones en cuestión declaró inadmisibles ambos recursos, puesto que a su juicio no era posible distinguir los fundamentos que se expusieron para uno y otro recurso, lo que implicaba un incumplimiento de los requisitos de interposición de ambos.

En contra de los ministros que declararon la inadmisibilidad se interpuso un recurso de queja, fundado en que, al realizar el control de admisibilidad, se habrían extendido a cuestiones que no formaban parte de dicho control, terminando por declarar inadmisibles recursos que no lo eran. La Corte Suprema acogió parcialmente el recurso de queja, y declaró admisible sólo el recurso de casación, puesto que a su juicio sí se habían cumplido con los requisitos para su interposición (no así con los del de apelación), concluyendo que los ministros recurridos se habían extendido en el control de admisibilidad más allá de los límites legales. Profundizando sobre el tema, el Máximo Tribunal declaró que *"no hubo, a la sazón, motivo para adoptar la decisión que se reprocha por la demandante a través de este recurso, pues de la lectura del libelo presentado se advierte que en él se mencionan expresamente los elementos o requisitos que hacen admisible el recurso. Al no haberlo así resuelto y consignado en la resolución que se impugna, los jueces recurridos cometieron una falta que debe ser enmendada por esta vía, pues con ello se privó a la quejosa del recurso de casación en la forma, al ser declarado inadmisible en circunstancias que era admisible a la luz de lo ya referido"*.

Mención aparte merece una situación que se produjo hace algunos años en relación al control de admisibilidad del recurso de nulidad laboral. Dicho control de admisibilidad se encuentra contenido en el artículo 480 del CT, y se refiere

275 Corte Suprema, rol 27.516-2016, de 20 de julio de 2016.

a aquél que debe efectuar el tribunal *ad quem* respecto del recurso de nulidad interpuesto en contra de la sentencia definitiva de primera instancia. El artículo 479 del mismo Código, en tanto, establece cuáles son los requisitos de admisibilidad con los que debe cumplir el recurso, que son el de escrituración, el plazo, los fundamentos de hecho y de derecho y las peticiones concretas.

Pues bien, hace algunos años hubo muchos casos en los que distintas cortes de apelaciones declararon inadmisibles ciertos recursos de nulidad, por considerar que carecían de la adecuada fundamentación de hecho y de derecho. En todos esos casos la Corte Suprema consideró que los respectivos ministros incurrieron en faltas o abusos graves, toda vez que el control de admisibilidad debe ser un control objetivo y no subjetivo, limitándose a determinar si los requisitos expresamente establecidos en la ley se cumplen o no. Por lo tanto, les estaba vedado a los ministros analizar los fundamentos de hecho y de derecho de los recursos, y decidir si los mismos eran plausibles o no. A modo de ejemplo, en la causa "**Bravo con Corpbanca**"[276] el Máximo Tribunal señaló que "*Quinto: Que de la norma transcrita anteriormente, fluye con claridad que la prerrogativa que la ley otorga al Tribunal que debe revisar los requisitos que hacen admisible un recurso de nulidad, comprende la escrituración, el plazo, los fundamentos de hecho y de derecho y las peticiones concretas, sin que pueda desprenderse de dicha disposición que la Corte de Apelaciones posea competencia para revisar las condiciones que se señalan en la resolución recurrida. Sexto: Que, en consecuencia, en la decisión de que se trata se ha incurrido en una falta, la cual ha de calificarse de manifiesta y grave, desde que se han revisado en el examen de admisibilidad del recurso de nulidad intentado por el demandado, requisitos no previstos por la ley para esa etapa procesal, exigencia que no sólo supone una interpretación distinta de las normas aplicadas al análisis pertinente, sino que implica directamente imponer condiciones más allá de la normativa que rige en la materia*".[277]

---

276 Corte Suprema, rol 2.028-2010, de 18 de mayo de 2010.

277 "Garrido con Ripley Store Limitada", rol 3.664-2012, de 19 de junio de 2012; "Seguel con Hidalgo, Lecaros y Compañía Limitada", rol 5.036-2012, de 14 de agosto de 2012; entre otras.

2.11.2. *Al conceder un recurso no reconocido en la ley*

Los recursos procesales son de derecho estricto.[278] El artículo 19 N° 3 inciso quinto de la CPR dispone que *"[T]oda sentencia de un órgano que ejerza jurisdicción debe fundarse en un proceso previo legalmente tramitado. Corresponderá al legislador establecer siempre las garantías de un procedimiento y una investigación racionales y justos"*. A ello se debe agregar que el artículo 352 del Código Procesal Penal dispone que *"[P]odrán recurrir en contra de las resoluciones judiciales el ministerio público y los demás intervinientes agraviados por ellas, sólo por los medios y en los casos expresamente establecidos en la ley"*. De todo lo anterior se sigue, por un lado, que sólo se pueden interponer los recursos que existan en la ley, y por otro, que los recursos que existen sólo pueden interponerse en los casos que han sido expresamente contemplados por el legislador.[279] Por lo tanto los tribunales están impedidos de admitir a trámite un recurso que no se encuentra reconocido en la ley, o bien, hacerlo respecto de una situación para la cual dicho recurso no fue expresamente establecido. Infringir dicha regla constituye una falta o abuso grave según lo ha resuelto la Corte Suprema.

En la causa "**Municipalidad de Concepción con Gas Sur S.A.**"[280] se acogió a trámite un recurso de apelación en una situación en la que el legislador expresamente había negado la procedencia del mismo. Concretamente, el artículo 33 de la Ley 18.287, que regula el procedimiento ante los juzgados de policía local, dispone que son inapelables las sentencias definitivas dictadas en procesos por simples infracciones a la Ley del Tránsito que sólo impongan multas. Pues bien, en la causa en comento el tribunal de primera instancia sólo aplicó una multa, lo que tornaba improcedente el recurso de apelación. A pesar de ello, la parte derrotada apeló de la sentencia definitiva, recurso que fue admitido a trámite y posteriormente acogido por la corte de apelaciones respectiva. En contra de los ministros que conocieron del asunto en segunda instancia se interpuso recurso de queja, el cual fue acogido por la Corte Suprema, al concluir que los mismos incurrieron en una falta o abuso grave al infringir el texto expreso de la ley, y admitir a trámite un recurso que expresamente había sido proscrito, lo cual fue aún más grave, considerando que fruto de esa infracción se procedió a revocar el fallo de primer grado.

---

278 Cfr. MOSQUERA RUIZ y MATURANA MIQUEL, *ob. cit.*, p. 22.

279 Cfr. Ibid.

280 Corte Suprema, rol 11.358-2011, de 24 de mayo de 2012.

2.11.3. *En relación a las reglas sobre la vista de la causa*

Las reglas sobre la vista de los recursos ante los tribunales superiores se encuentran contenidas en los artículos 222 y siguientes del CPC.[281] Ellas regulan las distintas etapas que sigue un recurso desde que ingresa al tribunal superior hasta que el mismo se resuelve, incluyendo su relación, los alegatos de las partes, los acuerdos adoptados, entre otros. La infracción de estas normas podrá constituir una falta o abuso grave, y motivar la interposición de un recurso de queja, según las circunstancias propias de cada caso.

En la causa "Ponce con Corte de Apelaciones de Valparaíso"[282] se acogió un recurso de queja interpuesto en contra de los ministros de una corte de apelaciones que infringieron las normas en comento, e impidieron con ello que una de las partes presentara sus alegatos el día de la vista. Los hechos fueron los siguientes. La parte que resultó vencida en primera instancia interpuso un recurso de apelación. Una vez ingresado el recurso a la corte de apelaciones, ésta dictó el decreto de autos en relación. El día anterior al de la vista de la causa, el abogado de la apelante se anunció por escrito para alegar su recurso, el cual estaba fijado en el octavo lugar de la tabla ordinaria. El día de los alegatos se publicó el anuncio de las causas que serían vistas ese día, llegándose hasta el número nueve, lo que implicaba que la causa en comento sí se vería ese día. Transcurrida parte importante de la jornada, y faltando sólo cuarenta minutos para el cierre de las audiencias (a las 13.20 horas), el abogado apelante consultó al Oficial de Sala si en su opinión su causa iba a ser o no vista ese día, dado que todavía quedaban otras causas previas por ser alegadas, y muy poco tiempo para el término de la jornada. El Oficial le respondió que él creía que la causa no se iba a alcanzar a ver, tras lo cual el abogado abandonó los tribunales. No obstante lo anterior la causa sí se alcanzó a ver ese día, en cuenta, confirmándose la sentencia que el apelante pretendía que se revocara. El apelante interpuso un recurso de queja en contra de los ministros que conocieron en cuenta de su recurso, fundado en una serie de infracciones a las normas que regulan el trámite de la vista de la causa. La Corte Suprema acogió el recurso, por haber considerado que los recurridos incurrieron en falta o abuso grave al infringir el artículo 223 del CPC, puesto

281 Estas normas si bien están contenidas en el CPC generalmente se hacen extensivas a otros procedimientos, como al procedimiento laboral, según lo dispone el artículo 474 del Código del Trabajo, o como a los procedimientos de familia, en virtud de lo dispuesto en el artículo 67 de la ley del ramo.

282 Corte Suprema, rol 36.584-2017, de 16 de noviembre de 2017.

que la Sala incumplió su obligación de dejar constancia de que el abogado en cuestión, no obstante haberse anotado para alegar, no se presentó a hacerlo, ni tampoco de las medidas adoptadas respecto del mismo abogado, lo que reflejó *"la adopción de un procedimiento irregular en la vista de la causa citada, constitutivo de la falta grave que se denuncia, conclusión a la que se arriba considerando que la citación para oír sentencia en segunda instancia comprende la notificación del decreto que ordena traer los autos en relación, la fijación de la causa en tabla, el anuncio de la vista de la causa y la vista de la causa propiamente tal: relación y alegatos; de manera que al no existir constancia del respeto de las formas establecidas en una de aquellas gestiones que son presupuesto de la dictación de la sentencia de segundo grado sólo es posible concluir que ella ha sido expedida al margen del procedimiento establecido en la ley"*.

Es claro que con la decisión anterior la Corte Suprema buscó salvar una grave negligencia profesional en la que incurrió el abogado al abandonar la corte de apelaciones antes del cierre de la jornada. La corte actuó correctamente al ver la causa en cuenta frente a la ausencia del abogado, y aunque si bien es cierto que no dejaron constancia de dicha circunstancia, ello no influyó de forma alguna en la forma en que se resolvió la apelación en cuestión, por lo que en estricto rigor el recurso de queja no debió haber sido acogido, al no cumplirse con el principio de la trascendencia explicado en la primera parte de este trabajo.

2.12. El recurso de queja y las costas del juicio

En relación con las costas del juicio, las faltas o abusos graves pueden producirse tanto al momento de imponerse la condena en costas a la parte vencida, o bien, al determinarse el monto de las mismas.

Respecto de la condena en costas, esta tiene lugar en la sentencia definitiva o interlocutoria que pone término al juicio o al incidente. Lo normal es que la condena en costas sea impugnada en conjunto con el resto de la resolución a la que accede. Así, por ejemplo, el demandante cuya demanda fue rechazada con costas, interpondrá un recurso de apelación en contra de la sentencia y de la condena en costas, sin que requiera interponer un recurso aparte para impugnar esta última. Sin embargo, existirán casos en los que no es posible impugnar la sentencia por medio de ningún recurso, siendo el de queja la única alternativa que queda a la parte vencida para intentar revertir la condena en costas. Ello ocurre, por ejemplo, con una condena en costas decretada por una corte de apelaciones en segunda instancia, en un juicio seguido bajo las reglas del procedimiento de policía local.

Pues bien, existen distintos casos como el antes descrito, en el que la Corte Suprema ha acogido recursos de queja interpuestos en contra de ministros de corte de apelaciones, por haber condenado en costas a una parte vencida, sin que fuera procedente hacerlo. El caso más frecuente tiene lugar cuando se aplica la condena en contravención de lo dispuesto en el artículo 146 del CPC, que exime del pago de las costas a la parte vencida, si alguno de los miembros de un tribunal colegiado le dio su voto al pronunciarse sobre el asunto. Un ejemplo de lo anterior es lo resuelto en "**Hidalgo con Piamonte S.A.**"[283], donde precisamente se acogió un recurso de queja en contra de los ministros que aplicaron la sanción de costas a un litigante que a pesar de haber resultado vencido en el pleito, lo fue contando con un voto a favor de su postura.[284] Sobre este tema no existe mayor discusión, puesto que hay una norma expresa que establece la regla.

Pero la situación es más compleja cuando la supuesta falta o abuso se comete en la determinación del monto de las costas personales (regulación de costas). Ello, puesto que es claro que la resolución por la que se hace dicho ejercicio no goza de la naturaleza jurídica que se requiere para interponer el recurso de queja, puesto que no es una sentencia definitiva, ni tampoco una interlocutoria que pone término al juicio o hace imposible su continuación.

De hecho, fundados en ese argumento existen distintos pronunciamientos de la Corte Suprema por medio de los cuales ha declarado inadmisibles los recursos de queja interpuestos en contra de la resolución por la que se fija el monto de las costas personales. Por ejemplo, en la causa "**Montt con Radich**"[285] el Máximo Tribunal resolvió que *"en la especie el libelo incoado por el abogado XX., en autos de la Corte de Apelaciones de Punta Arenas Rol No 182-2018, lo ha sido respecto de una resolución que confirmó con declaración aquella de primer grado que fijó las costas personales de ese juicio. 3o.- Que de lo expuesto se desprende que la resolución aludida en el motivo que precede no es de aquellas que permiten la interposición de un recurso de queja en su contra, puesto que no participa de la naturaleza de las señaladas en el primer acápite, a consecuencia de lo cual sólo cabe concluir que el recurso deducido no puede ser admitido a tramitación"*. En el mismo sentido se pronunció en los autos "**Rojas con Banco**

283 Corte Suprema, rol 4.921-2009, de 16 de noviembre de 2009.

284 En igual sentido se resolvió en las causas "Enap Refinerías S.A. con Constructora Comsa Dragados S.A.", rol 3.984-2013, de 5 de noviembre de 2013; "Maco Industrial y Comercial S.A. con Alta Seguridad Vial S.A.", rol 4.282-2013, de 3 de octubre de 2013; entre otras.

285 Corte Suprema, rol 26.551-2018, de 5 de noviembre de 2018.

Santander"[286], *"Que la resolución que se impugna en estos antecedentes es aquella que rechazó la objeción a las costas personales reguladas; la que no participa de la naturaleza jurídica antes indicada, razón suficiente para declarar inadmisible el recurso intentado en autos"*.

Si bien estamos de acuerdo con ese criterio, el cual está en línea con la importancia de limitar la utilización del recurso de queja, creemos que la inadmisibilidad del recurso no impide a la Corte Suprema entrar a conocer sobre la regulación de las costas del juicio, cuando considere que en dicho ejercicio se cometió una falta o abuso grave. Según se explicó, la superintendencia directiva, correccional y económica de la Corte Suprema le impone a ésta la facultad, y el deber, de velar por la disciplina de los tribunales, aun en aquellos casos en los que no es procedente el recurso de queja. La forma de hacerlo será por medio del ejercicio de las facultades para obrar de oficio que le reconocen el COT y el CPC al Máximo Tribunal.

2.13. Cuando por formalismos procesales se limita el acceso a la justicia

Un tema de constante discusión es la importancia que deben dar los tribunales a las formas procesales.[287] Por un lado hay quienes afirman que en todo procedimiento es necesario que exista un estricto control sobre el cumplimiento de sus formalidades, puesto que esa es la única forma de garantizar que ellos avancen y no se perpetúen en el tiempo. Por otro lado, hay quienes sostienen que si bien las formas son importantes, ellas nunca debieran estar por sobre la administración de justicia, y su infracción no debiera suprimir un pronunciamiento sobre el fondo.

Históricamente el legislador se ha inclinado por la tesis más formalista. Tal como lo ha señalado la Corte Suprema *"[Q]ue en concordancia con lo anterior, no es posible soslayar que el ordenamiento jurídico, partiendo por la carta magna, otorga al ciudadano la garantía básica de un justo y racional procedimiento para ser sustanciado y resuelto ante un juez imparcial, que debe sujetarse a la ritualidad que la ley contempla para llevar adelante el proceso"*.[288] Siguiendo esa línea, los procedimientos judiciales contienen una serie de disposiciones para ordenar e impulsar el proceso, y otras

---

286 Corte Suprema, rol 9.054-2018, de 31 de mayo de 2018. Otro ejemplo encontramos en la causa "Guíñez con Díaz", rol 14.854-2016, de 3 de marzo de 2016, y en "Anglo American Sur S.A. con Tranex", rol 5.921-2019, de 22 de abril de 2019.

287 Cfr. GANDULFO RAMÍREZ (2009).

288 "Empresa de Servicios Alimenticios Hendaya S.A.C. con Dirección Nacional del Trabajo", rol 8.872-2018, de 5 de julio de 2018.

que imponen consecuencias gravosas para su incumplimiento. Algunos ejemplos de lo anterior son las reglas sobre plazos procesales; el principio de la preclusión procesal, que en materia procesal civil se encuentra reconocido en el artículo 64 inciso primero del CPC[289]; las reglas sobre el abandono del procedimiento, cuyo propósito es impulsar y mantener activos los procedimientos judiciales; entre otros casos de normas procesales cuya infracción, por insignificante que sea, puede tener graves consecuencias para las partes y sus pretensiones, llegando incluso a facultar al tribunal para dar por concluido el litigio y abstenerse de emitir un pronunciamiento sobre el fondo.

En ese sentido es frecuente encontrar casos en los que los tribunales declaran abandonados los procedimientos porque la demandante incumple su carga de notificar el auto de prueba dentro del plazo[290]; recursos de queja que se declaran inadmisibles porque el certificado que exige el COT no cumple con cada uno de los requisitos que para él se indican[291]; recursos desechados por haber sido interpuestos de forma extemporánea[292], entre otros.

Sin perjuicio de lo anterior, en los últimos años ha empezado a notarse un cambio jurisprudencial sobre la materia. Si bien todavía abundan los casos en los que acciones o recursos perecen en el camino, por el incumplimiento de alguna de las formalidades que los rigen, ello no ha impedido que surjan fallos promoviendo una mayor flexibilidad en relación a las formas, sobre todo cuando el incumplimiento de las mismas pueda implicar la frustración del derecho a la tutela judicial efectiva de la parte incumplidora.[293] Es más, en los últimos años la Corte Suprema ha acogido diversos recursos de queja interpuestos en contra de tribunales que se abstuvieron de emitir un pronunciamiento sobre el fondo, fundados en la infracción por una de las partes de alguna de las formalidades que regulaban el proceso.

---

289 Cfr. CASARINO VITERBO, *ob. cit.*, p. 20.

290 "Aravena con Fisco de Chile", rol 7.487-2016, de 28 de junio de 2016.

291 "Herrera con HDI Seguros", rol 5.054-2019, de 4 de marzo de 2019.

292 Corte Suprema, "González con Sanguinetti", rol 7.159-2017, de 9 de marzo de 2017.

293 Corte Suprema, "Puentes con Torres", rol 35.057-17, de 6 de diciembre de 2017. En igual sentido se pronunció la Ministra Chevesich en voto de minoría en la causa "Burgos con Cárdenas", rol 6.036-2014, de 14 de mayo de 2014: *"en consonancia con los principios de la defensa jurídica y la doble instancia, componentes del debido proceso garantizado constitucionalmente, que permiten una tutela jurídica efectiva como mecanismo de protección o seguridad al mismo sistema judicial, sustentado en la falibilidad humana del juez. No se puede, so pretexto de formalismos extremos, negar de esta manera a la parte afectada que la sentencia impugnada sea revisable en segunda instancia"*.

Según veremos a continuación, dichas situaciones se han producido principalmente en la etapa inicial de los juicios, al interponerse las acciones, o en la etapa de impugnación de las sentencias, al revisarse la admisibilidad de los recursos.

2.13.1. En la admisibilidad de las acciones judiciales

En la causa "**Melón S.A. con Inspección del Trabajo**"[294] se interpuso una reclamación judicial ante el 1° Juzgado de Quillota y otra similar, respecto de la misma demandante, ante el 2° Juzgado de esa misma ciudad (en adelante el primer y segundo juicio, respectivamente). En el primero de los juicios se acompañó una copia simple de la escritura en la que constaba la personería del abogado de la demandante para actuar en su representación, por lo que el tribunal dictó una resolución ordenándole que, previo a proveer, acompañara una copia autorizada de la escritura, dándole un plazo de cinco días para hacerlo. La demandada cumplió con dicha carga, pero por error acompañó la escritura en el segundo juicio (ello sin perjuicio de haber autorizado su poder en la secretaría del primer tribunal). La demandante no se percató de su error hasta que en el primer juicio se dictó una resolución, apercibiéndola nuevamente para que acompañara la copia autorizada. Al día siguiente la demandante cumplió con la orden y acompañó ante el tribunal correcto la escritura en cuestión. Sin perjuicio de ello, el tribunal del primer juicio tuvo por no presentada la reclamación, por no haber cumplido la actora dentro de plazo con la orden que le fue dada (recordemos que dentro del plazo de cinco días presentó la escritura en el tribunal equivocado). Dicha decisión fue confirmada por la corte de apelaciones respectiva. En contra de los ministros que confirmaron la sentencia se interpuso recurso de queja ante la Corte Suprema, el que fue acogido, por considerarse que con su actuar incurrieron en una falta o abuso grave. A juicio del Máximo Tribunal dos fueron las infracciones cometidas. La primera, el haber tenido por no presentada una demanda por supuesta falta de poder, cuando la secretaría de ese mismo tribunal ya había tenido presente ese poder, a pesar de no contar con la escritura original. La segunda, al ignorar que la demandante acompañó, por error, la copia de la escritura ante otro tribunal, lo que impedía, no obstante el error, que se le hiciera efectivo el apercibimiento.

Otro caso en el que la declaración de inadmisibilidad de una demanda fue considerada una falta o abuso grave por la Corte Suprema, tuvo lugar en los autos

294 Corte Suprema, rol 5.029-2012, de 21 de septiembre de 2012.

"**Canal 13 SpA con DT**"[295], donde el tribunal de primera instancia declaró la caducidad de la acción deducida, al aplicarle un plazo de interposición distinto al que establecía la ley. Por un error de taquigrafía, la demandante señaló, en un pasaje de su demanda, que la acción que interponía era la del 503 del CT, lo que se oponía a todo el cuerpo y desarrollo del escrito, en el que quedaba en evidencia que la acción interpuesta era la del 512 del mismo cuerpo legal (ambas acciones con plazos de caducidad distintos). Sin embargo, y basándose en ese error de taquigrafía, el tribunal declaró la caducidad, lo cual fue confirmado posteriormente por la corte de apelaciones respectiva. En contra de los ministros que dictaron dicha sentencia se interpuso un recurso de queja, fundado en que la caducidad se había declarado a partir de un simple error taquigráfico de la demandante. La Corte Suprema acogió el recurso, al concluir que era claro que todo se debía a un irrelevante error de referencia, y no correspondía sancionar a la actora con la caducidad y negarle con ello el acceso a la justicia.

En "**Aseguradora Magallanes S.A. con Vázquez**"[296] una empresa aseguradora interpuso demanda de indemnización de perjuicios en contra del responsable de un accidente de tránsito, en el que se vio envuelto un asegurado. Dicha demanda fue acogida en primera instancia. Conociendo de un recurso de apelación, la corte de apelaciones respectiva revocó la sentencia, por entender que la demanda no cumplió con los requisitos formales para su presentación. Concretamente, el tribunal de alzada concluyó en su sentencia que del texto de la demanda no se podía apreciar la legitimación activa del demandante, tampoco se podía determinar el vehículo que fue objeto del accidente, ni definir qué daños se pretendía que fueran indemnizados. En contra de tales ministros se interpuso recurso de queja, fundado en que la demanda sí cumplía con todos esos requisitos. La Corte Suprema acogió el recurso, al concluir que con la sola lectura de la demanda bastaba para tener por cumplidas todas las formalidades para su interposición, constituyendo una falta o abuso grave haberla rechazado por ese motivo.

En la causa "**Álvarez con Levín**"[297] se interpuso una demanda de despido indirecto por parte de un trabajador en contra de su empleador. En la misma se señaló como domicilios del demandado y de la empresa la ubicación *"Pulotauco Rural s/n, comuna de Dalcahue (10ª Región)"* y *"Mocopullo Rural s/n, comuna de Dalcahue (10ª Región)"*, respectivamente. El tribunal de primera instancia ordenó

295 Corte Suprema, rol 6.629-2012, de 22 de noviembre de 2012.

296 Corte Suprema, rol 32.205-2014, de 11 de febrero de 2015.

297 Corte Suprema, rol 7.448-2018, de 20 de junio de 2018.

a la demandante que, previo a proveer, entregara mayor información respecto de los domicilios dentro de un plazo, bajo el apercibimiento de tener por no presentada la demanda. Transcurrido el plazo sin que el demandante entregara más antecedentes, el tribunal hizo efectivo el apercibimiento y tuvo por no presentada la demanda. Dicho criterio fue confirmado por la corte de apelaciones respectiva. La Corte Suprema acogió un recurso de queja interpuesto en contra de los ministros que confirmaron la sentencia de primera instancia, al considerar que el demandante había cumplido con su obligación de aportar el domicilio del demandado en su demanda, sin que hubiera sido necesaria la exigencia de mayores antecedentes por parte del tribunal de primera instancia, y posteriormente de la corte de apelaciones. Al haber obrado como lo hicieron, los recurridos incurrieron en una falta o abuso grave, no sólo por tener por incumplida una exigencia procesal que sí se había cumplido, sino que además, porque con ello infringieron el derecho a la tutela judicial efectiva del demandante.

Finalmente, una situación particular tuvo lugar en la causa "Sáez con Servicio de Salud Araucanía Norte"[298], en la que un juez de primera instancia rechazó una demanda de indemnización de perjuicios, puesto que en la misma el demandante solicitó una indemnización de $170.000.000 de pesos, sin especificar que facultaba al tribunal para concederle una indemnización mayor o menor si así lo estimaba de acuerdo al mérito del proceso. En su sentencia el tribunal concluyó que dado que en autos sólo se acreditaron daños por $25.000.000 de pesos, estaba impedido de acoger dicha pretensión, porque de hacerlo incurriría en el vicio de ultrapetita, puesto que el texto de la demanda limitó su competencia únicamente a decidir si procedía o no una indemnización por $170.000.000 de pesos. Dicho criterio fue confirmado por la corte de apelaciones respectiva. La Corte Suprema, conociendo de un recurso de queja, lo desestimó, al considerar que el tema debatido había sido una cuestión de interpretación de ley y que no divisaba falta o abuso de parte de los ministros recurridos. Sin embargo procedió a actuar de oficio, y concedió la indemnización de los daños acreditados. Entre los argumentos dados para hacerlo, se invocó el excesivo formalismo aplicado en instancias previas, que había privado al demandante de su derecho a acceder a la justicia. "*[U]na interpretación como esa implicaría privar al proceso de su carácter dinámico y flexible, sometiéndolo a formalidades y rigideces propias de otras épocas y de otros sistemas jurídicos. Así, de comprender que lo pedido por las partes representa solicitudes tan inflexibles que prohíben cualquier decisión distinta de un acogimiento*

298 Corte Suprema, rol 2.304-2018, de 9 de octubre de 2018.

total o de un rechazo íntegro de la demanda, se habría de concluir que la actuación del juez frente a las partes en un evento como el de autos está limitada a una simple aquiescencia o a la mera desestimación de sus pretensiones, entendimiento que niega la capacidad del magistrado para conducir el proceso por derroteros que permitan una efectiva, eficaz y justa solución del conflicto".

2.13.2. *En la admisibilidad de los recursos*

En la causa "**Ramírez con Ibáñez**"[299], una corte de apelaciones declaró inadmisible un recurso de apelación, al considerar que el mismo no contenía peticiones concretas en su petitorio, sin perjuicio de que las mismas estaban incluidas en el cuerpo del escrito. A juicio de la corte en cuestión, ello constituía una infracción al artículo 201 del CPC, e impedía que la apelación siguiera su curso. En contra de los ministros que pronunciaron dicha inadmisibilidad se interpuso un recurso de queja, el cual fue acogido por la Corte Suprema, al concluir que el escrito de recurso sí cumplía con la exigencia de peticiones concretas contenida en el CPC, aunque las mismas no hubieran sido incluidas en el petitorio del escrito, sino que en su cuerpo.

En "**Banco del Desarrollo S.A. con Valenzuela**"[300], una corte de apelaciones declaró inadmisible un recurso de casación en el fondo, por considerar que no cumplía con el requisito de ser patrocinado por abogado habilitado para el ejercicio de la profesión, según dispone el artículo 772 del CPC. Ello a pesar de que en uno de los otrosíes del escrito, el abogado señaló expresamente que asumía el patrocinio del mismo. A juicio de los ministros dicha indicación no era suficiente, puesto que siendo el de casación un recurso de derecho estricto, "dicha circunstancia debe consignarse clara y precisamente en el escrito respectivo, lo que no ocurre en el caso de marras". Lo anterior fue considerado por la Corte Suprema como una falta o abuso grave, al concluir que el texto del recurso tanto en su forma como en su contenido, era suficiente para tener por cumplido el requisito en cuestión, y que la inadmisibilidad del mismo se había debido a *"un exceso de formalismo que no se condice con la finalidad perseguida en la norma legal que establece tal presupuesto"*, lo que es aún más grave, sigue la Corte, si se considera que los recurridos *"no entregan ninguna argumentación jurídica que haga razonable la decisión de inadmisibilidad"*. Por ello se acogió el recurso de queja.

---

299 Corte Suprema, rol 683-06, de 19 de abril de 2006.

300 Corte Suprema, rol 3.622-08, de 29 de diciembre de 2008.

Una situación similar a la anterior tuvo lugar en la causa "**Astudillo con DGA**"[301], en la que una corte de apelaciones declaró inadmisibles los recursos de casación en la forma y en el fondo interpuestos por una de las partes, porque no habrían sido patrocinados por abogado habilitado para el ejercicio de la profesión. A juicio de dicha corte en el escrito no se señaló expresamente que el abogado que firmaba los recursos asumiría su patrocinio, lo que implicaba una vulneración del artículo 772 del CPC. Además, se declararon inadmisibles los recursos porque el abogado patrocinante no acreditó su calidad de abogado en la secretaría de la corte de apelaciones. En contra de los ministros que decretaron la inadmisibilidad se interpuso un recurso de queja, fundado en que, no obstante no se señaló expresamente que la abogada asumía el patrocinio, ello podía inferirse claramente de la escritura de mandato judicial que acompañó a la interposición de los recursos. Asimismo, se argumentó que no era efectivo que no se hubiera acreditado la calidad de abogado. El recurso de queja fue acogido por la Corte Suprema, al estimar que los ministros incurrieron en una falta o abuso grave al declarar inadmisibles los recursos, ya que por un lado la falta de las palabras expresas asumiendo la condición de patrocinante no eran razón para concluir que tales recursos carecían de patrocinador, siendo que el mismo había sido redactado y firmado por un abogado, y por el otro, que sin perjuicio de que la formalidad de acreditar la calidad de abogado no la exige la ley, igualmente fue cumplida por el recurrente al acompañar el mandato judicial a su recurso, en el cual consta que, ante notario, se acreditó dicha calidad, lo que tornaba innecesario reiterar la gestión ante la secretaría respectiva.

Finalmente, en la causa "**Burgos con Cárdenas**"[302] una corte de apelaciones declaró inadmisible un recurso de apelación, por considerar que éste no cumplía con los requisitos formales para su interposición, puesto que contendría pretensiones contradictorias que se anularían entre sí, incumpliendo con ello la exigencia de todo recurso de apelación de contener peticiones concretas. A juicio de la corte, la contradicción del recurrente consistió en haber pedido en el recurso que se acogiera la demanda, y al mismo tiempo, que se rechazaran las pretensiones de la actora. Conociendo de un recurso de queja interpuesto en contra de los ministros que decretaron dicha inadmisibilidad, la Corte Suprema concluyó que los mismos incurrieron en falta o abuso grave al declarar inadmisible el recurso, toda vez que en el mismo constaban expresamente las pretensiones concretas

301 Corte Suprema, rol 3.814-2012, de 26 de julio de 2012.

302 Corte Suprema, rol 6.036-2014, de 14 de mayo de 2014.

del recurrente, sin perjuicio de la existencia de un error taquigráfico, sólo en la parte petitoria, mas no en el contenido del recurso, que podía sembrar confusión al respecto. A su juicio, si los recurridos hubieran revisado con detención el recurso se habrían percatado que la contradicción se debió a un error puntual, pero en ningún caso implicaba que la apelación careciera de peticiones concretas. Concluyendo el Máximo Tribunal que *"al haberse desestimado la reposición de la resolución que declaró la inadmisibilidad de dicho recurso, sustentado en un análisis superficial y parcial del mismo, se ha cometido una falta o abuso que se estima grave, desde el momento que tal decisión se pretende justificar ateniéndose en forma exclusiva a su parte petitoria y no a su texto y argumentación general, fundándose únicamente en una aparente contradicción en lo que se refiere a las peticiones formuladas, oposición que desaparece si se examina en su conjunto el mismo, cuestión a la que se encontraban obligados los jueces recurridos"*.

3. INFRACCIÓN A LAS REGLAS SOBRE CADUCIDAD Y PRESCRIPCIÓN EXTINTIVA

La prescripción extintiva la define el artículo 2492 del CC como aquel modo de extinguir las acciones y derechos ajenos por no haberse ejercido dichas acciones y derechos durante cierto lapso de tiempo. La caducidad, por su parte, ha sido definida como *"la extinción 'ipso jure' de la facultad de ejercer un derecho o celebrar un acto, por no haberse ejercido o realizado dentro de un plazo de carácter legal que la ley establece"*.[303] Si bien ambas instituciones son distintas, tienen como objetivo común el promover la certeza jurídica, evitando que las contingencias jurídicas permanezcan abiertas por más tiempo del que sea razonable.[304]

Atendida la importancia de ambas figuras para el funcionamiento de nuestro ordenamiento jurídico, en distintas ocasiones la Corte Suprema ha catalogado como una falta o abuso grave la infracción de las normas y principios que las regulan, principalmente en aquellos casos en los que dicha infracción importa privar a una de las partes de su derecho a la tutela judicial efectiva.

303 ALESSANDRI RODRÍGUEZ y SOMARRIVA UNDURRAGA (1941), p. 457.

304 Cfr. BARCIA LEHMAN (2012), p. 120.

3.1. Al acoger una acción que se encontraba prescrita o caduca

En la causa "**Silva con Comercializadora Ditec S.A**"[305] se discutió sobre la compra que hizo un consumidor de un vehículo avaluado en más de 45 millones de pesos. La operación tuvo lugar en diciembre del año 2010. Según consta en el expediente, el vehículo desde un principio experimentó diversas fallas, las cuales fueron reparadas por el vendedor cada vez que le fue solicitado por el comprador. Producto de las fallas se otorgó una nueva garantía de reparación, la cual se extendería por tres años a partir de la última reparación, o hasta que el vehículo alcanzara los 100.000 kilómetros. Sin perjuicio de lo anterior, en mayo del año 2011 el consumidor dedujo querella infraccional ante el juzgado de policía local competente, por infracción a la LPC, y además una demanda de devolución del dinero pagado. Ambas acciones fueron rechazadas por el tribunal en virtud de lo dispuesto en el artículo 21 de la LPC, por considerar que había expirado el plazo de tres meses con el que cuenta el consumidor para demandar la devolución del dinero, contado desde que el comprador recibe el producto. Dado que la compra se materializó en diciembre de 2010, el plazo de interposición de la demanda se encontraba vencido a mayo de 2011. En contra de la sentencia se alzó en apelación el demandante, alegando que el vendedor del automóvil le había extendido el plazo de garantía a tres años, lo que habría dejado sin efecto el plazo de tres meses contenido en la ley. La corte de apelaciones respectiva acogió el argumento y también la demanda, puesto que a su juicio la acción fue interpuesta dentro del plazo legal para hacerlo. En contra de los ministros que dictaron la sentencia de segunda instancia se interpuso recurso de queja, el que fue acogido por la Corte Suprema, al concluir que el criterio del tribunal de primera instancia era el acertado, toda vez que la acción fue interpuesta fuera del plazo de tres meses establecido en la ley, por lo que al prorrogar dicho plazo y acoger una demanda extemporánea, cometieron una falta o abuso grave. *"SEXTO: Que en este entendimiento, los recurridos estimaron erróneamente que concurrían las exigencias del artículo 21 de la ley del consumidor para que opere el derecho que otorga el artículo 20 letra e) de demandar la cantidad pagada, desatendiendo la prueba rendida, permitiendo accionar al actor fuera de los términos y plazos que la ley le faculta, contraviniendo las disposiciones antes señaladas, ordenando en definitiva la devolución de una suma de dinero en forma improcedente"*. Hacemos presente que recientemente la Corte Suprema adoptó la posición opuesta en un caso similar ("**González con**

---

305 Corte Suprema, rol 981-2013, de 23 de mayo de 2013.

Williamson Balfour Motors S.A."), y concluyó que el triple derecho se activaba sólo una vez que expiraba la garantía entregada por el vendedor. Volveremos sobre este tema más adelante.

En los autos caratulados "**Cáceres con Empresa de Transportes Compañía de Seguridad de Chile Limitada**"[306] los ministros de una corte de apelaciones aplicaron de forma incorrecta la regla de caducidad contenida en el artículo 168 del CT, al estimar que la presentación del reclamo administrativo permitía aumentar el plazo de suspensión de la caducidad en hasta noventa días, siendo que la ley es clara al señalar que dicho aumento no puede exceder en 30 días. Ello tuvo como consecuencia que se acogió una acción que ya estaba caducada, lo que a juicio de la Corte Suprema constituyó una falta o abuso grave, *"al haberse fallado contra texto expreso de ley que influye sustancialmente en lo dispositivo, desde que condujo a acoger una acción caducada y condenar a la demandada a pagar prestaciones improcedentes"*.

3.2. Por declarar prescrita o caduca una acción que no lo estaba

Así como la Corte Suprema ha considerado como una falta o abuso grave el que un tribunal acoja una acción que estaba prescrita o caducada al momento de su interposición, el mismo criterio se ha replicado para aquellos casos en los que se declara prescrita o caducada una acción que en realidad no lo estaba. Esta situación es particularmente grave, puesto que vulnera el derecho a la tutela judicial efectiva de aquella parte que intenta su acción, pero injustificadamente se la desecha por extemporánea. Según veremos a continuación, este escenario pueden motivarlo distintas circunstancias, tales como el cómputo incorrecto de los plazos de prescripción, la aplicación de una norma de caducidad o prescripción distinta de aquella que corresponde, la reducción de un plazo de prescripción o caducidad, entre otras.

3.2.1. Aplicando una norma sobre prescripción o caducidad inadecuada

En la causa "**Agrícola San Isidro Limitada con DGA**"[307] un particular interpuso una reclamación ante una corte de apelaciones en contra de una resolución dictada por la DGA, dentro del plazo de treinta días que dispone el artículo 137 del

306 Corte Suprema, rol 2.257-2012, de 23 de mayo de 2012.

307 Corte Suprema, rol 5.576-2012, de 4 de octubre de 2012.

Código de Aguas. Dado que dicha norma no especifica si se trata de días hábiles o corridos, la recurrente consideró que el plazo era de días hábiles, ya que a su juicio resultaban aplicables las normas supletorias del CPC. No obstante lo anterior, la corte de apelaciones respectiva declaró inadmisible el recurso por considerarlo extemporáneo, puesto que a su juicio las normas supletorias aplicables eran las del CC, artículo 50, que dispone que los plazos son de días corridos. Conociendo de un recurso de queja interpuesto en contra de los ministros que declararon la inadmisibilidad, la Corte Suprema lo acogió, al considerar que los mismos incurrieron en una falta o abuso grave al obrar como lo hicieron, puesto que a falta de norma expresa, la norma aplicable era la contenida en la ley 19.880, que establece las bases para procedimientos administrativos, que dispone que los plazos son sólo de días hábiles, excluyéndose por lo tanto los días sábados, domingos y festivos.

En los autos caratulados "**Hidalgo con Piamonte S.A.**"[308] se discutió respecto de las normas sobre interrupción de la prescripción que debían aplicarse en las causas relacionadas con la LPC, dado que esta última no regula expresamente la materia. Concretamente se discutió si el plazo de seis meses contenido en su artículo 26 se interrumpía con la sola interposición de la demanda, según lo dispone el artículo 54 inciso tercero de la ley 15.231 (que regula el procedimiento ante los juzgados de policía local), o bien, si dicha interrupción de la prescripción requería además de la notificación válida de la demanda, según las reglas del CC. La importancia de esta cuestión radicaba en que la aplicación de uno u otro criterio determinaría si la acción estaba caducada o prescrita al momento de su interposición. La corte de apelaciones respectiva, conociendo en segunda instancia del asunto, se inclinó por aplicar las normas del CC, lo que importó en los hechos que la demanda fuera rechazada, por haberse interpuesto cuando ya se encontraba prescrita la acción, sin que hubiera sido notificada válidamente dentro del plazo. En contra de los ministros que dictaron la sentencia se interpuso recurso de queja, fundado entre otras cosas, en que incurrieron en falta o abuso grave al declarar prescrita una acción que no lo estaba, puesto que de haberse aplicado las normas sobre interrupción de la prescripción que correspondía aplicar –las contenidas en la ley que regula el procedimiento ante los juzgados de policía local– no podría haberse tenido por prescrita la acción, dado que el plazo de prescripción de la misma se habría visto interrumpido antes de completarse. La Corte Suprema acogió el recurso de queja al concluir que efectivamente los ministros incurrieron en falta

308 Corte Suprema, rol 4.921-2009, de 16 de noviembre de 2009.

o abuso grave, puesto que era improcedente aplicar las reglas supletorias del CC, porque existía una norma específica que regulaba la materia.

En "**Restaurantes Fritz Limitada con Inspección del Trabajo**"[309] una sociedad interpuso una solicitud de reconsideración administrativa ante la Inspección del Trabajo, intentando que se dejara sin efecto una multa. Si bien dicha solicitud fue interpuesta dentro del plazo de 30 días que establece el artículo 512 del CT, la misma fue rechazada por extemporánea, dado que a juicio de la autoridad el plazo para presentarla no era de días hábiles, como consideró la recurrente, sino que de días corridos, puesto que a falta de norma expresa que lo regulara, debían aplicarse las normas supletorias contenidas en el CC (que disponen que los plazos son de días corridos, salvo disposición expresa en contrario). En contra de dicha resolución la empresa presentó un reclamo judicial, el cual fue rechazado por compartir el tribunal el criterio aplicado por la Inspección del Trabajo. Posteriormente la corte de apelaciones respectiva confirmó la sentencia. En contra de los ministros que dictaron la sentencia se interpuso recurso de queja, el cual fue acogido por la Corte Suprema, al considerar que se aplicó una norma sobre plazos distinta a la que correspondía aplicar. A juicio del Máximo Tribunal, el hecho de que se tratara de una multa aplicada por una autoridad administrativa, implicaba que la falta de norma expresa debía suplirse con la ley 19.880 y no con el CC, por lo que sólo se podía concluir que "*al haberse calificado el plazo de 30 días de que se trata, como de días corridos, los jueces del grado han incurrido en falta grave que afecta el debido proceso y es enmendable por esta vía disciplinaria, en la medida que su errada decisión ha privado al recurrente de su derecho a exigir que su reclamación fuera revisada por la autoridad competente, pese a haber sido presentada durante el término legal*".[310]

3.2.2. *Infringiendo las normas sobre interrupción o suspensión del plazo de caducidad o prescripción*

Según se señaló, uno de los requisitos básicos de la prescripción extintiva y de la caducidad es el transcurso del tiempo, ya que ambas figuras sólo pueden operar en la medida en que se haya cumplido un determinado lapso de tiempo sin que

309 Corte Suprema, rol 9.601-2012, de 21 de febrero de 2013.

310 De forma similar se resolvieron las causas "Condominio Doña Isabel con Inspección Comunal del Trabajo de Talagante", rol 5.129-2017, de 9 de mayo de 2017; "Carvacho con Corporación Municipal de Ancud", rol 5.996-2017, de 28 de marzo de 2017, entre otras.

el actor haya ejercido sus derechos o acciones. Tal como lo dispone el artículo 2514 del CC, "la prescripción que extingue las acciones y derechos ajenos exige solamente cierto lapso de tiempo, durante el cual no se hayan ejercido las dichas acciones".[311] El mismo criterio se aplica para la caducidad.

Ahora bien, ese transcurso del tiempo puede verse interrumpido o suspendido bajo ciertas circunstancias. La interrupción de la prescripción es un mecanismo en virtud del cual un plazo que estaba corriendo se detiene, y que además torna ineficaz el tiempo ya transcurrido a la fecha de la interrupción.[312] La suspensión, en tanto, es un beneficio establecido en favor de ciertas personas que, en atención a algunas circunstancias excepcionales en las que se encuentran, no pueden verse afectadas por la prescripción o la caducidad mientras dichas circunstancias se mantengan. Una vez que las mismas se superan, el plazo de prescripción o caducidad puede comenzar a correr o seguir corriendo, según sea el caso.[313] Tanto la interrupción como la suspensión de los plazos de caducidad y de prescripción operan sólo en los casos establecidos por el legislador.

Atendida la sensibilidad de ambas figuras es importante que los tribunales las apliquen de forma correcta, ya que equivocarse en ello puede tener graves consecuencias para las partes. Por ejemplo, el demandante en cuyo favor operó la interrupción se verá privado de su derecho a la tutela judicial efectiva si el tribunal ante el que interpuso su demanda considera erróneamente que dicha interrupción no operó, y que por lo tanto su demanda se encontraba prescrita al momento de su interposición. De la misma forma, la incorrecta aplicación de las normas sobre interrupción o suspensión podrán implicar que se vulnere la certeza jurídica del demandado[314], y además una serie de derechos adquiridos por aquellos que no fueron demandados dentro del plazo que la ley establecía para hacerlo. Es por ello que la Corte Suprema ha considerado en diversas ocasiones que constituye una falta o abuso grave la infracción de las reglas sobre la interrupción y suspensión de los plazos de caducidad y prescripción.

Una de esas reglas dice relación con el trámite con el que debe cumplir el demandante para que la interrupción opere en su favor. Desde antaño se ha

---

311 Si bien hoy existe acuerdo en que la norma en comento no incluye todos los requisitos de la prescripción, la misma es ilustrativa respecto de la importancia del tiempo en las figuras en estudio. En ese sentido Cfr. MEZA BARROS (2008), p. 231.

312 Corte Suprema, "Dried Fruit Valley SPA con Agroindustrial Sisal Limitada", rol 4.229-2018, de 29 de mayo de 2018.

313 Cfr. MEZA BARROS, *ob. cit.*, p. 238.

314 Cfr. Ibid, p. 230.

discutido si la misma se produce con la sola interposición de la demanda, o bien, si es necesario notificar válidamente la demanda para que ella opere. La duda nace debido principalmente a la poca claridad del CC en la materia.[315] Existen reputados autores a favor y en contra de una y otra opción[316], y la jurisprudencia tradicionalmente se ha inclinado por exigir la notificación de la demanda para que opere la interrupción de la prescripción. De hecho, en la causa "**Vásquez con Águila Construcciones S.A. y Municipalidad de Lonquimay**"[317] la Corte Suprema consideró que constituía una falta o abuso grave que un tribunal resolviera que para que operara la interrupción de la prescripción bastaba con la presentación de la demanda, sin que fuera necesaria su notificación. *"Décimo tercero: Que sin embargo, en la sentencia impugnada los jueces recurridos estimaron que la sola presentación de la demanda interrumpe el plazo de prescripción de la acción, en circunstancias que, de una correcta lectura del artículo 510 del CT en relación con los artículos 2523 y 2524 del CC, no puede sino concluirse que lo que dichas normas establecen es que el requerimiento, esto es, la notificación válida de la demanda interrumpe el lapso de prescripción (…) Décimo quinto: Que, en las circunstancias descritas no era dable concluir, como lo hicieron los Ministros recurridos, que el plazo de prescripción se interrumpe con la sola interposición de la demanda, de modo que al decidirlo así los sentenciadores han cometido falta grave en la decisión del asunto, enmendable todo ello por la vía disciplinaria".*[318]

Respecto de la decisión anterior, hacemos presente que desde hace algún tiempo ha comenzado a abrirse un espacio en la Corte Suprema para cambiar el criterio, y comenzar a considerar la sola interposición de la demanda como suficiente para interrumpir la prescripción.[319] Este es un tema sobre el que actualmente no existe consenso. Sin embargo para lo que aquí importa, la infracción de las reglas sobre la interrupción y suspensión de la prescripción sigue considerándose como una falta o abuso grave.

---

315 Mientras el artículo 2518 inciso tercero del CC dispone que la prescripción extintiva se interrumpe "por la demanda judicial", el artículo 2503 N° 1 del mismo cuerpo legal señala que la demanda no interrumpe la prescripción si no ha sido "notificada" en forma legal.

316 Cfr. CORRAL TALCIANI (2016).

317 Corte Suprema, rol 2.931-2012, de 22 de junio de 2012.

318 Se hace presente que el tema de la interrupción de la prescripción de acuerdo a las reglas del CC no es pacífico ni a nivel jurisprudencial ni doctrinal.

319 "Vargas con Marmolejo", Corte Suprema, rol 6.900-2015, de 31 de mayo de 2016.

Por ejemplo, en la causa "De la Fuente con Bucher Vaslin Sudamericana S.A."[320] se interpuso una demanda por despido injustificado. Dicha demanda fue rechazada por el tribunal de primera instancia, por considerar que al momento de su interposición había transcurrido el plazo de caducidad de sesenta días que contiene el artículo 168 del CT. A su juicio, la fecha del despido exigía al trabajador interponer su demanda antes del 17 de noviembre de 2011, lo que no sucedió, dado que la misma ingresó a la secretaría del tribunal con fecha 6 de diciembre del mismo año. En contra de dicha sentencia el trabajador recurrió ante la corte de apelaciones respectiva, alegando que luego del despido reclamó ante la Inspección del Trabajo, lo que produjo la suspensión del plazo de caducidad en virtud de lo señalado en el inciso final del artículo 168 del mismo cuerpo legal, que dispone que "*[e]l plazo contemplado en el inciso primero se suspenderá cuando, dentro de éste, el trabajador interponga un reclamo por cualquiera de las causales indicadas, ante la Inspección del Trabajo respectiva. Dicho plazo seguirá corriendo una vez concluido este trámite ante dicha Inspección...*". La corte de apelaciones respectiva rechazó el recurso y confirmó la sentencia impugnada. En contra de los ministros se interpuso recurso de queja, el cual fue acogido por la Corte Suprema, al considerar que incurrieron en una falta o abuso grave al infringir la regla sobre suspensión del plazo de caducidad contenida en el inciso final del artículo 168. A juicio del Máximo Tribunal, los jueces recurridos no sólo aplicaron de forma incorrecta la norma de interrupción (o suspensión), sino que además, con ello impusieron a la demandante exigencias adicionales para poder acceder a los tribunales.

Una situación similar tuvo lugar en la causa "Lara con Corporación Cultural de Lo Barnechea"[321], en la que la Corte Suprema acogió un recurso de queja al considerar que los ministros de una corte de apelaciones incurrieron en falta o abuso grave al declarar prescrita una acción, a pesar de que el artículo 510 del CT expresamente establecía que el plazo de prescripción de la misma debía suspenderse con la interposición de un reclamo ante la autoridad administrativa. "8° *Que, por lo tanto, como la parte demandante acudió a la sede administrativa y luego al juzgado competente dentro del plazo legal para obtener un pronunciamiento favorable a sus intereses, notificando la demanda también dentro del término que señala la ley, se debe inferir que no correspondía declarar la prescripción de la acción que ejerció, y al no entenderlo las ministras recurridas –debido a una lectura sesgada e interpretación contraria al claro tenor literal de la norma de que se trata– cometieron falta grave que debe ser enmendada por la presente vía*".

320 Corte Suprema, rol 2.109-2012, de 10 de mayo de 2012.

321 Corte Suprema, rol 58.922-2016, de 29 de noviembre de 2016.

También en materia laboral, en "**Godoy con Mar Seguridad Privada Ltda y otros**"[322], tuvo lugar una situación similar a la anterior, puesto que con fecha 17 de enero de 2018, un empleado se auto despidió de su trabajo. Dos días después, el 19 de enero de 2018, recurrió ante la Inspección del Trabajo invocando un auto despido, la nulidad del mismo y cobro de prestaciones laborales. La instancia administrativa fue resuelta de forma adversa para el empleado, con fecha 28 de febrero de 2018. Luego con fecha 18 de abril de 2018 el actor dedujo demanda ante el tribunal laboral competente, la cual fue rechazada de oficio, por concluir el tribunal que había operado el plazo de caducidad de 60 días establecido en el artículo 171 del CT, ya que no resultaba aplicable la suspensión del plazo que estipulaba el artículo 162 del referido cuerpo legal, puesto que el mismo sólo se refiere al despido directo y no al auto despido. Dicho pronunciamiento fue confirmado por la corte de apelaciones respectiva. En contra de los ministros respectivos se interpuso recurso de queja, fundado en que con la interpretación efectuada privaron a la parte demandante de su derecho a la tutela judicial efectiva. El recurso de queja fue acogido por la Corte Suprema, al considerar que la suspensión del plazo de caducidad que aplicaba para los casos de despido por el empleador, resultaba igualmente aplicable para los casos de despido indirecto, y por lo tanto era procedente la suspensión del plazo para recurrir a los tribunales de justicia, mientras se tramitaba el reclamo efectuado por el trabajador ante la Inspección del Trabajo.[323]

En materia de consumo, en la causa "**González con Williamson Balfour Motors S.A.**"[324], una persona compró un vehículo que presentó fallas desde un comienzo. Ello llevó a que el comprador lo mandara al taller en distintas ocasiones, haciendo uso de la garantía de tres años que le otorgó el vendedor al momento de la compraventa. Sin embargo, y debido a que a pesar de las reparaciones el automóvil seguía fallando, su dueño decidió interponer una demanda de perjuicios y querella infraccional ante el juzgado de policía local competente, solicitando que le fuera reembolsado el valor pagado por el vehículo, más la

322 Corte Suprema, rol 14.774-2018, de 26 de julio de 2018.

323 En igual sentido se resolvió en "Estrada con ICC Informática SpA", rol 12.720-2018, de 6 de septiembre de 2018; en "Pereira con Green Carpet SPA", rol 22.923-2018, de 26 de diciembre de 2018; y en "Vásquez con Metalúrgica Sep Limitada", rol 31.837-2018, de 7 de marzo de 2019. En "Montenegro con Ministros de Corte de apelaciones", rol 16.559-2018, de 18 de febrero de 2019, en tanto, se rechazó el recurso de queja, pero luego obrando de oficio la Corte Suprema arribó a la misma conclusión.

324 Corte Suprema, rol 8.285-2018, de 9 de abril de 2019.

indemnización del daño moral que el problema le había generado. El tribunal de primera instancia acogió la demanda, y condenó a la automotora a devolver el precio, y a pagar el daño moral. En contra de dicha sentencia la demandada interpuso recurso de apelación, fundado en que la acción interpuesta había caducado o prescrito, toda vez que el derecho a exigir de vuelta el precio había sido ejercido con posterioridad al plazo de tres meses que establece el artículo 21 de la LPC, que se calcula a partir del momento de la compraventa. La corte de apelaciones acogió el recurso, y dejó sin efecto la sentencia, negándole lugar tanto a la devolución del precio como a la indemnización. En contra de los ministros que resolvieron en segunda instancia se interpuso un recurso de queja, que fue acogido por la Corte Suprema al considerar que había habido una falsa aplicación de las normas que regulan la caducidad y la prescripción, toda vez que en estos casos, el plazo para exigir el precio de vuelta comienza a correr una vez terminada la garantía convencional acordada por las partes en el contrato, y no desde el momento en que se perfecciona la compraventa. *"Es manifiesto que la acción para perseguir las responsabilidades contravencionales y civiles fue ejercida dentro del término legal, incurriendo en una falsa aplicación de los artículos 20, 21, 23 y 26 de la Ley del Consumidor, de manera que procede enmendar por esta vía tal falta o abuso, lo que conduce a esta Corte a acoger el recurso interpuesto y adoptar las medidas para remediarlo"*.

Finalmente nos referiremos a la causa "**Díaz con Calzados Gino S.A.**"[325], en la que se discutió si la interposición de una medida prejudicial preparatoria producía el efecto de interrumpir el plazo de prescripción de la demanda que se preparaba por esa vía. Tanto en primera como en segunda instancia los tribunales respectivos se inclinaron por considerar que la medida prejudicial no producía el efecto pretendido por el demandante, y rechazaron la demanda por concluir que la misma fue interpuesta fuera de plazo. Sin embargo, conociendo de un recurso de queja, la Corte Suprema concluyó que la medida preparatoria sí había tenido el efecto de interrumpir la prescripción, toda vez que en el escrito en que fue solicitada la medida prejudicial preparatoria, se señaló expresamente que ella tenía por objeto preparar la entrada al juicio, además de especificarse las acciones que se deducirían posteriormente. *"Decimonoveno: Que, en ese contexto, y considerando que la caducidad es una sanción de carácter procesal que debe aplicarse al litigante que se abstiene de manifestar su voluntad dentro del término legal, en orden a que se le reconozcan los derechos que estima que le asisten, la que, en el*

325 Corte Suprema, rol 36.485-2015, de 18 de mayo de 2016.

caso de autos, fue exteriorizada por el trabajador al presentar una medida prejudicial y posterior demanda ante el Primer Juzgado de Letras del Trabajo de Santiago dentro del plazo legal, debidamente asesorada por un profesional letrado, se debe inferir que no correspondía declarar caduca la acción que ejerció referida a la improcedencia del despido, y al no entenderlo así los recurridos cometieron falta grave que debe ser enmendada por la presente vía".[326]

3.2.3. *Reduciendo los plazos de prescripción o caducidad*

Otra regla en materia de prescripción y caducidad es que los plazos que las rigen sólo pueden ser establecidos por ley[327], lo que implica que sólo toca al legislador modificar tales plazos. Hace algunos años la Corte Suprema consideró una falta o abuso grave que un tribunal se tomara dicha atribución, y redujera el plazo para interponer una demanda. Compartimos dicho criterio, puesto que acortar un plazo legal probablemente implicará privar de él a un litigante, quien por lo tanto se verá impedido de presentar su acción.

Así ocurrió en "**Masenlli con Metlife**"[328], donde un asegurado denunció ante su aseguradora la ocurrencia de uno de los siniestros que se encontraban cubiertos por la póliza. Concretamente el cliente padecía de una insuficiencia renal crónica, y solicitó a la empresa el pago de los montos asociados. Con fecha 13 de febrero de 2013 se le negó lugar a la cobertura, fundado en que el episodio de salud denunciado, un supuesto cáncer testicular, no estaba cubierto por la póliza. Por lo anterior el asegurado presentó una nueva solicitud, insistiendo que su enfermedad era la insuficiencia renal, y que la misma sí estaba cubierta por la póliza. Dicha cobertura fue rechazada nuevamente por la aseguradora con fecha 8 de agosto del año 2013. En diciembre de ese año el asegurado interpuso denuncia y demanda en contra de la empresa, solicitando que se le aplicara a ésta una multa y además se la condenara a pagarle una indemnización de perjuicios. En primera instancia el demandante obtuvo una sentencia favorable, aplicándose la multa y concediéndose la indemnización. Sin embargo, dicha sentencia fue revocada en segunda instancia, por considerar la corte de apelaciones que la demanda fue interpuesta de forma extemporánea, dado que el plazo para su

326 En igual sentido "Carvacho con Universidad Técnico Federico Santa María", rol 23.043-2018, de 10 de diciembre de 2018; y "Barraza con Telefónica Chile", rol 24.642-2018, de 3 de enero de 2019.

327 Cfr. MEZA BARROS, *ob. cit.*, p. 239.

328 Corte Suprema, rol 37.058-2015, de 3 de febrero de 2016.

interposición –6 meses– debía computarse desde febrero de 2013, cuando se rechazó la petición del asegurado por cáncer testicular, y no desde agosto del mismo año, cuando el consumidor recibió una segunda respuesta negativa de parte de la aseguradora.

En contra de los ministros de la corte de apelaciones respectiva se interpuso recurso de queja, fundado en que habrían cometido una falta o abuso grave al escoger, como día de inicio del cómputo del plazo, aquél en que la aseguradora rechazó por primera vez la cobertura solicitada (febrero de 2013), y no desde aquél en que la misma se rechazó por segunda vez (agosto de 2013). La Corte Suprema acogió el recurso al concluir que los ministros incurrieron en una falta o abuso grave, puesto que redujeron los plazos de prescripción que regulaban la materia, infringiendo con ello el artículo 541 del CCo., que señala expresamente que el plazo de prescripción no puede ser abreviado bajo ninguna forma de caducidad o preclusión, *"resultando prohibido por el legislador la abreviación de los plazos de prescripción, que es precisamente lo que ocurriría de seguirse lo postulado por los jueces recurridos"*.

3.2.4. *Determinando incorrectamente la fecha desde la que se calcula el plazo*

Otro aspecto determinante de la prescripción y caducidad es la fecha desde la cual deben contarse los plazos para que operen. Si bien es la ley la que especifica el hito que gatilla el cómputo del plazo en cuestión, con frases tales como "al momento de la infracción" o "al tomarse conocimiento del daño", muchas veces en la práctica no resulta fácil establecer el momento preciso en que dichos sucesos ocurren. Es común que las partes no logren ponerse de acuerdo sobre la fecha en que se produjo un incumplimiento contractual, o en que se tomó conocimiento de un daño, especialmente si ello determinará que la acción se encuentra prescrita o ha caducado.

Lo anterior deja en evidencia el importante rol que juegan los tribunales de justicia para definir el momento exacto en que comienza a correr el plazo de prescripción o caducidad, lo que exige que exista un control estricto sobre ellos para asegurarse que los criterios adoptados sean los correctos. Cualquier error en la materia implicará que todo el cómputo del plazo se verá afectado, y que la caducidad o prescripción opere antes o después de lo que en realidad corresponde, lo que se traducirá o en una infracción al derecho a la tutela judicial efectiva del demandante, o al derecho a la certeza jurídica del demandado. Por lo tanto, la infracción de esta regla constituirá una falta o abuso grave.

Así fue resuelto en "Carbone con Sename"[329], donde una trabajadora de un organismo público, en el mes de abril de un año determinado, consultó de manera informal a sus superiores si tendría derecho a ejercer el postnatal parental, una vez que naciera su hijo. En esa oportunidad recibió, también de forma informal, una respuesta negativa. Nacido su hijo, en octubre del mismo año, la funcionaria intentó hacer uso del derecho al postnatal parental, lo cual le fue negado, ahora de forma oficial. Frente a la respuesta negativa, en diciembre de ese año la funcionaria interpuso una demanda de tutela laboral por vulneración de derechos fundamentales, la cual fue rechazada por concluir el tribunal que se había completado el plazo de caducidad del inciso final del artículo 486 del CT, que era de 60 días contados desde la vulneración de derechos que se alega. A juicio del tribunal, la vulneración se produjo en el mes de abril del año en cuestión, cuando la empleada se enteró, aunque de manera informal, que no podría hacer uso del derecho que pretendía. La corte de apelaciones respectiva confirmó el criterio y la sentencia de primera instancia. En contra de los ministros se interpuso un recurso de queja, fundado en que el plazo de caducidad debía comenzar a correr en diciembre y no en abril, puesto que recién en aquella fecha fue que la empleada intentó de forma infructuosa ejercer el derecho en cuestión. Así también lo entendió la Corte Suprema al acoger el recurso, y considerar que los recurridos habían incurrido en una falta o abuso grave, que a la larga terminó por privar a la trabajadora de su derecho a acceder a los tribunales de justicia.

En la causa "Sernac con Empresas La Polar S.A."[330] se discutió sobre la fecha en que se había producido una determinada infracción a la LPC, y por lo tanto, si la acción interpuesta para denunciarla se encontraba o no prescrita. Un consumidor compró una lavadora en una casa comercial, la cual presentó fallas desde un comienzo. Por ello presentó un reclamo a la empresa con fecha 19 de junio de 2015, y el producto fue sometido a una revisión técnica. Con fecha 22 de junio de 2015 se emitió el informe técnico, que concluyó que el producto presentaba fallas de fábrica. Frente a lo anterior el consumidor solicitó a la empresa el cambio del producto o la devolución del dinero, a lo cual la empresa respondió que la única alternativa que le podía ofrecer era la reparación del producto. Por lo anterior el consumidor interpuso querella infraccional y demanda de indemnización de perjuicios con fecha 9 de marzo de 2016, las cuales fueron acogidas por el tribunal de primera instancia. Conociendo de un recurso de apelación presentado por la

---

329 Corte Suprema, rol 19.257-2017, de 3 de agosto de 2017.

330 Corte Suprema, rol 33.707-2017, de 31 de octubre de 2017.

empresa, la corte de apelaciones confirmó la querella infraccional pero revocó la sentencia indemnizatoria, por considerar que la misma se encontraba prescrita al momento de su interposición. A su juicio, y a diferencia de lo sostenido en primera instancia, el plazo de prescripción debía contarse desde la fecha en que se efectuó la compra y no desde que se le dio la respuesta negativa al consumidor.

En contra de los ministros que revocaron parcialmente la sentencia de primera instancia se interpuso recurso de queja, fundado en que el plazo de prescripción debía haberse contado desde que se emitió el informe del servicio técnico, puesto que recién ahí el consumidor habría tomado conocimiento del defecto del producto adquirido. La Corte Suprema acogió dicho argumento y el recurso de queja, al concluir que *"ante la existencia de fallas en el bien adquirido, nace para el consumidor el derecho a la garantía legal contenido en el artículo 21 antes señalado. Ante el requerimiento de la consumidora de autos, el proveedor ofreció asistencia técnica, que concluyó con el informe de 22 de junio de 2015, el cual estableció la existencia de la falla, y dio únicamente la posibilidad de reparación, vulnerando el texto del citado artículo 21. Es en esa oportunidad que se produce la infracción legal y determina el inicio del cómputo del plazo de prescripción, pues se la privó de los derechos de reposición, previa restitución, o devolución de lo pagado"*.

3.2.5. *Computando erróneamente el plazo de caducidad o prescripción*

También se ha considerado como una falta o abuso grave que el tribunal compute de forma equivocada un plazo de caducidad o prescripción, especialmente si con ello se impide a una de las partes acceder a los tribunales de justicia. Para evitar confusiones con temas abordados previamente, la infracción que aquí se trata consiste en "contar mal los días del plazo".

En los autos "**Barahona con CDE**"[331] se interpuso una demanda de tutela en sede laboral con fecha 14 de agosto de 2017, la que fue rechazada en primera instancia por considerarse que el derecho a interponerla había caducado por no ejercerse dentro del plazo de 60 días que establece el artículo 489 del CT. Dicho criterio fue confirmado por la corte de apelaciones. Se interpuso recurso de queja en contra de los ministros en cuestión, fundado en el error en el cómputo del plazo de caducidad. Ello puesto que el tribunal de primera instancia reconoció que la notificación del Decreto Exento que puso término a la relación entre el demandante y el órgano de la administración respectivo se notificó con fecha 5

331 Corte Suprema, rol 2.427-2018, de fecha 25 de abril de 2018.

de junio de 2017, y por lo tanto desde esa fecha debían contarse los 60 días que establece la ley. Dado que la demanda se interpuso con fecha 14 de agosto de 2017, bastaba una operación aritmética para concluir que la demanda fue interpuesta dentro de plazo. El recurso de queja fue acogido por la Corte Suprema, no sólo por la clara infracción cometida, sino que además, porque la misma implicó que se afectara la garantía a un justo y racional proceso del demandante, y su derecho a que *"el tribunal se pronuncie sobre el fondo de la denuncia"*.

3.2.6. *Aplicando la caducidad en casos en los que la ley no la contempla*

También constituye una falta o abuso grave que un tribunal aplique la sanción de caducidad, cuando ésta no está expresamente reconocida por el legislador para el caso concreto. Como el efecto propio de la caducidad es impedir la sustanciación de un proceso, porque el mismo se inició de forma extemporánea, es de toda lógica que si la caducidad es declarada a pesar de ser legalmente improcedente, se considere como una falta o abuso grave.

En la causa **"Tapia con Núñez"**[332] se interpuso demanda en sede laboral invocando la de nulidad del despido. La demanda fue rechazada en primera instancia por el tribunal, que declaró que la acción ya había caducado al momento de su interposición, en virtud de lo dispuesto en el artículo 168 del CT. Dicho criterio fue confirmado en segunda instancia por la corte de apelaciones respectiva. En contra de los ministros que dictaron la sentencia se interpuso recurso de queja, fundado en que habrían aplicado la caducidad del artículo 168 a una acción para la cual dicha sanción no se encontraba contemplada en la ley. La Corte Suprema acogió el recurso de queja, al considerar que constituía una falta o abuso grave aplicar la sanción de caducidad cuando el legislador no la había previsto expresamente. *"Que, en consecuencia, no pudieron los sentenciadores acoger la excepción de caducidad para el ejercicio de una acción a cuyo respecto la ley no la establece expresamente y a la que ni siquiera se hace mención en el artículo 168 del CT, en el que nítidamente se regula la acción de reclamo por despido y no aquélla ejercida por el demandante en los autos en que incide este recurso. Tal decisión constituye una falta o abuso, la que ha de calificarse de grave, en la medida en que importa un superficial y descuidado estudio de los antecedentes de que se trata y, consecuencialmente, una decisión arbitraria al rechazar la demanda intentada por el actor en el aspecto referido"*.

332 Corte Suprema, rol 5.666-2010, de 6 de octubre de 2010.

3.2.7. *La infracción de las reglas de tramitación de la excepción de caducidad o prescripción en la audiencia preparatoria en materia laboral*

El artículo 453 N° 1 del CT, regulando la tramitación de la audiencia preparatoria, dispone que *"una vez evacuado el traslado por la parte demandante, el tribunal deberá pronunciarse de inmediato respecto de las excepciones de incompetencia, de falta de capacidad o de personería del demandante, de ineptitud del libelo, de caducidad, de prescripción o aquélla en que se reclame del procedimiento, siempre que su fallo pueda fundarse en antecedentes que consten en el proceso o que sean de pública notoriedad. En los casos en que ello sea procedente, se suspenderá la audiencia por el plazo más breve posible, a fin de que se subsanen los defectos u omisiones, en el plazo de cinco días, bajo el apercibimiento de no continuarse adelante con el juicio"*. De ello se sigue que las excepciones de caducidad o prescripción sólo podrán ser conocidas en esta temprana etapa procesal, en la medida en que se funden en antecedentes que consten en el proceso o que sean de público conocimiento. Pues bien, existen casos en que la Corte Suprema ha considerado una falta o abuso grave el que los tribunales infrinjan dichas reglas y se pronuncien sobre las excepciones en comento en circunstancias distintas a las descritas en la norma citada.

En los autos "**Forcelledo con Municipalidad de Angol**"[333] un ex funcionario interpuso una demanda de despido injustificado, nulidad del despido y cobro de prestaciones en contra de una municipalidad. La relación entre ambas partes comenzó el año 2011 como una de prestación de servicios en virtud de un contrato a honorarios. En febrero del año 2016 dicha relación cambió, puesto que el demandante pasó a estar a contrata, y por lo tanto a estar sujeto al Estatuto Administrativo. Sin embargo, en abril del año 2017 el funcionario fue despedido, motivo por el cual interpuso su demanda. En ella solicitó además de lo ya señalado, que se declarara que la relación entre las partes entre el año 2011 y febrero de 2016 fue de carácter laboral, puesto que a pesar de que se trataba de un contrato a honorarios, en la práctica existió subordinación y dependencia. En la audiencia preparatoria la demanda fue rechazada, por acogerse la excepción de prescripción opuesta por la demandada. Dado que lo que se buscaba era la declaración de existencia de un contrato laboral que estuvo vigente hasta febrero de 2016, desde esa fecha debía contarse el plazo de prescripción que contiene el artículo 510 del CT, y no desde abril del año 2017 como pretendía la demandante, que fue la fecha en que fue despedida. Dicha sentencia fue confirmada por la

333 Corte Suprema, rol 1.378-2018, de 9 de abril de 2018.

corte de apelaciones respectiva. En contra de los ministros se interpuso recurso de queja, fundado en que en virtud del artículo 453 N° 1 del CT, la excepción de prescripción debe conocerse en la audiencia preparatoria siempre que ella se funde en antecedentes que consten en el proceso o sean de pública notoriedad, lo que no habría sucedido en la causa en comento. Por lo tanto, al haberse acogido la excepción de prescripción, y evitado un pronunciamiento sobre el fondo, se habría denegado el derecho a acceder a la justicia del demandante. La Corte Suprema acogió el recurso de queja, precisamente porque con su actuar incorrecto, los ministros vulneraron el derecho a la tutela judicial efectiva del demandante, que se vio privado de obtener un pronunciamiento sobre el fondo del asunto.[334]

4. FALTAS O ABUSOS GRAVES EN RELACIÓN A LAS REGLAS SOBRE EL EFECTO DE LAS LEYES

Nuestro ordenamiento jurídico contiene una serie de disposiciones que regulan el efecto de las leyes. Dichos efectos tradicionalmente se han dividido en razón de las personas, del territorio y del tiempo[335], y la mayoría de las normas que los regulan se encuentran contenidas en el CC.

Sobre el efecto de las leyes en cuanto a las personas, el artículo 8 del CC dispone que nadie puede alegar ignorancia de una ley luego de que haya entrado en vigencia; el artículo 14, que la ley es obligatoria para todos los habitantes de la República, incluidos los extranjeros; el artículo 15, por su parte, sujeta a todos los chilenos a las leyes chilenas, en aquello que dice relación con su estado y capacidad para ejecutar actos cuyos efectos se radiquen en el país, o con sus obligaciones familiares respecto de parientes chilenos. El artículo 57 del CC, en tanto, dispone que la ley no hace diferencias entre chilenos y extranjeros, en cuanto a la adquisición y goce de los derechos civiles.

Sobre el efecto de la ley en cuanto al territorio, se debe distinguir entre la aplicación de las normas extranjeras en Chile, de la aplicación de las normas chilenas en el extranjero. El artículo 14 del CC hace aplicable la ley a todos los habitantes del territorio nacional; el artículo 16, en tanto, dispone que los bienes

---

334 En el mismo sentido resolvió la Corte Suprema en la causa "Campos con Municipalidad de Palena", rol 43.063-2017, de 10 de enero de 2018; en la causa "Ahumada con Compañía de Seguros Confuturo S.A.", rol 13.162-2018, de 13 de agosto de 2018; y en los autos "Quiroga con Servicio de Salud", rol 31.281-2018, de 5 de marzo de 2019.

335 Cfr. DUCCI CLARO (2005), pp. 64 a 82.

situados en el país se encuentran sometidos a las leyes chilenas, sin perjuicio de la nacionalidad y lugar de residencia de sus dueños, para luego agregar que ello no obsta a que los extranjeros puedan disponer de sus bienes ubicados en Chile, por medio de contratos otorgados en otro país, siempre que se sujeten a las normas chilenas. El artículo 955 inciso segundo, en tanto, dispone que la sucesión de una persona se regla por las leyes del domicilio en que se abre, lo que incluye otras jurisdicciones, y el artículo 998 regula aquellos casos en que un extranjero fallece sin dejar testamento, disponiendo que los chilenos tendrán, a título de herencia o de alimentos, los mismos derechos que les corresponderían en una sucesión intestada bajo las leyes chilenas.

Sobre el efecto de la ley en cuanto al tiempo, el CC y la Ley sobre el Efecto Retroactivo de las Leyes son las principales fuentes normativas. El artículo 6 del CC establece que la ley no obliga sino una vez promulgada y publicada; el artículo 9, que la ley puede disponer sólo para lo futuro y que jamás tendrá efecto retroactivo (salvo las excepciones que ahí se establecen). Los artículos 2 y 7 de la Ley sobre el Efecto Retroactivo de las Leyes regulan los efectos de las nuevas leyes en el estado civil adquirido bajo leyes anteriores; los artículos 7 inciso segundo y 8 tienen la misma finalidad, pero respecto de la capacidad de las personas. Otros artículos se refieren a la situación de los derechos reales (12, 15, 16 y 17), la posesión (13), las sucesiones (19, 20 y 21), los contratos (22 y 23), las reglas procesales (22 n° 1 y 24), entre otros aspectos.

Atendida la importancia de estas normas para el ordenamiento jurídico, al punto que el mismo no podría funcionar si no existieran reglas claras respecto de qué regulan las leyes, desde cuándo lo hacen y quiénes se encuentran sometidos a ellas, su infracción también ha sido considerada como una falta o abuso grave.

En la causa "**Pardo con Konecta Chile S.A.**"[336], una trabajadora interpuso una demanda de nulidad de un finiquito laboral, por un supuesto vicio del consentimiento en el mismo, toda vez que lo habría firmado sin saber que no podía haber sido despedida por estar embarazada (fuero maternal). El tribunal de primera instancia acogió la demanda y declaró nulo el finiquito, fundado en que a la fecha del despido la trabajadora se encontraba con fuero maternal, derecho irrenunciable, y que firmó el finiquito sólo por desconocimiento de la normativa laboral. La corte de apelaciones respectiva confirmó la sentencia. En contra de los ministros que dictaron la sentencia confirmatoria se interpuso un recurso de queja, fundado entre otras cosas, en que la demanda se acogió basada en que

336 Corte Suprema, rol 4.977-2012, de 21 de septiembre de 2012.

la demandante no conocía la ley al momento de firmar el finiquito, y que sólo por esa ignorancia lo firmó, lo que constituía una infracción a las reglas sobre el efecto de la ley en cuanto al tiempo, y concretamente al artículo 8 del CC. La Corte Suprema acogió el recurso, por considerar que dicha infracción, junto con otras cometidas, constituyó una falta o abuso grave, *"pues conforme al artículo 8 del CC, nadie puede alegar desconocimiento de la ley"*.

En la causa "**Sernac con Chilectra S.A.**"[337], luego de un corte de suministro eléctrico el Sernac interpuso una denuncia ante el tribunal competente –en contra de la empresa de suministro eléctrico– individualizando a una serie de consumidores que se vieron afectados. Frente a ello, el tribunal procedió a iniciar un procedimiento separado respecto de cada uno de esos consumidores, para concluir aplicando al proveedor del servicio una multa de 500 UTM. La corte de apelaciones respectiva confirmó dicha sentencia. En contra de los ministros se interpuso recurso de queja, fundado entre otras cosas, en que el tribunal de primera instancia aplicó una multa, en virtud de una ley que no se encontraba vigente al momento de cometerse la infracción, la cual establecía el tope legal de 500 UTM para la multa. Así, si se hubiera aplicado la ley que sí se encontraba vigente al momento de la infracción, la multa no podría haber excedido las 200 UTM. La Corte Suprema acogió el recurso de queja, señalando que los recurridos *"aplicaron el extremo sancionatorio de una norma que aún no se encontraba vigente a la ocurrencia del hecho, imponiendo una ley posterior más gravosa a los intereses de la denunciada, lo cual no se ajustó a lo regulado para el litigio"*.

Una situación particular tuvo lugar en los autos sobre recurso de queja caratulados "**Hidalgo con Piamonte S.A.**"[338], en los que si bien no hubo una infracción a los efectos de la ley en la dictación de un fallo, sí la hubo en la evacuación del informe por parte de los ministros en contra de los que se interpuso un recurso de queja, quienes fundaron su informe en una norma que se encontraba derogada, lo cual fue resaltado por la Corte Suprema en la sentencia en la que acogió el referido recurso. *"DÉCIMO: Que entonces los jueces recurridos no sólo violentaron la mentada disposición, contrariando su recta interpretación y alcance, sino que, además, en su informe justificaron su resolución en un precepto suprimido, de tal forma que al desechar la pretensión del actor por aplicación de la institución de la prescripción, tal como consta en el razonamiento 6° y en la parte final del párrafo segundo del considerando 7°, así como en lo resolutivo del fallo atacado, incurrieron en falta o abuso*

337 Corte Suprema, rol 3.005-2007, 24 de septiembre de 2007.

338 Corte Suprema, rol 4.921-2009, de 16 de noviembre de 2009.

grave, anomalía que sólo puede ser corregida a través de esta vía extraordinaria, por lo que esta Corte, en uso de sus facultades disciplinarias, dará lugar al arbitrio intentado, dejando sin efecto el laudo censurado".

Finalmente, en la causa "**Ilustre Municipalidad de Las Condes con Secretaría Ministerial de Vivienda y Urbanismo**"[339] una corte de apelaciones declaró desierto un recurso de apelación, por no haber cumplido la recurrente con la carga procesal de hacerse parte en segunda instancia. En contra de dicha resolución se interpuso un recurso de reposición, el cual fue rechazado. Luego se interpuso recurso de queja respecto de los ministros que dictaron dicha resolución, fundado en que la carga procesal que le fue impuesta al recurrente, y por la que el recurso fue declarado desierto, ya no se encontraba vigente, puesto que con la entrada en vigor de la ley de Tramitación Electrónica (ley 20.886) quedó derogada la obligación de hacerse parte en segunda instancia dentro de un plazo determinado. Si bien la Corte Suprema declaró inadmisible el recurso de queja –porque la naturaleza jurídica de la resolución que motivó el recurso impedía su interposición– acto seguido, y actuando de oficio, procedió a corregir lo resuelto por los ministros recurridos de queja, acogiendo el argumento de que la carga procesal que se le impuso ya no se encontraba vigente, argumentando que "*como se sabe, la regla general, es que estas normas, a falta de regla expresa, rigen in actum*", según lo dispone el artículo 24 de la Ley sobre Efecto Retroactivo de las Leyes, por lo que en el presente caso "*no resultaba procedente que el tribunal de alzada capitalino exigiera su cumplimiento y aplicara la sanción prevista en el antiguo texto del artículo 200 del CPC*".[340]

5. FALTAS O ABUSOS QUE SE COMETEN EN LA APLICACIÓN DE LA LEY

Al dictar la sentencia definitiva, el tribunal aplica el derecho a los hechos que fueron acreditados por las partes en el proceso. Para hacerlo, debe llevar a cabo una serie de ejercicios, que incluyen la definición de la norma o normas que resultan aplicables a la disputa; la interpretación de dichas leyes para determinar su verdadero sentido y alcance; y finalmente su aplicación a la cuestión debatida,

339 Corte Suprema, rol 8.919-2018, de 9 de agosto de 2018.

340 Un criterio similar aplicó la Corte Suprema en la causa "Fisco de Chile con Rivera", rol 32.798-2018, de 4 de febrero de 2019.

resolviéndola en favor de una de las partes. En cada uno de esos pasos el juez está expuesto a cometer faltas o abusos graves, las que podrán consistir en la contravención del texto expreso de la norma que aplica, en la infracción de las reglas sobre la interpretación de las leyes, o bien, en realizar una interpretación de la ley que no es correcta. A continuación revisamos cada una de ellas.

5.1. Contravención del texto expreso de la ley

La contravención del texto de la ley consiste en que el tribunal, al aplicarla, se aparta de su tenor literal, y resuelve de una forma contraria a la que expresamente previó el legislador. Tal como lo señala la doctrina, *"[L]a contravención formal se produce cuando el juez, no obstante el texto claro y expreso de la ley, se aparta de ella en la dictación de una resolución judicial"*.[341] Esta falta o abuso, a diferencia de otras que hemos revisado, es fácil de detectar, puesto que para hacerlo basta con comparar el texto legal con lo decidido en la sentencia. A continuación revisamos algunos casos en los que la Corte Suprema ha acogido recursos de queja fundados en esta infracción.

En la causa "**Bravo con Canal**"[342] un juez de policía local impuso a un individuo una multa, y además le suspendió su licencia de conducir, producto de ciertas infracciones a la ley del tránsito. En contra de dicha sentencia el afectado interpuso un recurso de apelación, que fue declarado inadmisible por la corte de apelaciones respectiva, fundado en el artículo 33 de la ley 18.287, que dispone que son inapelables las resoluciones dictadas por los juzgados de policía local cuando ellas sólo impongan multas. En contra de los ministros que declararon la inadmisibilidad se interpuso un recurso de queja, fundado en que la norma invocada dispone que son inapelables las resoluciones, cuando ellas sólo impongan multas, situación que no se configuró en este caso, toda vez que junto con una multa se decretó la suspensión de la licencia de conducir. La Corte Suprema acogió el recurso de queja, por haber adoptado el tribunal una posición que contradecía el texto expreso de la norma en cuestión.

Una situación similar se produjo en los autos caratulados "**Municipalidad de Concepción con Gas Sur S.A.**"[343], donde también se contravino el texto del artículo 33 de la Ley 18.287, en relación con la procedencia del recurso de

---

341 MOSQUERA RUIZ, y MATURANA MIQUEL, *ob. cit.*, p. 387.

342 Corte Suprema, rol 2.217-2007, de 4 de julio de 2007.

343 Corte Suprema, rol 11.358-2011, de 24 de mayo de 2012.

apelación en contra de las sanciones aplicadas por los juzgados de policía local. La diferencia con el caso anterior es que en éste sólo se aplicó una multa, y por lo tanto no resultaba procedente la interposición del recurso de apelación. Sin embargo, los ministros de la corte de apelaciones igual acogieron a trámite el recurso y se pronunciaron respecto del mismo. En este caso la Corte Suprema también acogió el recurso de queja, fundado nuevamente en la contravención del texto expreso de la ley, señalando que *"las posteriores resoluciones que procedieron a conceder, acumular y resolver en alzada los diferentes ingresos, constituyeron una falta o abuso grave en la tramitación del asunto, dada la flagrante vulneración de texto expreso de la ley, desde que el asunto resuelto en primer grado no podía ser revisado por la Corte de Apelaciones recurrida".*

En "**Hidalgo con Piamonte S.A.**"[344] se contradijo el texto expreso del artículo 146 del CPC, que dispone que *"[N]o podrá condenarse al pago de costas cuando se hayan emitido, por los jueces que concurran al fallo en un tribunal colegiado, uno o más votos favorables a la parte que pierde la cuestión resuelta".* En efecto, conociendo en segunda instancia del asunto la corte de apelaciones respectiva decidió revocar la sentencia de primera instancia, concurriendo sólo dos de los tres ministros a dicha decisión, el tercero de los cuales dio su voto de minoría a la parte demandante. En contra de los ministros que dictaron la sentencia se interpuso recurso de queja, fundado entre otras cosas, en la contravención del texto expreso de la norma, el cual fue acogido por la Corte Suprema, por haberse configurado una contravención del texto expreso de la ley. *"CUARTO: Que, en tales condiciones, los sentenciadores conculcaron el tenor expreso del artículo 146 del CPC, que impide condenar al pago de costas cuando se hayan emitido, por los jueces que concurran al fallo en un tribunal colegiado, uno o más votos favorables a la parte que pierde el asunto debatido que es precisamente lo acontecido en la especie respecto de la recurrente, que tuvo a su favor el voto del Ministro XX, quien fue de opinión de confirmar el edicto apelado, por sus propios fundamentos. Tal omisión constituye una falta grave, dado que de haber considerado la regla cuya preferencia se reclama, en los términos que manda la ley, deberían haber prescindido de la imposición de las costas al demandante".*[345]

En los autos "**Inmobiliaria Hermanos Carmona S.A. con Illanes**"[346], se interpuso un recurso de queja en contra de los ministros de una corte de apelaciones,

344 Corte Suprema, rol 4.921-2009, de 16 de noviembre de 2009.

345 En igual sentido se resolvió "Enap Refinerías S.A. con Constructora Comsa Dragados S.A.", rol 3.984-2013, de 5 de noviembre de 2013 y "Maco Industrial y Comercial S.A. con Alta Seguridad Vial S.A.", rol 4.282-2013, de 3 de octubre de 2013.

346 Corte Suprema, rol 1.789-2010, de 25 de mayo de 2010.

que rechazaron acoger a trámite un recurso de queja interpuesto en contra de un árbitro arbitrador. El fundamento dado para hacerlo fue que el recurso de queja fue interpuesto en conjunto con un recurso de casación, lo que habría impedido su interposición, ya que uno de los requisitos de procedencia del recurso de queja es que no existan otros recursos disponibles para denunciar el agravio en cuestión. En contra de esos ministros se interpuso recurso de queja ante la Corte Suprema, el cual fue acogido por dicha Corte, al concluir que existió una contravención del texto expreso del artículo 545 del COT, que autoriza expresamente la interposición conjunta de los recursos de queja y de casación en la forma, cuando se trate de una causa conocida en primera o única instancia por un árbitro arbitrador. *"Que de conformidad con lo razonado precedentemente y atento al mérito de los antecedentes tenidos a la vista, según lo constatan los propios recurridos en su informe, el árbitro designado para conocer de este asunto tiene precisamente las facultades de arbitrador, razón por la cual, en nada obstaba que la parte que se sentía afectada con su decisión, impugnara dicha sentencia tanto por la vía de la casación formal como, adicionalmente, a través del recurso disciplinario, desde que tal derecho se lo ha otorgado de manera expresa el artículo 545 del COT".*

En la causa "**Rojas con Servicios Alimenticios Hendaya S.A.C.**"[347] se discutió respecto de los alcances del artículo 449 del CT, que regula la acumulación de acciones en el procedimiento laboral. La norma dispone que la acumulación de autos podrá ser decretada por el juez, de oficio o a petición de parte, cuando se cumplan ciertos requisitos que ahí se indican. Además, la norma señala que en aquellos casos en que la acumulación sea solicitada por alguna de las partes, y no de oficio por el tribunal, la resolución que la conceda deberá ser puesta en conocimiento de la otra parte, para que exponga lo que estime pertinente a su respecto. Pues bien, en esta causa la acumulación fue decretada de oficio por el tribunal de primera instancia. En contra de ese pronunciamiento una de las partes interpuso un recurso de nulidad, fundado en que una vez que fue decretada la acumulación de autos, no se le puso en conocimiento de ella para que efectuara sus descargos. La corte de apelaciones respectiva acogió el recurso, al concluir que era efectivo que a la parte recurrente no se le puso en conocimiento de la resolución que decretó la acumulación. En contra de los ministros que dictaron dicha sentencia se interpuso un recurso de queja, fundado en que los mismos contravinieron el texto expreso de la ley, toda vez que ésta es clara al disponer que la resolución que declara la acumulación sólo debe ponerse en conocimiento

347 Corte Suprema, rol 295-2013, de 26 de febrero de 2013.

de las partes cuando la misma es declarada a solicitud de una de las partes, y no cuando la decreta de oficio el tribunal. La Corte Suprema acogió el recurso de queja al concluir que los ministros recurridos contravinieron el texto expreso de la ley, incurriendo con ello en una falta o abuso grave, puesto que para evitarla bastaba con *"estarse a las palabras utilizadas por el legislador en su sentido natural y obvio"*.

En "**CNTV con Corte de Apelaciones de Santiago**"[348] se denunció una contravención al texto de los artículos 12 y 33 de la ley 18.838, que regula al CNTV. El artículo 12 de la ley 18.838 dispone que en caso de que un canal transmita en horario de menores una película con contenido no apto para ellos, el CNTV deberá sancionar al infractor *"de acuerdo a lo establecido en el número 2 del inciso primero del artículo 33 de esta ley"*. El artículo 33 número 2, en tanto, dispone que *"las infracciones a las normas de la presente ley y a las que el Consejo dicte en uso de las facultades que se le conceden, serán sancionadas, según la gravedad de la infracción, con: (...) 2.- Multa no inferior a 20 ni superior a 200 unidades tributarias mensuales..."*. Pues bien, en este caso el CNTV impuso el pago de una suma de dinero a una empresa de televisión, por transmitir en horario de menores una película con contenido no apto para ellos. En la sentencia, el CNTV declaró expresamente que la misma era a título de amonestación, y no de multa. Dicha sentencia fue confirmada por la corte de apelaciones respectiva. En contra de los ministros que dictaron la sentencia confirmatoria se interpuso recurso de queja, fundado en que los mismos habrían fallado en contra de texto expreso de la ley, al aplicar una sanción –amonestación– distinta de aquella que la ley expresamente indicaba para la infracción cometida (multa). La Corte Suprema acogió el recurso de queja, señalando que *"al no haber aplicado los jueces recurridos las normas expresas relativas a la sanción legal consagrada por el legislador para la infracción que se acreditó como cometida, han incurrido en falta o abuso grave, lesivo para los intereses del CNTV, cuya transgresión debe ser enmendada con el remedio jurisdiccional que se adopta por esta vía"*.

Finalmente, en los autos caratulados "**Barros con Fiscalía**"[349], un abogado solicitó al Ministerio Público que hiciera entrega de los correos electrónicos por los que coordinó la concurrencia a declarar de un testigo, a un procedimiento arbitral en el que dicho abogado litigaba. Dado que la solicitante no quedó conforme con la información que le fuera entregada por el Ministerio Público, presentó un recurso de reclamación judicial ante la corte de apelaciones respectiva, el cual fue

348 Corte Suprema, rol 55.064-2016, de 2 de noviembre de 2016.

349 Corte Suprema, rol 15.083-2018, de 31 de julio de 2018.

rechazado por considerar dicha corte que el mismo debió haberse interpuesto ante el CPT y no ante ella, en virtud de lo dispuesto en la ley 20.285, sobre Acceso a la Información Pública. En contra de los ministros que dictaron la sentencia se interpuso recurso de queja, fundado en que los mismos habrían ido en contra del texto expreso de la referida ley, y concretamente de una de sus disposiciones transitorias (artículo 9), toda vez que ahí se dispone expresamente que en aquellos casos en que la información solicitada se refiera al Ministerio Público, al Tribunal Constitucional o a la Justicia Electoral, y ella no sea entregada, la parte afectada deberá recurrir directamente ante la corte de apelaciones respectiva, y no ante el CPT, como sucede con los demás órganos de la Administración. La Corte Suprema acogió el recurso de queja, al considerar que efectivamente hubo una vulneración del texto expreso de la ley de parte de los ministros recurridos.

5.2. Infracción de las reglas de interpretación de la ley

La interpretación de la ley consiste en determinar su sentido y alcance.[350] Existen dos tipos de interpretación, la doctrinal o privada, que es la que realiza cada persona por sí y que no tiene fuerza obligatoria, y la interpretación por la autoridad, que es la que realiza el Congreso por medio de leyes interpretativas, o los tribunales de justicia al resolver los asuntos puestos bajo su conocimiento.[351] Es esta última la que interesa para el objeto de este trabajo.

El CC en sus artículos 19 al 24 establece los llamados elementos de interpretación de la ley, que deben ser empleados por los tribunales al momento de aplicar la ley en los casos en los que intervienen. Esos elementos son el gramatical, el lógico, el histórico y el sistemático. Además, el CC incluye en su artículo 24 dos principios adicionales, para cuando los elementos de interpretación no sean suficientes para dilucidar el sentido y alcance de una norma. Ellos son el espíritu general de la legislación y la equidad natural.[352] La idea de estos elementos y principios es guiar al juez en la interpretación de la ley previo a su aplicación, e imponerle ciertos parámetros básicos para evitar cualquier atisbo de discrecionalidad o arbitrariedad al efectuar su labor.

La Corte Suprema ha resuelto en distintas ocasiones que cuando un juez infringe las normas que regulan la interpretación de la ley, comete una falta o abuso.

---

350 Cfr. DUCCI CLARO, *ob. cit.*, p. 82.

351 Cfr. Ibid, pp. 82 a 87.

352 Cfr. Ibid, pp. 91 a 93.

En la causa "Compañía Jac Transportes Limitada con Inspección del Trabajo"[353], el Máximo Tribunal acogió un recurso de queja interpuesto en contra de los ministros de una corte de apelaciones que, al resolver el asunto, optaron por ignorar el tenor literal de la norma que resultaba aplicable –a pesar de que el mismo era claro– decidiendo en cambio resolver la controversia a partir de una interpretación sistemática de las normas del CT, y concretamente a partir del principio pro operario. La Corte Suprema concluyó que dichos ministros incurrieron en falta o abuso grave al haber desatendido el tenor literal de la norma, a pesar de que el mismo era claro, puesto que *"de acuerdo con el artículo 19 del CC, cuando la norma es clara no debe desatenderse su tenor literal"*, sin que fuera procedente, por lo tanto, *"recurrir a la aplicación del denominado principio pro operario o a otras normas dentro del mismo texto normativo, si como se ha dicho, este contiene diferentes regulaciones para distintas materias, o a otras reglas de interpretación, como el artículo 22 del CC"*.

Una situación similar tuvo lugar en la causa "Viña Santa Mónica Limitada con Inspección Provincial del Trabajo de Rancagua"[354], en la que la Corte Suprema acogió un recurso de queja en contra de ciertos ministros que al interpretar una ley, fueron en contra de su texto expreso, e impusieron *"la concurrencia de requisitos que la ley no contempla para que opere la exención legal, que el legislador no condiciona de manera alguna. Dicha interpretación contra lege ha llevado a los recurridos a invalidar la sentencia del Juzgado del Trabajo y a desechar la reclamación de multa"*.

Finalmente, en la causa "Presto Chile S.A. con Inspección del Trabajo"[355] también se acogió un recurso de queja, puesto que los recurridos desatendieron el sentido natural y obvio de las palabras de una norma, para darle otro diverso, lo que fue considerado como una falta o abuso grave por la Corte Suprema. *"Décimo sexto: Que los razonamientos vertidos en los motivos precedentes, esto es, al haberse preterido por los jueces recurridos, el método de interpretación que prefiere el sentido natural y obvio de las palabras de que se ha valido el legislador, concluyendo de maneras diferentes a aquellas que se han vertido en ocasiones similares tanto por esta Corte cuanto por el mismo tribunal recurrido, con abierta vulneración al principio de igualdad ante la ley, llevan a concluir que los referidos Jueces han incurrido en falta grave enmendable por esta vía disciplinaria"*.

---

353 Corte Suprema, rol 3.105-2012, de 26 de julio de 2012.

354 Corte Suprema, rol 5.814-2012, de 15 de noviembre de 2012.

355 Corte Suprema, rol 8.689-2011, de 2 de enero de 2012.

Terminamos haciendo presente que esta falta o abuso es distinta a aquella que veremos en el siguiente apartado, que se refiere a la incorrecta interpretación de la ley. En ella la conducta que se sanciona es que el tribunal que interpreta una ley –a pesar de no infringir los elementos y principios de interpretación antes mencionados– le da a ésta un sentido o alcance distinto a aquél que debió darle.

5.3. Incorrecta interpretación de la ley

Esta infracción se materializa cuando el tribunal, al interpretar la ley, llega a una conclusión diversa a aquella que debió haber llegado respecto de su sentido y alcance. A diferencia de la falta o abuso revisada en la sección anterior, aquí no estamos frente a una infracción de las reglas sobre interpretación, o de sus elementos y principios. En estos casos dichas reglas fueron aplicadas correctamente, pero la interpretación normativa hecha por el tribunal es distinta a aquella que según la Corte Suprema debió haber realizado. No hay un problema en los medios utilizados, sino que en el resultado alcanzado.

El problema que existe con esta falta o abuso, que es frecuentemente invocada y muchas veces acogida, es que se opone a un principio básico de nuestro ordenamiento procesal, que consiste en que la interpretación de la ley es parte de las facultades discrecionales de las que goza el juez para resolver un asunto. Así, si un tribunal interpreta una norma para resolver una disputa, y lo hace respetando los elementos y principios revisados en el apartado anterior, el resultado de esa interpretación en ningún caso debiera constituir una falta o abuso grave, por mucho que las conclusiones alcanzadas no sean del gusto del tribunal superior. El problema es que esto que parece tan simple en teoría, ha sido bastante más complejo en la práctica.

Si bien la Corte Suprema ha limitado esta causal a aquellos casos en los que existió una evidente "reflexión abusiva", o en los que se atentó en contra de las "reglas del buen uso de la razón"[356], en la práctica muchas veces esta falta o abuso se ha entendido configurada por una mera divergencia de criterios entre una corte de apelaciones y la Corte Suprema.

Por ejemplo, en la causa "**Autopista Central S.A. con Transporte y Servicio Carolina Carmona Amenábar E.I.R.L.**"[357] se discutió respecto del sentido y alcance

356 "CAR S.A. con Dirección del Trabajo de Santiago", rol 1.180-2018, de 7 de marzo de 2018; "Pérez con Cárdenas", rol 38.511-2017, de 25 de octubre de 2017; entre otros.

357 Corte Suprema, rol 1.305-2007, de 14 de junio de 2007.

del entonces artículo 42 de la Ley de Concesiones. Una concesionaria interpuso una demanda en contra de un usuario de una autopista, por el no pago de sus peajes. En la demanda se exigió el pago de más de un millón de pesos por sumas impagas, y una indemnización compensatoria de más de cuarenta millones de pesos, en virtud de lo dispuesto en el artículo 42 de la Ley de Concesiones, que en ese entonces señalaba que *"cuando un usuario de una obra dada en concesión incumpla el pago de su tarifa o peaje, el concesionario tendrá derecho a cobrarla judicialmente (...) el cual deberá, al ordenar dicho pago, imponer al condenado una indemnización compensatoria en favor del concesionario, de un valor equivalente a cuarenta veces el pago incumplido..."*. En primera instancia el juez acogió la demanda en todas sus partes, y condenó al usuario al pago del peaje que se encontraba pendiente, más la indemnización compensatoria por más de 40 millones de pesos. En contra de dicha sentencia se interpuso recurso de apelación, el cual fue acogido por los ministros de corte de apelaciones, fundado en que para conceder una indemnización compensatoria era necesario acreditar los perjuicios sufridos por el demandante, lo que no había sucedido en la presente causa respecto de la suma de más de 40 millones de pesos. En contra de los ministros que acogieron la apelación se interpuso recurso de queja, fundado en que se habría desatendido la norma en cuestión, la que en parte alguna exigía prueba de la compensación, y al mismo tiempo, ignorado su sentido y alcance, que era generar conciencia en los usuarios sobre el uso de las autopistas concesionadas en relación al pago oportuno del telepeaje. La Corte Suprema acogió el recurso de queja, puesto que a su juicio los ministros recurridos interpretaron la norma en un sentido diverso al que tenía, puesto que dieron el carácter de indemnización de perjuicios a una figura que era distinta, y que según se desprendía de la intención del legislador, tenía por objeto incentivar el pago del peaje por parte de los usuarios, en tiempos en que se estaba introduciendo el modelo de autopistas concesionadas. *"Que, en tales condiciones, fluye que los jueces recurridos aplicaron la norma en un sentido diverso y contrario a su recta interpretación, entendiendo que se trataba de una indemnización de perjuicios a determinar en juicio contradictorio, sin considerar el carácter de sanción o prestación indemnizatoria de la suma de dinero demandada. Se apartaron los jueces recurridos, del verdadero sentido y alcance de la norma, el artículo 42 de la Ley de Concesiones, de tal forma que al rechazar la demanda interpuesta en los rubros debidamente reclamados y discutidos en la sede jurisdiccional respectiva, incurrieron en falta o abuso grave"*.[358]

---

358 La Ley de Concesiones ha sufrido importantes modificaciones con el paso del tiempo, entre otras, respecto de la indemnización compensatoria que fue objeto de esta causa antes

En los autos caratulados "**Vargas con SAG**"[359] se discutió respecto del sentido y alcance del artículo 15 de la ley 20.412, que establece un sistema de incentivos para la sustentabilidad agroambiental de los suelos agropecuarios, al disponer que "*[E]l operador acreditado que confeccione un plan de manejo utilizando antecedentes falsos o que elabore un informe técnico sin considerar los resultados de los análisis practicados por un laboratorio acreditado, y el que certificare falsamente hechos que constituyan presupuestos para el pago de incentivos que establece este cuerpo legal, serán sancionados con una multa de 50 a 200 unidades tributarias mensuales*". Basado en esa norma, el SAG interpuso una denuncia en contra de un individuo que, haciéndose pasar por ingeniero forestal, elaboró ciertos planes de manejo agrícola de aquellos regulados en la norma antes referida. A juicio del SAG, el que el individuo en cuestión hubiera elaborado los planes de manejo indicando que tenía una calidad profesional que en realidad no tenía, constituía un antecedente falso, y por lo tanto configuraba la conducta descrita en el artículo 15 antes citado. En primera instancia el tribunal rechazó la denuncia, al concluir que el criterio del SAG era equivocado, toda vez que el tipo legal se refería al uso de información falsa en la elaboración de los planes de manejo, lo que no ocurría en los hechos. En segunda instancia la corte de apelaciones revocó dicha decisión, y acogió la denuncia, al considerar que el criterio del SAG era correcto. En contra de los ministros se interpuso recurso de queja, el cual fue acogido por la Corte Suprema, fundado en que los recurridos incurrieron en un error de interpretación del texto legal, dado que la interpretación correcta era la que hizo el tribunal de primera instancia. "*5° Que, luego, la sola lectura del suceso que se tuvo por establecido en la sentencia: la confección de planes de manejo con antecedentes falsos relacionados con la calidad profesional del denunciado, permite concluir que éste no se corresponde con el tipo establecido en el artículo 15 de la Ley, sin que sea factible extender por analogía la sanción a una situación no contemplada específicamente en la disposición legal*".

En la causa "**Vera con Farmacias Salcobrand**"[360] se discutió respecto de la interpretación del artículo 15 de la LPC. Dos funcionarios de una farmacia, al percatarse del supuesto hurto de un medicamento por parte de una cliente, se dirigieron a su domicilio, lugar en el que la encararon y trataron de ladrona, exigiéndole que pagara o restituyera el producto. Frente a lo anterior, la cliente les

---

revisada. En igual sentido se pronunció la Corte Suprema en la causa "Autopista Central S.A. con Roberto Becerra Guzmán", rol 2.104-2007, de 13 de agosto de 2007, entre otras.

359 Corte Suprema, rol 6.503-2013, de 29 de enero de 2014.

360 Corte Suprema, rol 10.546-2015, de 30 de septiembre de 2015.

exhibió la boleta que demostraba el pago, desvirtuando en el acto las acusaciones recibidas. Producto de ello la afectada interpuso una querella infraccional y una acción de perjuicios en contra de la farmacia, fundada en la infracción del artículo 15 de la LPC, que dispone que *"[L]os sistemas de seguridad y vigilancia que, en conformidad a las leyes que los regulan, mantengan los establecimientos comerciales están especialmente obligados a respetar la dignidad y derechos de las personas. En caso que se sorprenda a un consumidor en la comisión flagrante de un delito los gerentes, funcionarios o empleados del establecimiento se limitarán, bajo su responsabilidad, a poner sin demora al presunto infractor a disposición de las autoridades competentes"*. El tribunal de primera instancia acogió la acción y condenó a la farmacia al pago de 10 millones de pesos a la consumidora. En segunda instancia la corte de apelaciones revocó dicha decisión, por considerar que de los antecedentes del proceso no podía concluirse que los funcionarios hubieran actuado a nombre de su empleador, y por lo tanto, que el referido artículo 15 no alcanzaba a los hechos denunciados en el proceso.

En contra de los ministros que dictaron la sentencia de segunda instancia se interpuso recurso de queja, el cual fue acogido por la Corte Suprema, al considerar que los recurridos interpretaron de forma restrictiva la norma en cuestión, incurriendo con ello en una falta o abuso grave. *"En esas condiciones, aparece que los recurridos han limitado la procedencia de la disposición sólo a los sistemas de seguridad y vigilancia que se encuentren dentro de un establecimiento comercial, a pesar que su texto no reduce su aplicación al interior del espacio físico en que el proveedor ofrezca sus bienes y servicios. Ello implica una interpretación restrictiva del precepto afectando los derechos de la consumidora, contrariando la finalidad de la ley, en cuanto a otorgarle un estatuto de protección ante el proveedor, al ser la parte más débil de la relación contractual de consumo"*.

En "**Banco Estado con Ilustre Municipalidad de Macul**"[361] se discutió respecto de la interpretación del artículo 26 de la Ley 19.886, que fija la jurisdicción del TCP. Un banco interpuso ante el TCP una demanda de impugnación en contra de un proceso licitatorio, solicitando que se declararan como ilegales ciertos actos, y al mismo tiempo, que se le reconociera su derecho a entablar en sede jurisdiccional las acciones indemnizatorias asociadas a los perjuicios sufridos en el proceso licitatorio. Dicha demanda fue acogida por el TCP, fundado en el referido artículo 26, que fija la jurisdicción de dicho tribunal, autorizándolo para adoptar todas las *"medidas que sean necesarias para restablecer el imperio del derecho"*, dentro de

361 Corte Suprema, rol 3.807-2015, de 9 de junio de 2015.

las que a juicio del TCP se encontraban aquellas solicitadas por el demandante. Conociendo en segunda instancia del asunto, la corte de apelaciones respectiva revocó la sentencia de primer grado, dejó sin efecto las declaraciones efectuadas por el TCP en su sentencia, y resolvió en su reemplazo que el proceso licitatorio debía retrotraerse al momento en el que se había cometido la infracción y llevarse a cabo nuevamente. Todo ello por estimar que no estaba dentro de las facultades de dicho tribunal declarar el derecho a la indemnización por el acto ilegal denunciado. En contra de los ministros que dictaron la sentencia se dedujo recurso de queja, el que fue acogido por la Corte Suprema, que concluyó que la interpretación de la norma hecha por los recurridos era incorrecta, dado que era evidente que dentro de las facultades del TCP se encontraba la de declarar el derecho de la recurrente a obtener una indemnización de perjuicios. Así las cosas, a juicio del Máximo Tribunal se configuró una falta o abuso grave de parte de los recurridos, *"al haber exagerado en forma indebida la interpretación del artículo 26 ya referido, lo que redundó en una equivocada apreciación de los antecedentes del proceso"*.

En "**Sernac con Empresa Laboratorio Ballerina Ltda**"[362], el Sernac interpuso en contra de una empresa una denuncia por infracción a la LPC, en virtud de lo dispuesto en el Decreto 239 de 2012 del Ministerio de Salud, respecto del rotulado que deben contener ciertos protectores solares comercializados por la denunciada. A juicio de la denunciante, algunos de esos productos no indicarían las precauciones de almacenamiento y conservación, los que serían requeridos por el decreto en cuestión. En primera instancia la denuncia fue rechazada por el tribunal, por no haber acreditado el Sernac que dichas menciones eran necesarias, como exige el artículo 40 j del Decreto (con la frase *"si fuere necesario"*). En segunda instancia la corte de apelaciones revocó esa decisión, y condenó a la empresa al pago de una multa de 15 UTM, por considerar que sí era necesaria la mención en cuestión. En contra de los ministros que dictaron la sentencia se interpuso recurso de queja, fundado en que habrían efectuado una interpretación incorrecta del artículo 40 j, toda vez que ni siquiera el Instituto de Salud Pública, organismo encargado de velar por la seguridad en tales productos, había considerado necesaria la mención de dicha circunstancia en los productos. El recurso fue acogido por la Corte Suprema, al concluir que no correspondía que los ministros, al interpretar la norma, estimaran como necesaria su incorporación, siendo evidente que la ley no la exigía para el caso de autos. *"Que, de este modo, los jueces recurridos del tribunal de alzada, al imponer al quejoso el pago de una multa*

362 Corte Suprema, 38.556-2017, de 14 de noviembre de 2017.

(…) extendieron la sanción contemplada para la infracción del artículo 40 bis del DS 239 a la hipótesis del artículo 40 letra j) del citado decreto, sin que se reúnan los presupuestos para ello y mediante una interpretación analógica, con lo cual han cometido una falta grave que justifica el acogimiento del recurso de queja, pues su conducta ha afectado las leyes aplicables al caso, defectos que, por último, sólo pueden ser corregidos por medio de este arbitrio disciplinario".

No obstante lo anterior, y reflejando los reparos que existen en relación a la falta o abuso grave en comento, muchos de los recursos de queja que fueron acogidos en virtud de la misma, lo fueron con el voto en contra de uno o dos ministros, que argumentaron que la interpretación de la ley es privativa del tribunal, y el resultado que se alcance no puede constituir una falta o abuso de su parte.

El recurso de queja no fue dispuesto para discutir sobre diferencias de criterios interpretativos de la ley, sino que de faltas o abusos graves cometidos por los jueces. En ese sentido, en la causa "Banco Estado con Ilustre Municipalidad de Macul"[363] se acogió el recurso de queja con el voto en contra del Ministro señor Fuentes, quien estuvo por rechazarlo, *"toda vez que a su juicio en el presente caso la falta o abuso denunciada por el recurrente corresponde a una diferencia respecto de la interpretación y alcance de una determinada norma legal (…)* [que] *se realiza por los jueces recurridos dentro del marco de sus facultades jurisdiccionales y en caso alguno ha contravenido el texto de la ley, por lo que no se evidencia en su actuar, una falta o abuso grave susceptible de ser corregida a través de la presente vía disciplinaria".*

En la causa "Vargas con SAG"[364] el Ministro Sr. Künsemüller votó en contra del recurso de queja por estimar que *"en la especie se ha producido sólo una discrepancia en relación a la interpretación de un precepto legal, cuestión que corresponde a las facultades soberanas de que se hallan investidos los juzgadores y de cuyo ejercicio no es factible concluir que se ha incurrido en falta o abuso que pueda ser estimado grave".* Luego, en la causa "Constructora Asfalcura S.A con Inspección del Trabajo"[365] la Ministra señora Egnem y el Ministro señor Fuentes manifestaron su oposición al recurso de queja, al concluir que *"en el presente caso, el mérito de los antecedentes no permite concluir que los recurridos –al decidir como lo hicieron– hayan incurrido en alguna de las inconductas que la ley reprueba y que sería necesario reprimir y enmendar mediante el ejercicio de las atribuciones disciplinarias de esta Corte, pues del tenor de la sentencia que se pronuncia sobre el recurso de nulidad y lo informado a*

---

363 Corte Suprema, rol 3.807-2015, de 9 de junio de 2015.

364 Corte Suprema, rol 6.503-2013, de 29 de enero de 2014.

365 Corte Suprema, rol 9.899-2011, 26 de enero de 2012.

fojas 24, se desprende que las alegaciones en que la quejosa sustenta su imputación, se basa en la interpretación que de los antecedentes hicieron los jueces del fondo, dentro de sus facultades privativas, aspecto de carácter jurídico que no puede dar origen a la aplicación de una medida disciplinaria".

En la causa "**Rozas y otro con Administradora de Supermercado Hiper Líder Limitada**"[366] el voto en contra lo dieron los Ministros señores Juica y Brito, quienes sostuvieron que *"teniendo para ello en consideración que del contexto en que se ha situado la impugnación que se revisa, queda incuestionablemente establecido que lo reprochado es la diversidad de criterios interpretativos que aporta la ley 19.496 relativos al caso concreto, disparidad que es perfectamente legítima pero en caso alguno constitutiva de falta o abuso grave que justifique el ejercicio por esta Corte de sus facultades disciplinarias".*

En igual sentido se pronunciaron el Ministro Brito y el entonces Abogado Integrante señor Prado en la causa "**Vera con Farmacias Salcobrand**"[367], al oponerse al recurso de queja por considerar que *"la cuestión planteada se relaciona con las distintas interpretaciones que razonablemente pueden darse a los artículos 23 y 15 de la LPC, de manera que los magistrados han procedido en uso de la facultad privativa que les confiere la ley en la exégesis de las normas jurídicas, en relación a las situaciones de hecho que deben conocer".*

En la causa "**Sernac con Empresas La Polar S.A.**"[368] el Ministro señor Künsemüller votó en contra señalando que *"cualesquiera que hayan podido ser los errores o equivocaciones de los jueces con motivo del pronunciamiento de la sentencia, no representan ni una falta a sus deberes funcionarios ni un abuso de facultades, sino, a lo más, un criterio errado sobre el negocio que les corresponde resolver, en el ejercicio privativo de su función jurisdiccional".*

Finalmente, en la causa "**Canales y otros con Telefónica Chile Servicios Corporativos S.A.**"[369] el Ministro señor Blanco y el Abogado Integrante señor Blanco votaron en contra de acoger el recurso de queja al considerar que los ministros recurridos *"en ejercicio de sus facultades jurisdiccionales y en uso del derecho privativo que les confiere la ley en la interpretación de las normas jurídicas en relación con las situaciones de hecho que deben conocer y su aplicación al caso concreto, han resuelto confirmar la resolución en lo que representa una interpretación jurídica sobre*

366 Corte Suprema, rol 26.864-2014, de 15 de abril de 2015.

367 Corte Suprema, rol 10.546-2015, de 30 de septiembre de 2015.

368 Corte Suprema, rol 33.707-2017, de 31 de octubre de 2017.

369 Corte Suprema, rol 4.598-2018, de 5 de mayo de 2018.

la materia, que no comparte el recurrente, dándose así la circunstancia antes señalada respecto de las distintas posiciones o interpretaciones que puedan adoptar los jueces y que no constituye falta o abuso grave que amerite acoger un recurso como el de la especie y que, por lo tanto, sólo cabe rechazar". Y como las anteriores existen muchas otras causas en las que no ha existido unanimidad de los ministros al acoger recursos de queja fundados en la incorrecta interpretación de la ley.[370]

Pero la situación es todavía más confusa si se considera que la Corte Suprema constantemente rechaza o declara inadmisibles recursos de queja que se interponen fundados en la causal en análisis, por concluir precisamente que la conducta denunciada no constituye una falta o abuso, sino que una divergencia de criterio entre ella y el tribunal inferior que resolvió la disputa. De hecho, esta es la postura más frecuentemente adoptada por el Máximo Tribunal, existiendo muchos más casos de recursos de queja que son rechazados por haber sido interpuestos invocando esta causal, que los que son acogidos.

Por ejemplo, en la causa "Meza con CDE y otro"[371] la Corte Suprema rechazó un recurso de queja fundado en que el vicio denunciado, la supuesta falta o abuso grave, se trataba de *"un tema de interpretación que debe resolverse caso a caso"*, para luego agregar que dicha Corte *"ha sostenido reiteradamente que el recurso de queja no ha sido instituido para corregir errores de esa índole y provocar, por este solo concepto, una nueva revisión del asunto para llegar a un pronunciamiento de tercera instancia (...) No está demás dejar en claro que en el debate producido en el Senado, sobre el proyecto de ley modificatorio del artículo 545 del COT (Ley 19.364), (...) se expresó que se quería evitar que se acogiera un recurso, como había sucedido en el pasado, por una simple discrepancia en la interpretación de la ley...".*

En igual sentido, en la sentencia dictada en la causa "Sociedad de Exploración y Desarrollo Minero con Sernageomin"[372] el Máximo Tribunal reiteró su postura respecto de que *"el recurso de queja no ha sido instituido como una tercera instancia para revisar y corregir interpretaciones de normas que sustenten decisiones*

---

370 "Lahoz con OIM", rol 18.264-2017, de 14 de diciembre de 2017; "Liberty Compañía de Seguros Generales S.A. con Araneda y otro", rol 3.262-2012, de 3 de julio de 2012; "Latorre con Megavisión", rol 5.639-2011, de 30 de septiembre de 2011; "SQM con CPT", rol 55.305-2016, de 4 de abril de 2017; "Soto con Banco Estado", rol 40.652-2016, 5 de septiembre de 2016; "Servicios del Pacífico SpA con Inspección del Trabajo", rol 6.277 -2018, de 20 de junio de 2018; "Municipalidad de Las Condes con Comercializadora de Calzados", rol 13.109 -2018, de 8 de octubre de 2018; entre otras.

371 Corte Suprema, rol 10.243-2011, de 11 de enero de 2012.

372 Corte Suprema, rol 1.701-2013, de 23 de mayo de 2013.

jurisdiccionales. Se trata de un tema jurídico que corresponde a los jueces del fondo en virtud de facultades soberanas que les han sido otorgadas por la ley para la solución de controversias por lo que no son susceptibles de ser atacadas por la vía de denunciar faltas o abusos graves".

En los autos caratulados "**Montealto Corredores de Seguros S.A. con Vieira**"[373] la Corte Suprema sostuvo que *"los jueces recurridos al interpretar en el ejercicio de sus facultades privativas las normas legales antes referidas, no han podido incurrir en una falta o abuso grave enmendable por esta vía, lo que conduce necesariamente al rechazo del recurso analizado en este aspecto".*

Más recientemente, en la causa "**Tecnoglobal S.A. con DT**"[374] la Corte Suprema ratificó el criterio al rechazar un recurso de queja, señalando que *"como lo ha dicho reiteradamente esta Corte, el proceso de interpretación de la ley que llevan a cabo los juzgadores en cumplimiento de su cometido no puede ser revisado por la vía del recurso de queja, porque constituye una labor fundamental, propia y privativa de los jueces, razón por la cual, el presente arbitrio debe ser desestimado"*.[375]

De la misma forma se resolvió en la causa "**Contreras con Centro de Salud Antares**"[376], al señalar la Corte que *"en el presente caso, el mérito de los antecedentes no permite concluir que los jueces recurridos –al decidir como lo hicieron– hayan incurrido en alguna de las conductas que la ley reprueba y que sea necesario reprimir y enmendar mediante el ejercicio de las atribuciones disciplinarias de esta Corte. En efecto, el recurso gira en torno a la impugnación en relación con la interpretación que los sentenciadores hicieron de las normas que rigen la materia, cuestión no susceptible de ser atacada a través de esta vía. Al respecto cabe señalar que, como ha dicho reiteradamente este tribunal, el proceso de interpretación de la ley que llevan a cabo los juzgadores en cumplimiento de su cometido no es susceptible de ser revisado por la vía del recurso de queja"*. Y como los anteriores existen muchos otros ejemplos.[377]

---

373 Corte Suprema, rol 3.924-2013, de 29 de agosto de 2013.

374 Corte Suprema, rol 832-2018, de 18 de abril de 2018.

375 En igual sentido se pronunció la Corte Suprema en las causas "Cidef S.A. con Pizarro", rol 6.647-2013, de 11 de septiembre de 2013; "Consejo de Defensa del Estado con CPT", rol 17.518-2016, de 12 de mayo de 2016; "Sernac con Corporación Santo Tomás", rol 8138-2016, de 6 de abril de 2016; "Empresa de Servicios Alimenticios Hendaya S.A.C. con Dirección Nacional del Trabajo", rol 8.872-2018, de 5 de julio de 2018; entre otras.

376 Corte Suprema, rol 12.507-2018, de 10 de julio de 2018.

377 En igual sentido se pronunció la Corte Suprema en "Constructora Convet Limitada con Inspección Provincial de Rancagua", rol 6.560-2013, de 26 de noviembre de 2013; y en "Subaru Chile S.A. con Corte de Apelaciones de Santiago", rol 17.086-2018, de 11 de septiembre de 2018.

Si bien compartimos esta última postura, puesto que los errores o diferencias en la interpretación de la ley no constituyen una falta o abuso grave, sí sería deseable que el mismo se mantuviera inalterado en el tiempo, sin más excepciones. El hecho de que de vez en cuando la Corte Suprema cambie ese criterio y acoja recursos de queja fundados en la incorrecta interpretación de una norma, ha llevado a que muchos litigantes intenten sus recursos de queja e invoquen esta causal sólo para probar suerte, y ver si con sus casos la Corte va a hacer una nueva excepción. Existen cientos de casos que así lo demuestran, en los que la recurrente de queja invoca como falta o abuso grave la incorrecta interpretación de una norma, mediando una simple divergencia de criterio entre ella y los ministros recurridos. A modo de ejemplo citamos lo sucedido en la causa "**Intendencia Región Metropolitana con Servicios Integrales**"[378] en la que el Máximo Tribunal resolvió que "2° *Que por medio del recurso interpuesto (...) se impugna la sentencia confirmatoria de la dictada en primera instancia, sobre la base de la reiteración de las argumentaciones vertidas en las oportunidades procesales correspondientes, con lo que queda de manifiesto que el recurrente pretende discutir en sede disciplinaria un asunto ya resuelto a través de otros recursos legales, de lo que se colige que este arbitrio no aparece revestido de fundamento plausible*". Y como éste existen cientos de casos en los que la Corte Suprema rechaza o declara inadmisibles recursos de queja cuyo objetivo es revertir un criterio interpretativo de los tribunales inferiores.[379] Insistimos que la única forma de evitar que esto siga sucediendo es que la Corte Suprema mantenga sin excepciones su postura de rechazo respecto de los recursos de queja que se funden en esta causal.

Lo anterior no obsta a que en ciertos casos el Máximo Tribunal pueda corregir una interpretación legal hecha por un tribunal inferior, si considera que con la misma se cometió una injusticia grave a alguna de las partes. Sin embargo, resulta más adecuado y ajustado a derecho que no lo haga acogiendo recursos de queja, sino que con el ejercicio de sus facultades de oficio que le reconocen el COT y el CPC, como generalmente ocurre en la práctica.[380]

---

378 Corte Suprema, rol 7.173-2017, de 13 de marzo de 2017.

379 Por ejemplo en la causa "Ibaceta con Corte de Apelaciones de Santiago", rol 8.394-2017, de 21 de marzo de 2017; en "Salinas con Pompeyo Carrasco Automotriz", rol 17.101-2018, de 16 de agosto de 2018; en "Hirmas con Casino Enjoy", rol 20.800-2018, de 5 de septiembre de 2018; entre muchas otras.

380 En ese sentido se pronunció la Corte Suprema en las causas "Inversora Río Blest Ltda. con Bolsa de Comercio de Santiago", rol 27.012-2016, de 2 de agosto de 2016; "Inversiones Praderas de La Dehesa con Fisco de Chile", rol 30.422-2017, de 27 de julio de 2017; "Herrera con Fisco de Chile", rol 41.044-2016, de 29 de marzo de 2017, entre otros.

6. FALSA APRECIACIÓN DE LOS ANTECEDENTES DEL PROCESO

Esta es una de las faltas o abusos que con más frecuencia se denuncia por medio del recurso de queja. Sin embargo, según se verá, la misma no está exenta de polémica, principalmente en relación a su sentido y alcance, y a la aplicación que ha tenido en la práctica.

Para Mosquera y Maturana esta falta o abuso grave tiene lugar cuando fruto de una errónea apreciación de los antecedentes del proceso, el tribunal dicta una resolución de forma arbitraria.[381] Dicha postura ha sido acogida en distintas ocasiones por la Corte Suprema, según se desprende de la siguiente sentencia: "*[E] sta Corte ha ido precisando, por la vía de la jurisprudencia, los casos en que se está en presencia de una falta o abuso grave. Así, ha sostenido que se configura, entre otros casos, cuando se incurre en una falsa apreciación del mérito del proceso, circunstancia que se presenta cuando se dicta una resolución judicial de manera arbitraria, por valorarse de forma errónea los antecedentes recabados en las etapas procesales respectivas*".[382]

De lo señalado por dichos autores, y de la postura asumida por la Corte Suprema, se desprende que el componente elemental de esta causal es la existencia de una arbitrariedad por parte de un tribunal al momento de decidir la controversia, a partir de una errada apreciación de los antecedentes del proceso. Dado que para la Real Academia Española algo es arbitrario cuando está "*sujeto a la libre voluntad o al capricho antes que a la ley o a la razón*", podemos concluir que a juicio de la doctrina y de la Corte Suprema, esta falta o abuso se configura cuando el tribunal resuelve la disputa de manera voluntarista, caprichosa, ilegal y/o irracional, a partir de un alejamiento de los antecedentes que figuran en el expediente.

Si bien lo anterior parece claro, en este caso nos volvemos a encontrar con que la aplicación de esta causal se ha distorsionado en la práctica. En efecto, al revisar los casos en los que el Máximo Tribunal ha acogido recursos de queja a partir de esta causal, queda en evidencia que la dureza que la misma tiene en el papel, no se condice con las actuaciones de los jueces y tribunales en contra de los cuales se han acogido dichos recursos. De todos los casos revisados, en ninguno de ellos el o los jueces involucrados obraron de manera voluntarista, caprichosa, ilegal y/o irracional. Por el contrario, y al igual que lo que ocurre en los casos estudiados en el capítulo anterior, respecto de la interpretación de las

381 Cfr. MOSQUERA RUIZ y MATURANA MIQUEL, *ob. cit.*, p. 387.

382 Corte Suprema, "Cares con Servicios Edelweis Limitada", rol 4.709-2017, 17 de mayo de 2017.

leyes, en la mayoría de los recursos de queja en los que se denuncia una falsa apreciación de los antecedentes del proceso, lo que en realidad se ha escondido es una diferencia de criterios entre la Corte Suprema y el tribunal inferior que emitió el pronunciamiento cuestionado, ya sea en cuanto al derecho aplicado o a los hechos discutidos.

En la causa "**Contreras con Hospital Clínico de la Universidad de Chile**"[383] se discutió sobre los alcances y efectos de un contrato de prestación de servicios de salud suscrito entre un hospital y una paciente que se sometió a una intervención quirúrgica. Previo a la operación las partes firmaron un contrato en el que se especificó que la operación tendría un costo aproximado de 4 millones de pesos, monto que era estimativo y que podía variar según las circunstancias en las que se diera la intervención. Ello fue aceptado expresamente por ambas partes. Luego de la operación el hospital envió a la paciente una cuenta que ascendía a 5,5 millones de pesos. Debido a la diferencia entre el monto estimado inicialmente, y el que le fue finalmente cobrado, la paciente inició un procedimiento ante el juzgado de policía local competente, fundado en la supuesta infracción de los artículos 3 letra b y 12 de la LPC (el artículo 3 referido al derecho a la información veraz y oportuna y el 12 referido al respeto por parte del proveedor de los términos y condiciones establecidos en el contrato). En primera instancia la paciente obtuvo un pronunciamiento favorable, y se obligó al hospital a respetar el monto informado a la paciente como estimativo, lo cual fue confirmado por la corte de apelaciones respectiva.

En contra de los ministros que emitieron el fallo confirmatorio se interpuso recurso de queja fundado en una falsa apreciación de los antecedentes del proceso, el cual fue acogido por la Corte Suprema, por considerar que los recurridos incurrieron en la falta o abuso grave consistente en la incorrecta apreciación de los antecedentes del proceso, toda vez que era evidente, a partir de la prueba aportada, "*que la información entregada a la consumidora correspondió exactamente al servicio ofrecido, el que consistió en una operación quirúrgica por un bypass gástrico, el que no ha sido objeto de cuestionamiento alguno, y que fue realizado a su entera satisfacción conforme a las expectativas de la paciente, por lo que se cumplió con el derecho que tiene todo consumidor a obtener una información veraz y oportuna sobre los bienes y servicios ofrecidos, su precio, condiciones de contratación y otras características relevantes de los mismos, y en particular el deber de informarse responsablemente de ellos, conforme lo establece el artículo 3° letra b) de la Ley 19.496 (...) por lo que fluye*

383 Corte Suprema, rol 8.905-2011, de 28 de diciembre de 2011.

con claridad que no se produjeron las infracciones denunciadas, sin que se probara que la diferencia de precios, advertida con anticipación por la denunciante, se produjera de forma arbitraria, antojadiza o sin justificación; siendo que en realidad correspondió a una de las condiciones que fueron aceptadas expresamente por las partes del contrato, y así lo refrenda la prueba testimonial rendida exclusivamente por la denunciada...".

En los autos caratulados "Silva con Comercializadora Ditec S.A."[384] la disputa se centró en el plazo de prescripción que contempla el artículo 21 de la LPC, para que el consumidor afectado demande la devolución del dinero pagado por un producto defectuoso. Un consumidor adquirió en diciembre del año 2010 un vehículo avaluado en más de 45 millones de pesos, el cual habría experimentado diversas fallas desde el momento de la compraventa. Todas esas fallas fueron inmediatamente denunciadas por el comprador y reparadas por el vendedor. Producto de los descontentos del cliente, la empresa automotora le extendió una nueva garantía de reparación para el automóvil, la cual se extendería por 3 años a contar de esa fecha, o hasta que el vehículo alcanzara los 100.000 kilómetros recorridos. No obstante lo anterior, en mayo del año 2011 el consumidor interpuso una demanda de devolución del dinero pagado, la cual fue rechazada en primera instancia porque a juicio del tribunal la acción se encontraba prescrita, dado que fue interpuesta después del plazo de 3 meses establecido en el artículo 21 de la LPC. En contra de la sentencia se alzó el demandante, alegando que el vendedor del automóvil le había extendido el plazo de garantía a 3 años, lo que habría dejado sin aplicación el plazo original de 3 meses. Dicho argumento fue acogido por la corte de apelaciones respectiva, que revocó la sentencia de primera instancia y acogió la demanda. En contra de los ministros se interpuso recurso de queja, fundado en una falsa apreciación de los antecedentes del proceso, el cual fue acogido por la Corte Suprema al concluir que había existido una falsa apreciación de los antecedentes del proceso, toda vez que el plazo de garantía otorgado por el vendedor del vehículo era para repararlo y no para aceptar su devolución, lo que importó que el plazo legal de 3 meses no fue prorrogado, y por lo tanto, que la acción expirara antes de la interposición de la demanda.

En la causa "Gobernación Provincial de Concepción con Comunidad Edificios Camino el Venado"[385] se discutió si a un empleado de un condominio que desempeñaba diversas labores en dicho recinto, tales como aseo, conserjería, portería y limpieza, le resultaban aplicables las regulaciones sobre guardias de

384 Corte Suprema, rol 981-2013, de 23 de mayo de 2013.

385 Corte Suprema, rol 17.884-2015, de 23 de diciembre de 2015.

seguridad privados. Tanto el juez de primera instancia como los ministros de la corte de apelaciones consideraron que sí le resultaban aplicables tales normativas, toda vez que dentro de sus labores el empleado desempeñaba funciones de vigilancia, como el control de los accesos y salidas del recinto. En contra de los ministros se interpuso recurso de queja, fundado en la falsa apreciación de los antecedentes del proceso, el cual fue acogido por la Corte Suprema, puesto que a su juicio de tales antecedentes quedaba de manifiesto que el empleado no era un guardia, y por lo tanto que no le resultaban aplicables las normas que regulan a dicho empleo. "5° *Que los antecedentes referidos dan cuenta, claramente, que el trabajador cuyo desempeño motivó la denuncia no ejerce labores de seguridad privada, desde que no se encuentra dentro de sus funciones brindar protección ni al edificio, bienes ni personas que se encuentren en éste, sino que realiza una serie de tareas administrativas propias de la conserjería (...) No resulta posible estimar que tales cometidos deben ser estimados como labores de seguridad privada, desde que no atienden a la protección de las personas y espacios pertinentes, sino más bien a su conservación y orden. 6°.- Que las anteriores inferencias resultan claras, bastando para arribar a ellas la lectura de los documentos mencionados y contrastarlos con las exigencias de la normativa del ramo, de manera que al haber omitido tal ejercicio queda en evidencia que los recurridos han incurrido en grave falta o abuso en los términos del artículo 545 del COT*".[386]

En los autos "**Moreno con Universidad Andrés Bello**"[387] una estudiante de un posgrado en odontología demandó a su universidad, fundado en que varios de los profesores que impartían dicho programa habían sido removidos del mismo por la casa de estudios. Ello, a juicio de la estudiante, importó una infracción a la LPC, puesto que ella se inscribió en el programa mencionado en atención a que el mismo sería impartido personalmente por varios de esos profesores, circunstancia que fue especificada por la universidad en sus publicidades. En la demanda se solicitó la indemnización de diversos perjuicios. En primera instancia se acogieron sus pretensiones, aplicándose una multa a la universidad y condenándola al pago de 2.5 millones de pesos por daño moral en favor de la estudiante. La corte de apelaciones que conoció en segunda instancia revocó dicha decisión, por considerar que en virtud del contrato educacional firmado entre las partes, la universidad no perdía su derecho a modificar la nómina de sus profesores. En contra de los ministros se interpuso recurso de queja, fundado en

386 En igual sentido "Zúñiga con Clínica Alemana de Temuco S.A.", rol 22.184-2016, de 22 de junio de 2016.

387 Corte Suprema, rol 65.440-2016, de 18 de enero de 2017.

una falsa apreciación de los antecedentes del proceso, el cual fue acogido por la Corte Suprema, puesto que a su juicio, de los antecedentes de la causa quedaba de manifiesto que la universidad había promocionado el programa de posgrado basándose en los profesores que lo impartían, no pudiendo por lo tanto haberlos despedido en medio del curso. *"SÉPTIMO: Que en tales condiciones es dable concluir que los magistrados de alzada han incurrido en falta al revocar la decisión de primer grado, dado que en los términos que se planteó la contienda y las infracciones imputadas, no podían resolver como lo han hecho, al decidir sobre la base de meras afirmaciones sin respaldo probatorio, de manera que procede enmendar por esta vía tal falta o abuso, lo que conduce a esta Corte a acoger el recurso interpuesto y adoptar las medidas para remediarlo, ya que los jueces del fondo han fijado una certeza que no se condice con los hechos que emanan del proceso en estudio".*

De las sentencias anteriores queda en evidencia que lo que en realidad motivó el acogimiento de los recursos de queja, no fue una arbitrariedad de los tribunales que dictaron los fallos, sino que una diferencia de criterio entre esos tribunales y la Corte Suprema, respecto de la forma en que las respectivas disputas debían resolverse.

La situación anterior tiene dos consecuencias que consideramos graves. La primera es que dado que la Corte Suprema ha señalado que la causal en estudio tiene lugar cuando un tribunal comete una arbitrariedad, el hecho de acoger un recurso de queja fundado en esta causal implica catalogar a ese tribunal de arbitrario, siendo que en realidad el único reproche que se le puede hacer es haber resuelto una disputa de forma distinta a como la habría resuelto el Máximo Tribunal. La segunda consecuencia que consideramos grave, es que el hecho de que la causal en estudio se refiera en realidad a una diferencia de criterios y no a faltas o abusos graves, ha llevado a una proliferación de recursos de queja cuyo real objetivo es gatillar una tercera instancia, y por lo tanto una nueva revisión de los hechos y el derecho, por existir una disconformidad de la parte recurrente con lo resuelto por el tribunal en contra del cual interpone el recurso de queja.

Como se explicó, para contrarrestar este efecto la Corte Suprema lleva a cabo un estricto control de los recursos de queja que se interponen fundados en esta causal, muchos de los cuales son desechados de plano o declarados inadmisibles por no atenerse al objetivo disciplinario del recurso en estudio. La idea es que sólo prosperen los recursos cuando con ellos efectivamente se denuncie una falta o abuso grave del juez. Por ejemplo, en la causa "**Rojas con Banco Santander**"[388]

388 Corte Suprema, rol 8.501-2017, de 11 de mayo de 2017.

se resolvió que *"resulta evidente para este tribunal que no se puede configurar en el caso en análisis la falta o abuso grave que permite la intervención de este tribunal por esta vía, ya que ha sido el ejercicio de tal atribución el que ha permitido a los referidos sentenciadores arribar a conclusiones opuestas a las del a quo sobre el punto debatido"*. La misma postura adoptó la Corte en "Aravena con Alvarez"[389], al resolver que *"queda de manifiesto que el recurrente pretende discutir en sede disciplinaria un asunto ya resuelto a través de otros recursos legales, de lo que se colige que este arbitrio no aparece revestido de fundamento plausible"*, agregando luego que el recurso en cuestión no señaló *"en forma precisa las faltas o abusos en que habrían incurrido los recurridos al momento de analizar el fondo de la cuestión, ya que al efecto no basta la mera afirmación de haberse omitido la correcta valoración de los antecedentes del proceso"*. Y como estas existen muchas otras causas que se han resuelto de forma similar.[390]

Pero este filtro previo no será suficiente mientras el Máximo Tribunal siga acogiendo recursos de queja que, fundados en una supuesta falsa apreciación de los antecedentes del proceso, buscan en realidad provocar una nueva revisión de lo resuelto. Ello puesto que como ya dijimos, la existencia de una ínfima posibilidad de éxito será suficiente para que cientos de litigantes sigan intentando este camino para motivar una nueva revisión de lo fallado por los jueces de la instancia.

Lo anterior no obsta a que en ciertos casos el Máximo Tribunal pueda corregir una sentencia en la que un tribunal inferior, aplicando un criterio determinado, haya cometido una injusticia manifiesta en contra de alguna de las partes. Sin embargo, parece más adecuado y ajustado a derecho que no lo haga acogiendo recursos de queja fundados en una causal forzada, sino que con el ejercicio de sus facultades para actuar de oficio que le reconocen el COT y el CPC, como generalmente ocurre en la práctica.[391]

---

389 Corte Suprema, rol 7.166-2017, de 13 de marzo de 2017.

390 Por ejemplo en "Sernac con Sociedad de Créditos Comerciales", rol 9.171-2017, de 30 de marzo de 2017; en "Rojas con Banco del Estado", rol 39.629-2017, de 18 de octubre de 2017; en "Ambiado con Casanello", rol 3.418-2018, de 6 de marzo de 2018; en "Empresa de Transporte de Pasajeros Quilical Ltda. con Corte de Apelaciones de Talca", rol 41.737-2017, de 31 de octubre de 2017; en "Cádiz con ABCDIN", rol 16.607- 2018, de 13 de agosto de 2018; entre muchas otras.

391 Por ejemplo en causas "Inversiones Praderas de La Dehesa con Fisco de Chile", rol 30.422-2017, de 27 de julio de 2017; "Herrera con Fisco de Chile", rol 41.044-2016, de 29 de marzo de 2017; "Hausdorf con Hadida", rol 45.843-2017, de 27 de marzo de 2018; "Petrobras Chile Distribución Ltda. con Bolonia SPA", rol 5.343 -2018, de 21 de junio de 2018; entre muchas otras.

7. OTRAS FALTAS O ABUSOS GRAVES

Existen otras infracciones relevantes que la Corte Suprema ha considerado como faltas o abusos graves.

7.1 Violación del secreto profesional del abogado

En Chile el secreto profesional del abogado carece de una regulación acabada, y su único reconocimiento legal expreso se encuentra en el artículo 231 del Código Penal, que sanciona la violación del secreto profesional por los abogados, y en el artículo 247 del mismo cuerpo legal, que castiga la violación del secreto profesional por parte de aquellos que ejercen una profesión que requiera de título profesional.

No obstante lo anterior, los tribunales superiores de justicia y algunas asociaciones gremiales[392] han contribuido en el desarrollo de esta institución, que hoy es reconocida como parte integrante del derecho a la defensa jurídica consagrado en la CPR. Tal como lo ha señalado la Corte Suprema, "*[Q]ue si bien nuestra Constitución no tiene referencia directa al secreto profesional, dicho deber-obligación se encuentra subsumido como uno de los presupuestos del debido proceso, particularmente vinculado al derecho a defensa jurídica que se encuentra garantizado en el numeral 3° del artículo 19 de la Carta Fundamental, norma que importa asegurar las condiciones de libertad en las que debe verificarse la debida intervención del letrado en el procedimiento. Ello es así pues, sin una legítima expectativa de confidencialidad por parte del cliente, la confianza en que esa relación se basa se vería seriamente perjudicada y con ello su derecho a defensa técnica gravemente menoscabada*".[393]

Dada la importancia del secreto profesional como uno de los ejes del derecho a la defensa jurídica, su vulneración por parte de un tribunal ha sido considerada como una falta o abuso grave. Si bien los primeros destinatarios del secreto

392 El Código de Ética Profesional dictado por el Colegio de Abogados de Chile establece en su artículo 7° que "*[E]l abogado debe estricta confidencialidad a su cliente. En cumplimiento de su obligación debe exigir que se le reconozca el derecho al secreto profesional con que la ley lo ampara. La confidencialidad se extiende a toda la información relativa a los asuntos del cliente que el abogado ha conocido en el ejercicio de su profesión*". La letra a) del artículo 46 del mismo código dispone que "*El abogado debe abstenerse de revelar la información cubierta por su deber de confidencialidad, así como de entregar, exhibir o facilitar el acceso a los soportes materiales, electrónicos o de cualquier otro tipo que contenga dicha información y que se encuentre bajo su custodia*".

393 "CDE con CPT", rol 5.337-2013, de 29 de octubre de 2013.

profesional son los abogados que reciben la información, que quedan impedidos de revelarla, los jueces también se ven afectados por la misma, puesto que deben evitar adoptar decisiones que vulneren el derecho en comento.

En la causa "**CDE con CPT**"[394] el Máximo Tribunal concluyó que los ministros de una corte de apelaciones incurrieron en una falta o abuso grave al vulnerar el derecho profesional de una de las partes, al confirmar una resolución emitida por el CPT, que ordenó al CDE publicar información que le había sido entregada por un organismo del Estado, para la preparación de su defensa judicial. A juicio de la Corte Suprema, el CDE mantiene una relación abogado-cliente con los organismos del Estado a los que representa, por lo que la información que el mismo obtiene en el contexto de esas representaciones queda protegida por el secreto profesional, y no se puede forzar su desclasificación. Hacerlo constituye una falta o abuso grave. *"De lo dicho se desprende claramente que la existencia y reconocimiento del secreto profesional es una cuestión de interés público pues permite asegurar las condiciones que promuevan que el cliente dé acceso o informe al abogado las situaciones de hecho que permitan a dicho profesional una adecuada defensa de los intereses que le ha encomendado proteger, encontrando garantía en el sistema legal que dichos antecedentes quedarán resguardados por el secreto profesional. Décimo noveno: Que así las cosas es posible concluir que la relación que entabla el CDE con el Fisco de Chile es una relación cliente-abogado y en esta virtud los antecedentes que recaba quedan sujetos a secreto profesional, secreto que, como ya fuera establecido, forma parte del derecho a defensa garantizado en la Constitución Política de la República".*[395]

7.2 Alteración del carácter con el que un árbitro conoce de un asunto

En la causa "**Televisión Interactiva S.A. y otro con Walker**"[396], se interpuso un recurso de queja en contra de los ministros de una corte de apelaciones que, al resolver un recurso de queja interpuesto en contra de un árbitro mixto, alteraron dicho carácter y le concedieron el de arbitrador, rechazando luego el recurso a partir de esa conclusión, por considerar que con esa calidad un árbitro podía apartarse de las normas legales y fallar en equidad, como había sucedido en la causa.

394 Corte Suprema, rol 2.788-12, de 28 de noviembre de 2012.
395 En igual sentido, "CDE con CPT", rol 5.337-2013, de 29 de octubre de 2013.
396 Corte Suprema, rol 16.567-2018, de fecha 16 de octubre de 2018.

Si bien el recurso de queja fue declarado inadmisible por la Corte Suprema[397], acto seguido procedió a actuar de oficio y corregir el grave error denunciado, ordenando que la corte de apelaciones volviera a revisar y fallar el asunto. Ello puesto que reconocer al árbitro una calidad distinta a la que en realidad tenía, llevó a los juzgadores a alcanzar conclusiones erradas, y distintas a las que debieron haber arribado. En efecto, las cualidades de arbitrador son considerablemente más amplias que las de uno mixto, y precisamente a partir de esas amplias facultades, que el árbitro en realidad no tenía, se dictó una sentencia en base a su prudencia y equidad, algo que a juicio del Máximo Tribunal constituyó una falta o abuso grave, toda vez que *"la sentencia exhibe una argumentación disconforme e inconexa con la naturaleza jurídica del arbitraje"*. Tal como lo señala la Corte Suprema en el fallo, la gravedad de la falta en este caso vino dada por que los ministros recurridos concluyeron que el árbitro no cometió falta o abuso grave, puesto que por su supuesta calidad de arbitrador, estaba facultado para apartarse de las leyes y fallar de acuerdo a criterios de equidad y justicia, siendo que en realidad su calidad de árbitro mixto le imponía la obligación de fallar en conformidad a derecho, y no a partir de su prudencia y equidad, como lo hizo en la práctica.

Otra situación interesante se produjo en la causa "**Readi con Adauy**"[398], en la que se discutió sobre las facultades con las que debía conocer un árbitro que fue designado para la liquidación de una sociedad. En la escritura de constitución de la sociedad, los socios acordaron que cualquier diferencia que surgiera entre ellos sería resuelta por un árbitro arbitrador, sin forma de juicio, y sin que procediera recurso alguno respecto de lo que éste resolviera. Para dicho cargo se designó a una persona concreta, que era pariente de los socios de la sociedad. Años después, uno de los socios pidió la liquidación de la sociedad, para lo cual solicitó a la justicia ordinaria que nombrara a un árbitro, puesto que aquél que había sido designado en la escritura, ya no estaba disponible. Un juzgado civil de Santiago cumplió con dicha solicitud y designó a una persona. La persona designada, basándose en los estatutos sociales, aceptó el encargo y asumió en calidad de arbitrador.

Sin embargo, desde un comienzo el socio que había pedido la liquidación controvirtió dicha calidad de arbitrador, puesto que a su juicio la misma fue

397 Fundado en el argumento de que a partir de lo dispuesto en el artículo 63 N° 1 letra c) del Código Orgánico de Tribunales, que establece que las cortes de apelaciones conocen en única instancia de los recursos de queja que se deduzcan en contra de jueces árbitros, se concluiría que el legislador tuvo en mente que las resoluciones que dichas cortes pronuncien no sean susceptibles de revisión.

398 Corte Suprema, rol 19.142-2018, de 22 de enero de 2019.

otorgada sólo en la medida en que el árbitro fuera la persona concreta que ellos habían designado en los estatutos sociales, y no una persona distinta. El socio en cuestión nunca tuvo éxito con su tesis, la cual fue rechazada sistemáticamente por el árbitro, y confirmado por la corte de apelaciones respectiva en igual número de ocasiones. Finalmente, el árbitro dictó su sentencia, y en su contra interpuso un recurso de queja el socio demandante. Dicho recurso fue rechazado por la corte de apelaciones. En contra de los ministros que rechazaron el recurso de queja se interpuso otro recurso de queja, ante la Corte Suprema. El mismo, nuevamente, se fundaba en que el juez árbitro se había arrogado la calidad de arbitrador, siendo que lo que correspondía era que conociera del asunto como árbitro de derecho. Pues bien, al conocer del recurso de queja la Corte Suprema lo declaró inadmisible, al concluir que el artículo 63 N° 1 letra c) del COT dispone que las cortes de apelaciones conocen en única instancia de los recursos de queja que se deduzcan en contra de jueces árbitros, por lo que lo que dichos jueces decidan no puede ser revisado posteriormente, ni aun por vía de recurso de queja.

No obstante lo anterior, en el mismo fallo el Máximo Tribunal procedió a actuar de oficio en virtud de las facultades que le confiere el artículo 84 inciso final del CPC, y a invalidar todo lo obrado en el expediente arbitral, por considerar que el árbitro no pudo haberse arrogado la calidad de arbitrador, sino que debió haber actuado como un árbitro mixto, puesto que aquella calidad es de carácter excepcional, y debe por lo tanto hacerse por las partes en términos inequívocos, que no dejen espacio a dudas respecto de su voluntad. Así lo concluye el fallo en el siguiente pasaje: *"Que, en el caso de autos, la cláusula 15° del estatuto social expresa con claridad que a falta de acuerdo entre los socios, la liquidación de la sociedad se hará 'por el árbitro que más adelante se designa', redacción que revela que lo importante para los socios fue la persona del árbitro. Es la cláusula 17° la que se ocupa de conferir al árbitro la calidad de arbitrador y un procedimiento en única instancia para la resolución de los conflictos entre las partes o con la sociedad durante la vigencia 'o su liquidación', para luego individualizar a los árbitros que debían realizar tal labor, designando para ello a personas que aparecen relacionadas con los socios por vínculos de parentesco, relaciones que permiten colegir que es esa especial consideración y no otra la que justificó otorgarles las extraordinarias facultades que les fueron conferidas (...) Luego, ante la imposibilidad de aquellas personas de realizar la labor que se les encargó, para resolver la petición que formuló XX con el objeto de que se designara un árbitro que ocuparse de la liquidación y adjudicación de las propiedades de la sociedad en razón de la participación de cada socio, no solo era razonable sino necesario estarse a lo dispuesto en el inciso primero del artículo 235 del COT y aplicar la regla general que impera en nuestro ordenamiento en materia de arbitrajes y que, por lo demás, ofrecía claras y mejores garantías a las partes de un proceso racional y justo".*

7.3 Afectación de la seguridad nacional

La infracción de la seguridad nacional por parte de un juez también constituye una falta o abuso grave. Es decir, si con la dictación de una sentencia u otra resolución judicial se atenta contra, o se pone en riesgo, la seguridad del país, se comete una falta o abuso grave, suficiente para interponer y acoger un recurso de queja.

Así lo resolvió la Corte Suprema en la causa "**CDE con CPT**"[399], en la que se discutió sobre una resolución adoptada por el CPT ordenando a la Fuerza Aérea de Chile que entregara a un particular cierta información relacionada con la compra de material bélico (aviones no tripulados). Dicha resolución fue posteriormente confirmada por la corte de apelaciones respectiva. En contra de los ministros que dictaron la sentencia confirmatoria, el CDE interpuso recurso de queja, que fue acogido por la Corte Suprema al concluir que no sólo se había infringido el texto expreso del Código de Justicia Militar, de la Ley de Transparencia y de la LAIP, sino que además, se estaba atentando contra la seguridad de la nación, toda vez que con la entrega de la información solicitada se estaba dando acceso a antecedentes que comprometían tanto la soberanía del país, como la defensa nacional.[400]

En una causa similar, caratulada "**Fisco con CPT**"[401], un particular solicitó que se le entregaran distintas informaciones relacionadas con las misiones aéreas de la Fuerza Aérea y su material de guerra. El CPT ordenó su entrega, lo que fue confirmado posteriormente por la corte de apelaciones respectiva. En contra de los ministros que dictaron el fallo se interpuso recurso de queja, el cual, a pesar de su similitud con el de la causa anterior, fue rechazado por la Corte Suprema, al concluir que los recurridos resolvieron como lo hicieron ejerciendo su facultad discrecional de interpretar las normas en disputa. No obstante lo anterior, el Máximo Tribunal procedió a obrar de oficio, y dejar sin efecto lo resuelto en instancias previas, por considerar que el criterio de interpretación fue errado, y atentaba contra la seguridad nacional.

Si bien los dos casos anteriores fueron resueltos de forma distinta, en uno se acogió el recurso de queja mientras que en el otro se rechazó, el resultado final de ambos fue el mismo. En uno y otro la Corte Suprema dejó sin efecto lo resuelto por el CPT, e impidió que información sensible para la seguridad nacional fuera

---

399 Corte Suprema, rol 24.118-2014, de 30 de diciembre de 2014.

400 Un pronunciamiento similar emitió la Corte Suprema en la causa "Ejército de Chile con CPT", rol 18.728-2018, de 3 de enero de 2019.

401 Corte Suprema, rol 12.235-2018, de 27 de septiembre de 2018.

divulgada. Lo anterior confirma que siempre que un tribunal con su actuar ponga en serio riesgo la seguridad del Estado, estará cometiendo una falta o abuso que deberá ser corregida por la Corte Suprema.

Confirma lo anterior lo resuelto por la Corte Suprema en la causa "**CPT con Ministros**"[402], en la que se acogió un recurso de queja interpuesto en contra de los ministros de una corte de apelaciones que acogieron un reclamo interpuesto por el Ejército en contra de una resolución del CPT, que le ordenó a dicha rama de las Fuerzas Armadas hacer entrega de cierta información relacionada con una compra de vestuario, calzado y equipo. Sin embargo, especificó el CPT que la información a entregar debía estar tarjada en lo relacionado con el volumen y periodicidad de la compra, y la unidad del Ejército a la que sería entregada la mercadería. A juicio de la Corte Suprema el hecho de que se tratara de calzado, vestuario y equipos, y que se permitiera tarjar la información que pudiera haber sido sensible, descartaba que se pudiera afectar la seguridad nacional con su divulgación.

7.4. Faltas o abusos graves cometidos en procesos licitatorios

La contratación y abastecimiento en la Administración del Estado se encuentra regulada por la ley 19.886 de 2003, que establece las bases sobre contratos administrativos de suministro y prestación de servicios, y por el Decreto Supremo N° 250 del Ministerio de Hacienda, publicado el día 24 de septiembre del año 2004 (con sus modificaciones). Las disputas jurisdiccionales que surjan en este contexto son de competencia del TCP.[403]

Dentro de los principios fundantes que rigen la contratación pública se encuentran los de transparencia y publicidad[404], el de igualdad entre proveedores[405], el de legalidad, el de libre concurrencia[406], el de estricta sujeción a las bases de licitación[407], entre otros. Según se explica a continuación, la infracción de estos principios, y de otras normas que rigen las licitaciones, ha sido considerada como una falta o abuso grave por la Corte Suprema.

402 Corte Suprema, rol 26.843-2018, de 5 de marzo de 2019.

403 VERGARA BLANCO (2012).

404 MUÑOZ CHIU (2004), p. 7.

405 Contraloría General de la República, Dictamen N° 42.621, de 21 de septiembre de 2007.

406 MUÑOZ CHIU, *ob. cit.*

407 Contraloría General de la República, Dictamen N° 42.621, de 21 de septiembre de 2007.

Así, por ejemplo, en la causa "**Sociedad Pfizer Chile S.A. con Complejo Asistencial Dr. Víctor Ríos Ruiz**"[408], la Corte Suprema acogió un recurso de queja fundado, entre otras cosas, en que los ministros de la corte de apelaciones respectiva, que conocieron de este asunto, infringieron el principio de estricta sujeción a las bases de licitación, puesto que otorgaron un plazo para presentar ofertas que era mayor al que se estableció en las bases, y también el principio de igualdad entre los proponentes, puesto que dicha apertura tardía habría permitido que uno de los oferentes presentara su oferta con conocimiento de todas las otras ofertas que habían sido presentadas, lo que claramente la dejaba en una ventaja respecto de ellos. *"Que, en las condiciones expuestas, solo cabe concluir que los sentenciadores efectivamente incurrieron en las faltas imputadas en los acápites tercero y cuarto del arbitrio en estudio, pues al no exigir la acreditación del perjuicio efectivo, en los términos expuestos en el fundamento precedente, han acogido la acción, dejando al actor en una situación de privilegio respecto del resto de los oferentes, vulnerando el principio de igualdad ante las bases que rigen el contrato, regulado en el inciso primero del artículo 9° de la Ley 18.575, como asimismo el principio de estricta sujeción a las bases, previsto en el artículo 10 de la Ley 19.886"*.

Una situación interesante tuvo lugar en los autos "**Municipalidad de Temuco con TCP**"[409], en los que la Corte Suprema, conociendo de un recurso de queja, se abocó a revisar –y alterar el resultado– de un proceso licitatorio. Una municipalidad decidió llevar a cabo un proceso de licitación para adjudicar un contrato de recepción y eliminación de residuos sólidos generados en ella. En dicho proceso se presentaron dos ofertas admisibles, la de A y la de B. En el proceso se encargó a la Universidad de Chile que elaborara un informe técnico-ambiental sobre las propuestas, en el cual se concluyó que la más conveniente era la de A, y que la de B era inviable por cuestiones ambientales. Siguiendo esa recomendación, la municipalidad adjudicó el contrato a A. Frente a eso, B interpuso una demanda de impugnación ante el TCP, argumentando entre otras cosas, que la propuesta de A no cumplía con las bases de licitación, puesto que no se ajustaba al objetivo principal del concurso, esto es, disponer de toda la basura municipal y domiciliaria del sector, toda vez que con sus procesos generaría nuevos residuos, que se deberían disponer en un lugar distinto al originalmente ofertado. El TCP acogió el argumento y la impugnación, concluyendo que la oferta adjudicada debió haber sido declarada inadmisible. Con ello adjudicó el contrato a B.

---

408 Corte Suprema, rol 3.447-2018, de 2 de agosto de 2018.

409 Corte Suprema, rol 8.487-2018, de 24 de septiembre de 2018.

Frente a ello, A interpuso recurso de reclamación ante la corte de apelaciones respectiva, el cual fue rechazado, al concluir que la adjudicataria original no dio cumplimiento a las bases, pues no especificó cómo realizaría la disposición final de los residuos.

En contra de los ministros que dictaron dicha sentencia se interpuso recurso de queja, el cual fue acogido por la Corte Suprema. El Máximo Tribunal concluyó que se cometieron diversas faltas o abusos graves, que llevaron por un lado a que A se viera privada de una adjudicación contractual que se había efectuado en conformidad a la ley –puesto que su oferta sí se ajustaba a las bases de licitación– y por otro, que se adjudicara el contrato a B, cuya oferta era inviable por razones ambientales, según concluyó el informe de la Universidad de Chile. Para arribar a dicha conclusión, la Corte Suprema procedió a revisar cada una de las propuestas, las características de las mismas, su viabilidad, sus beneficios y costos, para luego señalar que los recurridos ignoraron una serie de antecedentes técnicos del proceso, infringiendo con ello el principio de proporcionalidad que rige la materia, y cometieron con ello una arbitrariedad, toda vez que lo resuelto implicó *"abstraerse del cúmulo de antecedentes evaluados por el ente Municipal al realizar la adjudicación, atendiendo exclusivamente a una definición para efectos de estimar que la oferta de A debió ser declarada inadmisible por no contemplar una disposición final de la basura"*, lo que constituyó una falta o abuso grave, puesto que implicó desconocer *"todos aquellos antecedentes técnicos que avalaban a la oferta de la referida empresa como la más ventajosa desde el punto de vista técnico ambiental"*. Más adelante continúa el fallo afirmando que *"no resulta lógico acoger la impugnación presentada por una empresa que jamás pudo adjudicarse el contrato, toda vez que B, presentó un proyecto que era inviable desde el punto de vista medio ambiental, según lo señaló claramente el informe emitido por la Universidad de Chile"*, lo que a la larga implicó *"que los sentenciadores, al rechazar la reclamación, han desconocido el principio de proporcionalidad"* que rige las licitaciones, lo que constituye una falta o abuso grave que debe ser corregida por medio del recurso de queja.

También en materia de licitaciones municipales, en los autos "**Municipalidad de Las Condes con Comercializadora Vestuario S.A.**"[410] la Corte Suprema acogió un recurso de queja, al considerar que los ministros de una corte de apelaciones incurrieron en falta o abuso grave al confirmar una sentencia dictada por el TCP, por medio de la cual se acogió una acción de impugnación interpuesta por una empresa en contra de un decreto alcaldicio, que había declarado desierta una

410 Corte Suprema, rol 13.109-2018, de 8 de octubre de 2018.

licitación en la que dicha empresa participó. Los hechos fueron los siguientes. Una municipalidad entregaba todos los años a sus empleados tarjetas con un monto determinado de dinero, para que ellos lo utilizaran para la compra de vestuario de trabajo. El año 2017 se abrió un proceso de licitación para que las empresas que estuvieran interesadas en vender ese vestuario, ofrecieran un precio más favorable al que existía en ese entonces. En una primera etapa no se presentaron interesados. Se abrió una segunda etapa de licitación, esta vez sin la exigencia de que las ofertas fueran más favorables que las vigentes a esa fecha. Dos empresas se presentaron, y ninguna de ellas ofreció mejores condiciones que las que ya existían. Por ello el alcalde, siguiendo la recomendación de la Comisión Técnica, declaró desierto el proceso. Frente a ello una de las dos empresas interpuso una acción de impugnación ante el TCP, fundada en que el proceso había sido declarado desierto por razones meramente económicas, y no por alguna causal incorporada en las bases de licitación, lo que constituía una infracción al principio de estricta sujeción a las bases. El Tribunal en cuestión acogió la impugnación, lo que motivó que la municipalidad interpusiera una reclamación ante la corte de apelaciones respectiva. Dicha reclamación fue rechazada, confirmándose lo resuelto por el TCP.

En contra de los ministros que dictaron la sentencia se interpuso recurso de queja, fundado entre otras cosas, en que con su actuar se habían infringido distintos principios del derecho público, y entre ellos, la discreción de la que gozaba la municipalidad para velar por el bien común y los intereses municipales. A su juicio, su deber era rechazar las opciones que resultaran económicamente desfavorables para la municipalidad, tal como se lo recomendó la Comisión Técnica. La Corte Suprema acogió el recurso, al concluir que la municipalidad actuó en conformidad a derecho al declarar desierto el concurso, si consideraba que el mismo no era conveniente económicamente hablando. "*7° Que, en consecuencia, se debe concluir que los ministros recurridos cometieron falta grave al concluir que el acto administrativo impugnado (...) era ilegal y arbitrario porque carece de la fundamentación que le era exigible, pues, según se advierte de su lectura, consigna expresamente que la decisión se debe a que la oferta presentada no es conveniente a los intereses municipales y, para ello, se basa en el Informe Económico de la Comisión Técnica (...) 8° Que, por lo tanto, como el acto administrativo de que se trata cumple con los requisitos legales, los ministros recurridos debieron hacer lugar al recurso de reclamación que la Municipalidad de Las Condes dedujo en contra de la sentencia pronunciada por el TCP*".

Finalmente, en la causa "**Dimensión con Municipalidad de Maipú**"[411], se interpuso un recurso de queja en contra de los ministros de una corte de apelaciones, fundado en la infracción al principio de estricta sujeción a las bases. La infracción denunciada, y que motivó el acogimiento del recurso de queja, consistió en que el Concejo Municipal respectivo asignó el contrato en cuestión a una empresa, pero lo hizo sin cumplir con los quórums que habían sido establecidos en las bases (dos tercios de los votos del Concejo Municipal). Ello, a juicio del Máximo Tribunal, constituyó una falta o abuso grave.[412]

7.5. Vulneración del derecho a acceder a la información pública

El derecho de acceso a la información pública se encuentra consagrado en el artículo 8 de la CPR y en la LAIP, y consiste en que, por regla general, toda persona tiene derecho a acceder al contenido de los actos de la Administración, a los documentos que les sirven de sustento, y a los procedimientos seguidos para llegar a ellos. Es también objeto de este derecho toda la información elaborada con fondos públicos.[413] En virtud de la figura en comento, la Administración no sólo está obligada a obrar de cara a los administrados y a mantener la información disponible para que quien la requiera tenga acceso a ella (transparencia activa), sino que además debe hacer entrega de toda información que no esté accesible al público, en caso de que le sea solicitada (transparencia pasiva).[414]

Existen distintos casos en los que la Corte Suprema ha acogido recursos de queja fundados en infracciones a la LAIP, principalmente por haberse ordenado la entrega de información que no debía entregarse por estar amparada en alguna de las causales de excepción establecidas en la ley.

Por ejemplo, en la causa "**Municipalidad de Las Condes con CPT**"[415] el CPT ordenó a una municipalidad que hiciera entrega a un particular de cierta información que éste había solicitado en el marco de la LAIP, la que incluía una nómina de los deudores de dicha municipalidad, incluyendo el nombre, rut y dirección de cada deudor y el monto adeudado, entre otros detalles asociados a las deudas.

---

411 Corte Suprema, rol 32.584-2018, de 26 de marzo de 2019.

412 En la causa "Constructora e Inmobiliaria Amulen SpA con Tribunal de Contratación Pública", rol 28.353- 2018, de 22 de abril de 2019, la Corte Suprema volvió a acoger un recurso de queja por haberse infringido el principio de estricta sujeción a las bases.

413 CORDERO VEGA, *ob. cit.*, p. 232.

414 Ibid.

415 Corte Suprema, rol 4.681-2013, de 26 de noviembre de 2013.

La municipalidad recurrió a la corte de apelaciones respectiva para que dejara sin efecto la orden emitida por el CPT, fundada en que la información solicitada no debía ser exhibida por encontrarse protegida por una de las excepciones contenidas en la ley del ramo. La corte de apelaciones rechazó dicha solicitud, señalando que la municipalidad estaba obligada a entregar los antecedentes que se le había ordenado entregar. En contra de los ministros que dictaron dicha sentencia se interpuso recurso de queja, el cual fue acogido por la Corte Suprema, al considerar que aquellos habían incurrido en falta o abuso grave al rechazar la reclamación y confirmar la entrega de la información, toda vez que esta última era privada de los deudores y no podía ser revelada sin el consentimiento de los afectados, atendida su sensibilidad. *"[L]a actuación ordenada por el CPT –referida a la difusión de deudas de impuestos municipales en que la quejosa es la acreedora– transgrede el referido mandato constitucional, pues ello implica colocar en entredicho la protección de la vida privada de las personas. A este respecto, toda persona posee como derecho básico fundamental el respeto de un ámbito que no es posible traspasar por terceros, encontrándose vedada toda injerencia sin la autorización de su titular, derecho humano y libertad fundamental que emerge de la dignidad de las personas (...) Que así las cosas, las prescripciones y razonamientos antedichos demuestran de manera inequívoca que los jueces recurridos incurrieron en falta o abuso grave, por cuanto no aplicaron las normas expresas que se refieren a la causal de secreto o reserva, lo cual debe ser enmendado por esta vía"*.[416]

Una situación similar tuvo lugar en la causa "SII con CPT"[417], en la cual la Corte Suprema acogió un recurso de queja interpuesto por el SII en contra de los ministros de una corte de apelaciones, que confirmaron la decisión adoptada por el CPT, de obligarlo a hacer entrega a un particular de una serie de antecedentes relacionados con las declaraciones de impuestos de terceras personas. A juicio del Máximo Tribunal, dicha decisión constituyó una falta o abuso grave, puesto que implicó infringir una serie de normas y principios, entre ellos, el que consagra el "secreto tributario", que según el mismo fallo, se refiere a aquellas normas que *"impiden revelar información que se relacione directamente con las partidas que constituyen el cálculo de la renta tanto de personas naturales como jurídicas, en atención a consideraciones vinculadas a la afectación de sus derechos, específicamente el derecho*

416 En un sentido similar se pronunció la Corte Suprema en la causa "CDE con CPT", rol 2.788-12, de 28 de noviembre de 2012, en la que se dio acceso a información que estaba protegida por alguna de las excepciones legales.

417 Corte Suprema, rol 6.333-2018, de 31 de diciembre de 2018. Igual pronunciamiento encontramos en la causa "SII con CPT", rol 24.561-2018, de 31 de diciembre de 2018.

a la privacidad", agregando que si bien "*la información se solicita como innominada, a partir del análisis de los mismos datos, tales como la actividad económica, se puede llegar a determinar la identidad de los contribuyentes, configurándose de ese modo la causal de secreto o reserva contemplada en la ley*". Por todo lo anterior, termina señalando el Máximo Tribunal, que "*forzoso resulta concluir que los jueces recurridos han incurrido en falta o abuso grave que debe ser enmendado por esta vía, motivo por el que se acogerá el recurso de queja*".

Finalmente, la infracción de la LAIP en el sentido contrario –esto es, por denegarse el acceso a información que sí debía entregarse– también ha sido considerada como una falta o abuso grave, motivando el acogimiento de recursos de queja. Así ocurrió en la causa "**CPT con Plasticopper SpA**"[418], en la que la Corte Suprema acogió un recurso de queja interpuesto en contra de los ministros de una corte de apelaciones, al considerar que incurrieron en una falta o abuso grave al revocar lo resuelto por el CPT, y denegar el acceso a información relacionada a ciertos contratos suscritos entre una empresa y la Universidad de Chile. A juicio del Máximo Tribunal, los antecedentes del caso no permitían concluir que la publicación de la información pudiera afectar los derechos de dicha empresa, puesto que dicha información no revestía el carácter de comercial o económica que fuera necesario custodiar para el progreso de la empresa de cara a sus competidores, y por lo tanto la misma debió haber sido entregada.

418 Corte Suprema, rol 45.840-2017, de 4 de diciembre de 2018.

BIBLIOGRAFÍA

ABELIUK MANASEVICH, René, *Las Obligaciones*, Tomo II, (sexta edición, Santiago, Ed. Thomson Reuters, 2014).

ALSINA, Hugo, *Tratado Teórico Práctico de Derecho Procesal Civil y Comercial*, Tomo II (segunda edición, Buenos Aires, Ed. Ediar Editores, 1957).

ALESSANDRI RODRÍGUEZ, Arturo y SOMARRIVA UNDURRAGA, Manuel, *Curso de Derecho Civil*, Tomo III, (Santiago, Ed. Nacimiento, 1941).

ALLENDE PÉREZ DE ARCE, José Alberto, *Procedencia del recurso de queja en contra de ministros de Corte de Apelaciones que se pronunciaron respecto de otro recurso de queja: la "queja de queja"*, en *Revista Jurídica Digital UANDES* 1/2 (2017), 76-91 DOI: 10.24822/rjduandes.0102.5.

ANABALÓN SANDERSON, Carlos, *Tratado práctico de derecho procesal civil chileno*, (segunda edición, Concepción, Ed. Librotec Ltda., 1966).

AYLWIN AZÓCAR, Patricio, *El Juicio Arbitral*, (Santiago, sexta edición, 2014).

BARAHONA AVENDAÑO, José, *El Recurso de queja: Una interpretación funcional*, (primera edición, Santiago, Ed. LexisNexis, 1998).

BARCIA LEHMANN, Rodrigo, *Estudio Sobre la Caducidad y Prescripción en el Derecho del Consumo*, en *Revista Chilena de Derecho Privado*, 2012, vol 19, 115-163.

BARROS BOURIE, Enrique, *Tratado de Responsabilidad Extracontractual*, (Santiago, Ed. Jurídica de Chile, 2006).

BORDALÍ SALAMANCA, Andrés, *El derecho fundamental a un tribunal independiente e imparcial en el ordenamiento jurídico chileno*, en *Revista de Derecho de la Pontificia Universidad Católica de Valparaíso*, Valparaíso, 2009, N.33, pp. 263-302.

BORDALÍ SALAMANCA, Andrés, *El Recurso de Queja*, en CORTÉZ MATCOVICH, Gonzalo (Coord.), *Proceso Civil: Los Recursos y Otros Medios de Impugnación* (Santiago, Ed. Thomson Reuters, 2016).

CASARINO VITERBO, Mario, *Manual de Derecho Procesal*, Tomo II (cuarta edición, Santiago, Ed. Jurídica de Chile, 1983).

CALVO CASTRO, Gonzalo, *Algunos Aspectos del Recurso de Queja*, en *Revista de Derecho de la Pontificia Universidad Católica de Valparaíso*, 1977, N° 1.

CHIOVENDA, José, *Principios del Derecho Procesal Civil*, Tomo II, (Madrid, Ed. Reus, 1925).

CORDERO QUINZACARA, Eduardo, *Los principios que rigen la potestad sancionadora de la Administración en el derecho chileno*, en *Revista de Derecho de la Pontificia Universidad Católica de Valparaíso*, 2014, N° 42.

CORRAL TALCIANI, Hernán, *Interrupción civil de la prescripción: ¿giro jurisprudencial?*, en *Derecho y Academia, El Blog de Hernán Corral*, 2016, https://corraltalciani.wordpress.com/2016/06/26/interrupcion-civil-de-la-prescripcion-giro-jurisprudencial/

CEA EGAÑA, José Luis, *Derecho Constitucional Chileno*, Tomo II, (segunda edición, Santiago, Ediciones UC, 2012).

COLOMBO CAMPBELL, Juan, *La Competencia*, (segunda edición, Santiago, Ed. Jurídica de Chile, 2004).

CORDERO VEGA, Luis, *Lecciones de Derecho Administrativo* (segunda edición, Santiago, Ed. Thomson Reuters, 2015).

COUTURE, Eduardo, *Fundamentos del Derecho Procesal Civil*, (cuarta edición, Buenos Aires - Montevideo, Ed. B de F, 2007).

DEL RÍO FERRETTI, Carlos, *Estudio Sobre el Derecho al Recurso en el Proceso Penal*, en *Revista Estudios Constitucionales*, 2012, N° 1, pp. 245-288.

DUCCI CLARO, Carlos, *Derecho Civil. Parte General*, (cuarta edición, Santiago, Ed. Jurídica de Chile, 2005).

EVANS DE LA CUADRA, Enrique, *Los Derechos Constitucionales*, Tomo II (tercera edición, Santiago, Ed. Jurídica de Chile, 2004).

FERNÁNDEZ GONZÁLEZ, Miguel Ángel, *El Principio Constitucional de Inexcusabilidad*, en *Revista de Derecho Público*, 2014, Vol. 80.

FUEYO LANERI, Fernando, *Instituciones de Derecho Civil Moderno*, (Santiago, Ed. Jurídica de Chile, 1990).

GANDULFO RAMÍREZ, Eduardo, *Sobre preclusiones procesales en el derecho chileno en tiempo de reformas. Ensayo de una teoría general desde un enfoque valorativo jurídico*, en *Revista Ius et Praxis*, 2009, Vol. 15, n° 1, pp. 121-189. https://scielo.conicyt.cl/scielo.php?script=sci_arttext&pid=S0718-00122009000100005#19

MARÍN GONZÁLEZ, Juan Carlos, *El Recurso de Queja y la Orden de no Innovar a Propósito del caso Atala,* en *Revista de Estudios de la Justicia*, 2011, N° 15.

MATURANA MIQUEL, Cristián, *Los Recursos del CPC en la Doctrina y la Jurisprudencia*, Tomo II (Santiago, Ed. Thomson Reuters, 2016).

MEZA BARROS, Ramón, *Manual de Derecho Civil. De Las Obligaciones,* (décima edición, Santiago, Ed. Jurídica de Chile, 2008).

MONTERO AROCA, Juan, *La Prueba en el Proceso Civil,* (quinta edición, Navarra, Ed. Thomson Civitas, 2007).

MOSQUERA RUIZ, Mario y MATURANA MIQUEL, Cristián, *Los Recursos Procesales*, (primera edición, Santiago, Ed. Jurídica de Chile, 2010).

MUNITA HERRERA, Roberto, *Estudio Crítico Sobre el Recurso de Queja*, (Santiago, Ed. Jurídica de Chile, 1968).

MUÑOZ CHIU, Natalia, *Contratación administrativa*, en *Revista de Derecho (CDE)*, 2004, N° 12, disponible en https://www.cde.cl/wps/wcm/connect/da207097-6515-4ee5-a2dd-16a6ea40182f/2.pdf?MOD=AJPERES

PALACIO, Lino, *Derecho procesal civil*, Tomo I, (Buenos Aires, Ed. Abeledo-Perrot, 1979).

PALOMO VELEZ, Diego, *Las cargas probatorias dinámicas: ¿Es indispensable darse toda esta vuelta?*, en *Revista Ius et Praxis*, 2013, n° 2, pp. 447-464.

PEÑAILILLO ARÉVALO, Daniel, *La Prueba en Materia Sustantiva Civil, Parte general*, (Santiago, Ed. Jurídica de Chile, 1993).

PÉREZ RAGONE, Álvaro y NÚÑEZ OJEDA, Raúl, *Manual de Derecho Procesal Civil, Los Medios de Impugnación*, (Santiago, Ed. Thomson Reuters, 2015).

RIED UNDURRAGA, Ignacio, *Debido Proceso y Derecho al Recurso en Juicios Seguidos ante Árbitros Arbitradores*, en FERRADA CULACIATI, Francisco (Coord.), *Reformas Necesarias a la Justicia Chilena, VI Jornadas Nacionales de Derecho Procesal* (Tomo I, Santiago, Librotecnia, 2018).

RODRÍGUEZ GREZ, Pablo, *Responsabilidad Contractual*, (Santiago, Ed. Jurídica de Chile, 2003).

RODRÍGUEZ PAPIC, Ignacio, *Procedimiento Civil. Juicio Ordinario de Mayor Cuantía*, (séptima edición, Santiago, Ed. Jurídica de Chile, 2009).

ROMERO SEGUEL, Alejandro y DÍAZ VILLALOBOS, José Ignacio, en *El Arbitraje Interno y Comercial Internacional (Parte General)*, (segunda edición, Santiago, Ediciones UC, 2017).

ROMERO SEGUEL, Alejandro, *Algunas observaciones a la regulación de la intervención de terceros en el anteproyecto de Código Procesal Civil*, en CARRASCO, Jaime (Coord.), *Cuadernos de Extensión Jurídica: La Reforma Procesal Civil en Chile, Análisis Crítico del Anteproyecto de Código Procesal Civil*, (Santiago, Universidad de Los Andes, 2009).

ROMERO SEGUEL, Alejandro, *El Control de Oficio de los Presupuestos Procesales y la Cosa Juzgada Aparente. La Capacidad Procesal*, en *Revista Chilena de Derecho*, 2001, vol. 28.

ROMERO SEGUEL, Alejandro, *La Cosa Juzgada en el Proceso Civil Chileno, Doctrina y Jurisprudencia*, (Santiago, Ed. Jurídica de Chile, 2002).

ROMERO SEGUEL, Alejandro, *Curso de derecho procesal civil, La acción y la protección de los derechos*, Tomo I (Santiago, segunda edición, Thomson Reuters, 2014).

ROMERO SEGUEL, Alejandro, *Curso de derecho procesal civil, Los presupuestos procesales relativos al órgano jurisdiccional y a las partes*, Tomo II, (Santiago, segunda edición, Thomson Reuters, 2014).

ROMERO SEGUEL, Alejandro, *El Litisconsorcio Necesario en el Derecho Procesal Chileno. Doctrina y Jurisprudencia*, en *Revista Chilena de Derecho*, 1998, Vol. 25.

ROMERO SEGUEL, Alejandro, *Las Consideraciones de Hecho y de Derecho en la Sentencia*, en *Revista Chilena de Derecho*, 2000, Vol. 27.

SEPÚLVEDA RIVAS, Flora y OBERG YÁÑEZ, Héctor, *El Recurso de Queja*, en *Revista de Derecho Universidad de Concepción*, 1994, n° 192.

SILVA BASCUÑÁN, Alejandro, *Tratado de Derecho Constitucional*, Tomo VIII, (Santiago, Ed. Jurídica de Chile, 2002).

TARUFFO, Michele, *La Prueba*, (Madrid, Ed. Marcial Pons, 2008).

TARIGO, Enrique, *Lecciones de Derecho Procesal Civil según el Nuevo Código*, Tomo II, (segunda edición, Montevideo, Fundación de Cultura Universitaria, 1998).

TAVOLARI OLIVEROS, Raúl, *Recurso de Casación y Queja, nuevo régimen*, (Santiago, Ed. Cono Sur, 1996).

TAVOLARI OLIVEROS, Raúl, *Procedencia de un Recurso de Queja ante la Corte Suprema, en contra de fallo dictado por Corte de Apelaciones, conociendo de otro recurso de queja*, en *Revista de Derecho Procesal de la Facultad de Derecho de la Universidad de Chile*, 2012, n° 22, 499-508.

VÁSQUEZ PALMA, María Fernanda, *Arbitraje en Chile, Análisis Crítico de su Normativa y Jurisprudencia*, (segunda edición, Santiago, Ed. Abeledo Perrot, 2011).

VERGARA BLANCO, Alejandro, *TCP: bases institucionales, organización, competencia y procedimiento*, en *Revista de Derecho de la Pontificia Universidad Católica de Valparaíso*, 2012, N° 46.

JURISPRUDENCIA CITADA

Corte Suprema

"Ramírez con Ibáñez", rol 683-2006, de 19 de abril de 2006.

"Fuentes con Chilectra S.A.", rol 1.358-2006, de 25 de mayo de 2006.

"Sernac con Sociedad de Créditos Comerciales S.A.", rol 3.550-2006, de 16 de noviembre de 2006.

"Autopista Central S.A. con Transporte y Servicio Carolina Carmona Amenábar E.I.R.L.", rol 1.305-2007, de 14 de junio de 2007.

"Bravo con Canal", rol 2.217-2007, de 4 de julio de 2007.

"Autopista Central S.A. con Roberto Becerra Guzmán", rol 2.104-2007, de 13 de agosto de 2007.

"Sernac con Chilectra S.A.", rol 3.005-2007, de 24 de septiembre de 2007.

"Soto con CAR S.A.", rol 6.167-2007, de 20 de mayo de 2008.

"Salazar con Almacenes Paris", rol 744-2008, de 1 de septiembre de 2008.

"Multitiendas Corona S.A. con Otarola", rol 4.318-2008, de 22 de octubre de 2008.

"Banco del Desarrollo S.A. con Valenzuela", rol 3.622-2008, 29 de diciembre de 2008.

"Municipalidad de Traiguén con Corte de Apelaciones de Temuco", rol 6.916-2008, de 5 de mayo de 2009.

"Sernac con Supermercados San Francisco Buin S.A.", rol 5.533-2008, de 14 de mayo de 2009.

"Silva con Abarca", rol 3.644-2009, de 8 de junio de 2009.

"Compañía de Seguros Generales con Nolasco", rol 3.691-2009, de 11 de junio de 2009.

"Comercial Proventa S.A. con Ministros", rol 2.601-2009, de 28 de julio de 2009.

"Quality Fiber Constructions Chile S.A. con Cicsa Ingeniería Construcción Limitada", rol 3.661-2011, de 1 de septiembre de 2009.

"Conflicto entre Socios de Sociedad Paonil Inversiones Limitada", rol 4.553-2009, de 1 de octubre de 2009.

"Zaror con Dirección Nacional de Vialidad", rol 3.882-2009, de 4 de noviembre de 2009.

"Compañía de Seguros de Vida Consorcio Nacional de Seguros S.A. con Inversiones la Reina S.A.", rol 6.189-2009, de 10 de noviembre de 2009.

"Hidalgo con Piamonte S.A.", rol 4.921-2009, de 16 de noviembre de 2009.

"Cerón y otros con Universidad Tecnológica", rol 3.564-2009, de 15 de diciembre de 2009.
"Compañía de Seguros Penta Security S.A. con Corte de Apelaciones de Santiago", rol 5.726-2009, de 16 de diciembre de 2009.
"Olivares con Empresa Frontel S.A.", rol 8.126-2009, de 26 de abril de 2010.
"González con Banco de Chile", rol 2.141-2010, de 11 de mayo de 2010.
"Bravo con Corpbanca", rol 2.028-2010, de 18 de mayo de 2010.
"Inmobiliaria Hermanos Carmona S.A. con Illanes", rol 1.789-2010, de 25 de mayo de 2010.
"Universidad del Mar con Corte de Apelaciones de Arica", rol 9.417-2009, de 27 de mayo de 2010.
"Varela con Serviu", rol 6.113-2009, de 26 de mayo de 2010.
"Sernac con Cencosud Supermercados S.A.", rol 2.919-2010, de 14 de julio de 2010.
"Tapia con Núñez", rol 5.666-2010, de 6 de octubre de 2010.
"Poblete con Pavez", rol 8.766-2010, de 25 de noviembre de 2010.
"Autopista Vespucio Sur S.A. con Muebles González y Cía", rol 8.992-2010, de 14 de diciembre de 2010.
"Sernac con Farmacias Salcobrand S.A.", rol 9.112-2010, de 16 de diciembre de 2010.
"Cordero con Fisco de Chile", rol 7.283-2011, de 23 de enero de 2011.
"Sociedad Concesionaria Costanera Norte S.A. con Rozas", rol 8.467-2010, de 23 de marzo de 2011.
"Dagoway Trade S.A. con Reyes", rol 3.624-2011, de 6 de mayo de 2011.
"López con Vázquez", rol 3.656-2011, de 19 de mayo de 2011.
"Falabella con Corte de Apelaciones de Santiago", rol 3.626-2011, de 15 de junio de 2011.
"Arévalo con Pavez", rol 3.617-2011, de 16 de junio de 2011.
"Sernac con Banco de Chile", rol 3.627-2011, de 17 de junio de 2011.
"Zagal con Autohaus S.A.", rol 2.968-2011, de 13 de julio de 2011.
"AFP Provida con CDE", rol 4.284-2011, de 29 de julio de 2011.
"Latorre con Megavisión S.A.", rol 5.639-2011, de 30 de septiembre de 2011.
"Inmobiliaria Valle el Cóndor Limitada con Dorr", rol 3.232-2011, de 20 de octubre de 2011.
"González con Ríos", rol 8.170-2011, de 27 de octubre de 2011.
"Contreras con Hospital Clínico de la Universidad de Chile", rol 8.905-2011, de 28 de diciembre de 2011.
"Presto Chile S.A. con Inspección del Trabajo", rol 8.689-2011, de 2 de enero de 2012.
"Meza con CDE y otro", rol 10.243-2011, de 11 de enero de 2012.
"Constructora Asfalcura S.A con Inspección del Trabajo", rol 9.899-2011, de 26 de enero de 2012.
"Arce con DT", rol 1.106-2012, de 12 de abril de 2012.

"Multitiendas Corona S.A. con Inspección Provincial del Trabajo de Temuco", rol 1.143-2012, de 18 de abril de 2012.

"De la Fuente con Bucher Vaslin Sudamericana S.A.", rol 2.109-2012, de 10 de mayo de 2012.

"Cáceres con Empresa de Transportes Compañía de Seguridad de Chile Limitada", rol 2.257-2012, de 23 de mayo de 2012.

"Municipalidad de Concepción con Gas Sur S.A.", rol 11.358-2011, de 24 de mayo de 2012.

"Garrido con Ripley Store Limitada", rol 3.664-2012, de 19 de junio de 2012.

"Vásquez con Águila Construcciones S.A. y Municipalidad de Lonquimay", rol 2.931-2012, de 22 de junio de 2012.

"Jazzplat Chile con Inspección del Trabajo", rol 3.272-2012, de 27 de junio de 2012.

"Liberty Compañía de Seguros Generales S.A. con Araneda y otro", rol 3.262-2012, de 3 de julio de 2012.

"Inmobiliaria Parque Las Rosas con Inspección del Trabajo", rol 3.805-2012, de 6 de julio de 2012.

"Compañía Jac Transportes Limitada con Inspección del Trabajo", rol 3.105-2012, de 26 de julio de 2012.

"Astudillo con DGA", rol 3.814-2012, de 26 de julio de 2012.

"Nestlé con Inspección del Trabajo", rol 3.291-2012, de 31 de julio de 2012.

"Seguel con Hidalgo, Lecaros y Compañía Limitada", rol 5.036-2012, de 14 de agosto de 2012.

"Ramírez con Martínez", rol 4.367-2010, de 26 de agosto de 2012.

"Melón S.A. con Inspección del Trabajo", rol 5.029-2012, de 21 de septiembre de 2012.

"Pardo con Konecta Chile S.A.", rol 4.977-2012, de 21 de septiembre de 2012.

"Agrícola San Isidro Limitada con DGA", rol 5.576-2012, de 4 de octubre de 2012.

"Viña Santa Mónica Limitada con Inspección Provincial del Trabajo de Rancagua", rol 5.814-2012, de 15 de noviembre de 2012.

"Canal 13 SpA con DT", rol 6.629-12, de 22 de noviembre de 2012.

"CDE con CPT", rol 2.788-12, de 28 de noviembre de 2012.

"Silva con Salmones Caleta Bay S.A.", rol 1.839-2012, de 19 de diciembre de 2012.

"Restaurantes Fritz Limitada con Inspección del Trabajo", rol 9.601-2012, de 21 de febrero de 2013.

"Rojas con Servicios Alimenticios Hendaya S.A.C.", rol 295-2013, de 26 de febrero de 2013.

"Sociedad de Exploración y Desarrollo Minero con Sernageomin", rol 1.701-2013, de 23 de mayo de 2013.

"Silva con Comercializadora Ditec S.A.", rol 981-2013, de 23 de mayo de 2013.

"Zublin International con Inspección del Trabajo", rol 2.711-2013, de 2 de julio de 2013.

"Inversiones Río Grande S.A. con Inspección del Trabajo", rol 2.869-2013, de 18 de julio de 2013.
"Sociedad Constructora con RSA Seguros", rol 2.406-2013, de 5 de agosto de 2013.
"Corporación Movimiento Unitario Campesino y Etnias de Chile con DGA", rol 3.425-2013, de 20 de agosto de 2013.
"Montealto Corredores de Seguros S.A. con Vieira", rol 3.924-2013, de 29 de agosto de 2013.
"Ciencia, Entrenamiento y Salud S.A. con Infante", rol 6.688-2013, de 10 de septiembre de 2013.
"Cidef S.A. con Pizarro", rol 6.647-2013, de 11 de septiembre de 2013.
"Muñoz con Cencosud Administradora de Tarjetas", rol 6.782-2013, 17 de septiembre de 2013.
"Maco Industrial y Comercial S.A. con Alta Seguridad Vial S.A.", rol 4.282-2013, de 3 de octubre de 2013.
"Lagos con Paillamilla", rol 5.104-2013, de 28 de octubre de 2013.
"CDE con CPT", rol 5.337-2013, de 29 de octubre de 2013.
"Enap Refinerías S.A. con Constructora Comsa Dragados S.A.", rol 3.984-2013, de 5 de noviembre de 2013.
"Municipalidad de Las Condes con CPT", rol 4.681-2013, de 26 de noviembre de 2013.
"Constructora Convet Limitada con Inspección Provincial de Rancagua", rol 6.560-2013, de 26 de noviembre de 2013.
"Conaf con Cassineli", rol 4.798-2013, de 31 de diciembre de 2013.
"Vargas con SAG", rol 6.503-2013, de 29 de enero de 2014.
"Burgos con Cárdenas", rol 6.036-2014, de 14 de mayo de 2014.
"Banco Internacional con Ferretería San Joaquín", rol 22.313-2014, de 18 de agosto de 2014.
"González con Bilbao", rol 22.268-2014, de 15 de septiembre de 2014.
"Ilustre Municipalidad de Providencia con Ski Charities Chile", rol 22.368-2014, de 30 de octubre de 2014.
"Autopista del Maipo S.A. con Comisión Arbitral", rol 22.387-2014, de 5 de noviembre de 2014.
"CDE con CPT", rol 24.118-2014, de 30 de diciembre de 2014.
"Álvarez con Walmart Chile S.A.", rol 21.914-2014, de 7 de enero de 2015.
"Parada con Inmobiliaria Plaza Santo Domingo S.A.", rol 28.557-2014, de 19 de enero de 2015.
"Aseguradora Magallanes S.A. con Vázquez", rol 32.205-2014, de 11 de febrero de 2015.
"Serrano con Espinoza", rol 556-2015, de 18 de febrero de 2015.

"Rozas y otro con Administradora de Supermercado Hiper Líder Limitada", rol 26.864-2014, de 15 de abril de 2015.
"SII con Import y Export Longsea Ltda.", rol 2.425-2015, de 5 de mayo de 2015.
"Banco Estado con Ilustre Municipalidad de Macul", rol 3.807-2015, de 9 de junio de 2015.
"Bitar con Trigo", rol 27.487-2014, de 21 de julio de 2015.
"Paredes con Cine Hoyts SpA", rol 8.426-2015, de 11 de agosto de 2015.
"Consumidores con Corporación Santo Tomás para el Desarrollo de la Educación y la Cultura Limitada", rol 8.778-2015, de 7 de septiembre de 2015.
"Vera con Farmacias Salcobrand", rol 10.546-2015, de 30 de septiembre de 2015.
"Moreno con Jazzplat Chile", rol 13.720-2015, de 29 de octubre de 2015.
"Gobernación Provincial de Concepción con Comunidad Edificios Camino el Venado", rol 17.884-2015, de 23 de diciembre de 2015.
"Guíñez con Díaz", rol 14.854-2016, de 3 de marzo de 2016.
"Hidalgo con Hipermercados Tottus S.A.", rol 37.646-2015, de 26 de enero de 2016.
"Huillin con PM Construcción e Ingeniería S.A.", rol 34.196-2015, de 12 de enero de 2016.
"Pérez con Zona Franca de Iquique S.A.", rol 22.754-2015, de 1 de febrero de 2016.
"Masenlli con Metlife", rol 37.058-2015, de 3 de febrero de 2016.
"Sernac con Corporación Santo Tomás", rol 8.138-2016, de 6 de abril de 2016.
"Constructora Riviera Limitada con Intendente de Valparaíso", rol 18.613-2015, de 5 de mayo de 2016.
"Díaz con Calzados Gino S.A.", rol 36.485-15, de 18 de mayo de 2016.
"Vargas con Marmolejo", rol 6.900-2015, de 31 de mayo de 2016.
"Zúñiga con Clínica Alemana de Temuco S.A.", rol 22.184-2016, de 22 de junio de 2016.
"Aravena con Fisco de Chile", rol 7.487-2016, de 28 de junio de 2016.
"Quezada con Lecalenier y otro", rol 27.516-2016, de 20 de julio de 2016.
"Inversora Río Blest Ltda con Bolsa de Comercio de Santiago", rol 27.012-2016, de 2 de agosto de 2016.
"Soto con Banco Estado", rol 40.652-2016, de 5 de septiembre de 2016.
"CNTV con Corte de Apelaciones de Santiago", rol 55.064-2016, de 2 de noviembre de 2016.
"Lara con Corporación Cultural de Lo Barnechea", rol 58.922-2016, de 29 de noviembre de 2016.
"Sociedad Educacional Liceo Francés Limitada con Superintendencia de Educación", rol 47.550-2017, de 5 de diciembre de 2016.
"Melo con Ríos", rol 45.844-2016, de 7 de diciembre de 2016.
"Moreno con Universidad Andrés Bello", rol 65.440-2016, de 18 de enero de 2017.
"González con Sanguinetti", rol 7.159-2017, de 9 de marzo de 2017.
"Aravena con Alvarez", rol 7.166-2017, de 13 de marzo de 2017.

"Ibaceta con Corte de Apelaciones de Santiago", rol 8.394-2017, de 21 de marzo de 2017.
"Empresa Nacional de Energía Enex S.A. con Silva", rol 8.457-2017, de 22 de marzo de 2017.
"Carvacho con Corporación Municipal de Ancud", rol 5.996-2017, de 28 de marzo de 2017.
"Sernac con Sociedad de Créditos Comerciales", rol 9.171-2017, de 30 de marzo de 2017.
"Herrera con Fisco de Chile", rol 41.044-2016, de 29 de marzo de 2017.
"SQM con CPT", rol 55.305-2016, de 4 de abril de 2017.
"Cordero con Automotora Comercial Costabal y Echenique S.A.", rol 2.872-2017, de 27 de abril de 2017.
"Corpbanca con Superintendencia de Bancos e Instituciones Financieras", rol 62.128 -2016, de 9 de mayo de 2017.
"Condominio Doña Isabel con Inspección Comunal del Trabajo de Talagante", rol 5.129-2017, 9 de mayo de 2017.
"Rojas con Banco Santander", rol 8.501-2017, de 11 de mayo de 2017.
"Cares con Servicios Edelweis Limitada", rol 4.709-2017, de 17 de mayo de 2017.
"Inversiones Praderas de La Dehesa con Fisco de Chile", rol 30.422-2017, de 27 de julio de 2017.
"Carbone con Sename", rol 19.257-2017, de 3 de agosto de 2017.
"Apablaza con Embotelladoras Chilenas Unidas S.A.", rol 38.148-2017, de 7 de septiembre de 2017.
"Valdés con Correa", rol 38.520-2017, de 11 de septiembre de 2017.
"Cuello con Llanos", rol 38.512-2017, de 12 de septiembre de 2017.
"Boudon con Urrejola", rol 39.459-2017, de 27 de septiembre de 2017.
"Constructora Novatec S.A. con Ministros", rol 18.987-2017, de 27 de septiembre de 2017.
"Tecay con Sociedad Constructora e Inmobiliaria Trimetal Ltda", rol 39.736-2017, de 3 de octubre de 2017.
"Aravena con Universidad de Tarapacá", rol 38.599-2017, de 10 de octubre de 2017.
"Sociedad de Montajes Plásticos Ingeniería Ltda con Mopla Construcciones Limitada", rol 40.690-2017, de 17 de octubre de 2017.
"Rojas con Banco del Estado", rol 39.629-2017, de 18 de octubre de 2017.
"Pérez con Cárdenas", rol 38.511-2017, de 25 de octubre de 2017.
"Sernac con Empresas La Polar S.A.", rol 33.707-17, de 31 de octubre de 2017.
"Empresa de Transporte de Pasajeros Quilical Ltda. con Corte de Apelaciones de Talca", rol 41.737-2017, de 31 de octubre de 2017.
"Durán con Montecinos", rol 16.711-2017, de 31 de octubre de 2017.
"Sernac con Empresas La Polar S.A.", rol 33.707-2017, de 31 de octubre de 2017.

"Montanari y otros con Ministerio de Obras Públicas", rol 88.987-2016, de 9 de noviembre de 2017.
"Sernac con Empresa Laboratorio Ballerina Ltda", rol 38.556-2017, de 14 de noviembre de 2017.
"Ponce con Corte de Apelaciones de Valparaíso", rol 36.584-2017, de 16 de noviembre de 2017.
"Polanco con Banco Security", rol 43.255-2017, de 4 de diciembre de 2017.
"Carabineros con Muñoz", rol 43.645-2017, de 6 de diciembre de 2017.
"Puentes con Torres", rol 35.057-2017, de 6 de diciembre de 2017.
"Lahoz con OIM", rol 18.264-2017, de 14 de diciembre de 2017.
"Bugueño con Abengoa Chile S.A.", rol 42.417-2017, de 2 de enero de 2018.
"Barki con Vera", rol 153-2018, de 10 de enero de 2018.
"Campos con Municipalidad de Palena", rol 43.063-2017, de 10 de enero de 2018.
"Novoa con Microgeo S.A.", rol 36.734-2017, de 15 de enero de 2018.
"Carrasco con Primer Juzgado de Letras de Melipilla", rol 918-2018, de 17 de enero de 2018.
"Enel Distribución Chile S.A. con Gajardo", rol 443-2018, de 23 de enero de 2018.
"Sernac con Inmobiliaria Socovesa Santiago S.A.", rol 39.731-2017, de 23 de enero de 2018.
"Lara con Fisco de Chile", rol 1.046-2018, de 24 de enero de 2018.
"Pérez con Velasco y otro", rol 41.349-2017, de 1 de febrero de 2018.
"Harambillet con Punto Ticket S.A.", rol 40.741-2017, de 8 de febrero de 2018.
"CAM Chile S.A. con Municipalidad de Talagante", rol 2.353-2018, de 12 de febrero de 2018.
"CDE con CPT", rol 35.846-2017, de 15 de febrero de 2018.
"Sagredo con SKY Airlines", rol 40.805-2017, de 5 de marzo de 2018.
"Seguel con CDE", rol 3.487-2018, de 6 de marzo de 2018.
"Ambiado con Casanello", rol 3.418-2018, de 6 de marzo de 2018.
"CAR S.A. con DT de Santiago", rol 1.180-2018, de 7 de marzo de 2018.
"Transportes Natai Ltda con Sernac", rol 8.319-2018, de 10 de marzo de 2018.
"Inmobiliaria e Ingeniería Hight Chile S.A. con Dirección de Vialidad de Tarapacá", rol 43.261-2017, de 15 de marzo de 2018.
"Hausdorf con Hadida", rol 45.843-2017, de 27 de marzo de 2018.
"Forcelledo con Municipalidad de Angol", rol 1.378-2018, de 9 de abril de 2018.
"Castillo con Comercial Automotriz Miranda Spa", rol 995-2018, de 12 de abril de 2018.
"Municipalidad de Las Condes con Sociedad Inmobiliaria e Inversiones Lago Azul S.A.", rol 1.494-2018, de 24 de abril de 2018.
"Tecnoglobal S.A. con Dirección Nacional del Trabajo", rol 832-2018, de 18 de abril de 2018.

"Barahona con CDE", rol 2.427-2018, de 25 de abril de 2018.

"Canales y otros con Telefónica Chile Servicios Corporativos S.A.", rol 4.598-2018, de 5 de mayo de 2018.

"Orellana con Mondaca", rol 5.242-2018, de 24 de mayo de 2018.

"Contreras con Administración y Servicios Forestales Ltda", rol 8.705-2018, de 24 de mayo de 2018.

"Dried Fruit Valley SPA con Agroindustrial Sisal Limitada", rol 4.229-2018, de 29 de mayo de 2018.

"Conaf con Hidroeléctrica Ñuble SpA", rol 2.522-2018, de 29 de mayo de 2018.

"Rojas con Banco Santander", rol 9.054-2018, de 31 de mayo de 2018.

"Matamala con Chilexpress S.A.", rol 12.294-2018, de 6 de junio de 2018.

"Alcalde con SVS", rol 30.176-17, de 18 de junio de 2018.

"Molina con Embajada de México", rol 8.750-2018, de 19 de junio de 2018.

"Servicios del Pacífico SpA con Inspección del Trabajo", rol 6.277-2018, de 20 de junio de 2018.

"Álvarez con Levín", rol 7.448-2018, de 20 de junio de 2018.

"Petrobras Chile Distribución Ltda. con Bolonia SPA", rol 5.343-2018, de 21 de junio de 2018.

"Sernac con Corporación Universitaria Pedro de Valdivia", rol 12.144-2018, de 28 de junio de 2018.

"Juan Castillo Boillet y Otros", rol 40.098-2017, de 28 de junio de 2018.

"Empresa de Servicios Alimenticios Hendaya S.A.C. con Dirección Nacional del Trabajo", rol 8.872-2018, de 5 de julio de 2018.

"Márquez con Ilustre Municipalidad de Frutillar", rol 12.316-2018, de 7 de junio de 2018.

"Euteneier con González", rol 14.703-2018, de 26 de junio de 2018.

"OHL Concesiones Chile S.A. con SII", rol 12.505-2018, de 28 de junio de 2018.

"Alarcón con Retamal", rol 12.336-2018, de 28 de junio de 2018.

"Tamm Plesh con Turismo Cocha S.A.", rol 12.667-2018, de 28 de junio de 2018.

"Rienzo con Berroeta", rol 14.829-2018, de 4 de julio de 2018.

"Llanos con Salcobrand S.A.", rol 14.831-2018, de 4 de julio de 2018.

"Carriel con Áridos y Servicios Segal", rol 15.012-2018, de 5 de julio de 2018.

"Contreras con Centro de Salud Antares", rol 12.507-2018, de 10 de julio de 2018.

"Cabrera con Club Deportivo Unión La Calera", rol 15.135-2018, de 10 de julio de 2018.

"Collao con Lam", rol 12.804-2018, de 17 de julio de 2018.

"Ilustre Municipalidad de Maipú con Torres", rol 12.504-2018, de 17 de julio de 2018.

"Vera con Serproptemp Consultores", rol 12.570-2018, de 25 de julio de 2018.

"Godoy con Mar Seguridad Privada Ltda y otros", rol 14.774-2018, de 26 de julio de 2018.

"QBE Chile Seguros con Concesionaria Costanera Norte", rol 16.809-2018, de 30 de julio de 2018.
"Roym Limitada con Inspección del Trabajo", rol 16.942-2018, de 31 de julio de 2018.
"Barros con Fiscalía", rol 15.083-2018, de 31 de julio de 2018.
"Codelco con Inspección del Trabajo", rol 6.458-2018, de 2 de agosto de 2018.
"Sociedad Pfizer Chile S.A. con Complejo Asistencial Dr. Víctor Ríos Ruiz", rol 3.447-2018, de 2 de agosto de 2018.
"Ilustre Municipalidad de Las Condes con Secretaría Ministerial de Vivienda y Urbanismo", rol 8.919-2018, de 9 de agosto de 2018.
"Cádiz con ABCDIN", rol 16.607-2018, de 13 de agosto de 2018.
"Mancilla con Barros", rol 19.031-2018, de 13 de agosto de 2018.
"Ahumada con Compañía de Seguros Confuturo S.A.", rol 13.162-2018, de 13 de agosto de 2018.
"Universidad de Santiago con CPT", rol 12.010-2018, de 14 de agosto de 2018.
"Ziller con Sociedad Agropecuaria, Forestal y Comercial Santa Carolina Limitada", rol 19.143-2018, de 14 de agosto de 2018.
"Ortega con Universidad Tecnológica de Chile Inacap", rol 14.936-2018, de 14 de agosto de 2018.
"Compañía de Inversiones Transoceánica S.A. con SII", rol 16.496-2018, de 16 de agosto de 2018.
"Salinas con Pompeyo Carrasco Automotriz", rol 17.101-2018, de 16 de agosto de 2018.
"Arriaza con AFP Provida S.A.", rol 20.388-2018, de 27 de agosto de 2018.
"Rojas y otro con Mena", rol 20.319-2018, de 3 de septiembre de 2018.
"Santander con Sociedad Escuela de Trastornos del Lenguaje", rol 20.842-2018, de 4 de septiembre de 2018.
"Ladrón de Guevara con Weng", rol 20.839-2018, de 4 de septiembre de 2018.
"Obando con Sotomayor", rol 20.836-2018, de 4 de septiembre de 2018.
"Hirmas con Casino Enjoy", rol 20.800-2018, de 5 de septiembre de 2018.
"Torres con FLSMIDTH S.A.", rol 20.895-2018, de 6 de septiembre de 2018.
"GBV Capitales con Importadora Café Do Brasil", rol 20.894-2018, de 6 de septiembre de 2018.
"Ibarra con Ibarra", rol 20.837-2018, de 6 de septiembre de 2018.
"Estrada con ICC Informática SpA", rol 12.720-2018, de 6 de septiembre de 2018.
"Gasco GLP S.A. con DT", rol 15.438-2018, de 6 de septiembre de 2018.
"AFP Cuprum S.A. con CPT", rol 8.452-2018, de 10 de septiembre de 2018.
"Subaru Chile S.A. con Corte de Apelaciones de Santiago", rol 17.086-2018, de 11 de septiembre de 2018.
"Coña con Municipalidad de Coyhaique", rol 20.933-2018, de 12 de septiembre de 2018.

"Inmobiliaria e Ingeniería Hight Chile con Ministerio de Obras Públicas", rol 5.246 -2018, de 24 de septiembre de 2018.

"Municipalidad de Temuco con TCP", rol 8.487-2018, de 24 de septiembre de 2018.

"Fisco con CPT", rol 12.235-2018, de 27 de septiembre de 2018.

"Ferrada y otros con Contraloría General de la República", rol 7.427-2018, de 4 de octubre de 2018.

"Municipalidad de Las Condes con Comercializadora Vestuario S.A.", rol 13.109- 2018, de 8 de octubre de 2018.

"Sáez con Servicio de Salud Araucanía Norte", rol 2.304-2018, de 9 de octubre de 2018.

"Méndez y otro con Buses Ahumada Limitada", rol 20.353-2018, de 9 de octubre de 2018.

"Televisión Interactiva S.A. y otro con Walker", rol 16.567-2018, de 16 de octubre de 2018.

"Valenzuela con Moche Peruvian Bar", rol 154-2018, de 18 de octubre de 2018.

"Ravanal con Inmobiliaria Valcán Ltda.", rol 8.751-2018, de 22 de octubre de 2018.

"Vásquez con E.S.T. Service", rol 19.144-2018, de 22 de octubre de 2018.

"Montt con Radich", rol 26.551-2018, de 5 de noviembre de 2018.

"HDI Seguros S.A. con Dirección Nacional del Trabajo", rol 22.249-2018, de 5 de noviembre de 2018.

"CNTV con Ministros", rol 45.290-2017, de 13 de noviembre de 2018.

"CPT con Plasticopper SpA", rol 45.840-2017, de 4 de diciembre de 2018.

"Carvacho con Universidad Técnico Federico Santa María", rol 23.043-2018, de 10 de diciembre de 2018.

"Pereira con Green Carpet SPA", rol 22.923-2018, de 26 de diciembre de 2018.

"SBIF con Ministros de Corte de Apelaciones", rol 23.127-2018, de 27 de diciembre de 2018.

"SII con CPT", rol 6.333-2018, de 31 de diciembre de 2018.

"SII con CPT", rol 24.561-2018, de 31 de diciembre de 2018.

"Corporación Municipal de Quinchao con Corte de Apelaciones", rol 25.177-2018, de 2 de enero de 2019.

"Ejército de Chile con CPT", rol 18.728-2018, de 3 de enero de 2019.

"Barraza con Telefónica Chile", rol 24.642-2018, de 3 de enero de 2019.

"Campos con Fisco", rol 207-2019, de 14 de enero de 2019.

"Readi con Adauy", rol 19.142-2018, de 22 de enero de 2019.

"Maldonado con Isapre Colmena", rol 2.044-2018, de 29 de enero de 2019.

"Fisco de Chile con Rivera", rol 32.798-2018, de 4 de febrero de 2019.

"Herrera con HDI Seguros", rol 5.054-2019, de 4 de marzo de 2019.

"Montenegro con Ministros de Corte de apelaciones", rol 16.559-2018, de 18 de febrero de 2019.

"CPT con Ministros", rol 26.843-2018, de 5 de marzo de 2019.

"Quiroga con Servicio de Salud", rol 31.281-2018, de 5 de marzo de 2019.

"Vásquez con Metalúrgica Sep Limitada", rol 31.837-2018, de 7 de marzo de 2019.

"Kadis con Zepeda", rol 5.274-2019, de 13 de marzo de 2019.

"Agrícola Dos Hermanos Ltda. con Primer Tribunal Ambiental", rol 26.347-2018, de 14 de marzo de 2019.

"Mussen con Ossa", rol 6.249-2019, de 20 de marzo de 2019.

"Dimensión con Municipalidad de Maipú", rol 32.584-2018, de 26 de marzo de 2019.

"González con Williamson Balfour Motors S.A.", rol 8.285-2018, de 9 de abril de 2019.

"Constructora e Inmobiliaria Amulen SpA con TCP", rol 28.353-2018, de 22 de abril de 2019.

"Anglo American Sur S.A. con Tranex", rol 5.921-2019, de 22 de abril de 2019.

Tribunal Constitucional

Sentencia rol N° 244, de 26 de agosto de 1996.

Sentencia rol N° 480, de 27 de junio de 2006.

Sentencia rol N° 815, de 19 de agosto de 2008.

Sentencia rol N° 1.448, de 7 de septiembre de 2010.

Sentencia rol N° 1.838, de 7 de julio de 2011.

www.ingramcontent.com/pod-product-compliance
Lightning Source LLC
LaVergne TN
LVHW082238051026
849532LV00012B/4023